MANUEL

DU

FABRICANT DE GANTS.

MANUEL
DU
FABRICANT DE GANTS,

CONSIDÉRÉ DANS SES RAPPORTS AVEC LA MÉGISSERIE,
LA CHAMOISERIE ET LES DIVERSES OPÉRATIONS DE TEINTURE
QUI S'Y RATTACHENT,

ENRICHI DE NOTIONS EMPRUNTÉES A LA PHYSIQUE, A LA CHIMIE
ET AUTRES SCIENCES;

PAR VALLET D'ARTOIS,
ANCIEN FABRICANT,
Membre de l'Ordre royal de la Légion-d'Honneur.

SECONDE ÉDITION.

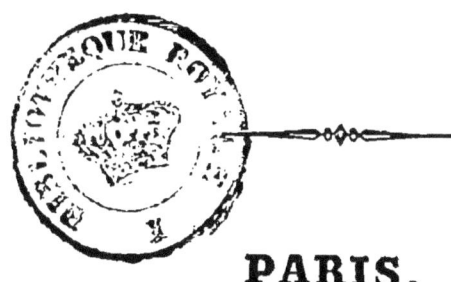

PARIS,
A LA LIBRAIRIE ENCYCLOPÉDIQUE DE RORET,
RUE HAUTEFEUILLE, N° 10 bis.

1835.

TROYES. — IMPRIMERIE DE SAINTON.

AVIS DE L'ÉDITEUR.

Le Manuel du Fabricant de Gants, que nous présentons au public, ne doit pas être confondu avec ce grand nombre de descriptions où l'on s'est borné à décrire ce qui se pratique dans une profession bien ou mal. Ces sortes d'ouvrages, délaissés avec raison par les praticiens, puisqu'ils ne peuvent rien leur enseigner, ne sauraient être non plus que d'un faible intérêt pour toutes les autres classes de lecteurs.

Quant aux descriptions des professions qui se rattachent aux sciences et qui ont indispensablement besoin de leur secours pour être bien exercées, le plus grand nombre a pour défaut, par les expressions scientifiques qui y sont employées, de n'être point à la portée des artisans pour qui pourtant elles ont été faites.

Dans cet ouvrage, nous avons la satisfaction de remarquer que celles des connaissances de la chimie et de la physique qui y ont leur application, y sont exposées avec une clarté et une intelligence qui ne laissent rien à désirer.

Nous pouvons donc avancer que cette description, qui manquait à notre collection encyclopédique des sciences et des arts, y occupera un premier rang, et fera honneur à son auteur.

Sous le titre de *Manuel du Fabricant de Gants*, nous comprenons, comme lui étant indispensablement liés, l'art du mégissier et celui du teinturier en peaux douces. Outre la description, dans les plus grands détails, de ce qu'il y a d'opérations mécaniques dans ces trois professions, on y trouve les connaissances qui sont de nature à éclairer les classes d'ouvriers qui s'y rattachent, en même temps que des détails intéressans pour tous les lecteurs.

Précis historique, chimie, physique, histoire naturelle, aperçu commercial, industriel et statistique, rien n'a été négligé pour que cet ouvrage répondît à toutes les nécessités actuelles, et ne fût pas confondu avec cette multitude de compilations présentées au public par des auteurs étrangers au sujet.

On y traite du commerce des peaux en poil, des pays où se trouvent les plus belles espèces, de la manière de les distinguer et de les conserver en poil.

On fait connaître à l'ouvrier la contexture d'une peau sur l'animal, afin qu'il soit à même de raisonner son travail et d'apprécier cette même peau lorsqu'elle est travaillée.

On l'initie à la connaissance analytique des agens employés dans le cours des opérations, et qui y jouent un rôle plus ou moins important, afin de lui rendre familiers les phénomènes qui s'y produisent, de le mettre à même de les apprécier.

C'est ainsi que, au moyen de l'analyse de l'eau et de l'air, il apprend à connaître ce qu'on entend en chimie par gaz hydrogène, gaz oxigène et gaz carbonique, dont plus tard on a besoin de lui faire connaître quelques-unes des propriétés.

Après avoir entretenu l'ouvrier des diverses qualités des eaux et des chaux qui existent dans la nature, on lui indique la composition de celles dont il doit faire usage.

L'on passe ensuite à l'explication de plusieurs phénomènes qui ont lieu en mégie et en teinture, ce qui met l'ouvrier à même de prévenir ceux qui entraînent des inconvéniens, et de diriger convenablement ceux qui procurent le perfectionnement du travail.

Après ces notions préliminaires, faciles à saisir et à la portée du simple bon sens, on parvient à donner une explication satisfaisante de la formation des *ombres* dans la mégisserie, ainsi que les moyens de les éviter.

Par l'appréciation du phénomène connu en chimie sous le nom de *fermentation*, on fait connaître les effets du confit chez le mégissier et ceux de l'échauffe chez le chamoiseur, autre phénomène resté également jusqu'à ce jour sans explication.

A la suite de ces définitions, on présente des considérations sur les causes de la supériorité de la chamoiserie et de l'infériorité de la mégisserie en Angleterre, comparativement à ce qui se fait en France en ce genre.

Cette première partie de l'ouvrage est terminée par un aperçu du commerce et un résumé du travail de la mégisserie.

Dans la deuxième partie, avant de passer à la trituration et à l'emploi des substances tinctoriales, on fait connaître ce qu'on entend en physique par le mot *couleur*. La théorie de cette partie de la science du physicien, appliquée, autant que possible, à l'art du teinturier, n'y est point négligée. L'on fait connaître, en outre, les diverses préparations chimiques indispensables dans ce genre de teinture; les ingrédiens qui y sont employés, les propriétés de ces divers agens, les eaux qui doivent y être préférées, la manière de les distinguer en tous lieux, l'analyse de celles qui se rendent à Paris.

L'on explique ce qu'on entend par acide, alcali; par sulfate, oxide et sel neutre; leur composition, la manière dont ils se comportent entre eux et avec les couleurs.

L'on expose la classification des principales substances désignées en teinture sous le nom d'*astringent;* la théorie de la formation du noir, la préparation de l'acétate de fer au moyen de la *tonne au noir*, préparation indispensable pour la teinture noire sur les peaux passées à l'huile.

L'on indique les diverses manières de teindre en noir et autres couleurs les peaux de toutes sortes propres à la ganterie;

Un nouveau procédé économique pour obtenir un noir bon teint sur les chapeaux de feutre, pouvant servir de manuel à l'ouvrier dans cette partie;

La théorie du blanchiment des peaux passées à l'huile, par leur exposition sur le pré;

Les diverses manières de teindre et d'apprêter les peaux remmaillées en toutes nuances;

Les causes de la disparution des couleurs par l'effet de la lumière et de l'humidité;

Un nouveau mode de teinture dont la propriété est de résister à l'avarie connue sous le nom de *piqûre*;

Un moyen de rendre les teintures ordinaires plus propres à résister à cette même avarie;

Enfin, la manière de préparer les peaux propres à la ganterie, à l'instar de celles de la Suède et du Danemark, considérée comme opération de teinture.

La troisième partie comprend l'histoire de la ganterie, l'importance de son commerce et de son industrie, ses exportations, sa consommation en France et à l'étranger.

Après avoir décrit les moyens usités en France pour ce genre de fabrication, l'on donne quelques notions sur ceux employés en Angleterre pour obtenir les mêmes résultats par des moyens mécaniques, ainsi que sur les essais faits par l'auteur pour introduire ce genre de fabrication en France;

La manière de conserver les gants en magasin sans avarie, et celle de faire disparaître les taches dites *piqûres* sur ceux qui sont avariés.

Cette réunion de connaissances indispensables aux mégissiers, chamoiseurs, teinturiers, fabricans de gants et ouvriers coupeurs qui portent quelque intérêt à leur profession, peut encore être utile à tout industriel, commerçant et écrivain qui aurait besoin de renseignemens techniques ou statistiques relatifs à ce genre d'industrie dont la description manquait aux arts.

L'ouvrage est terminé par un Mémoire sur la ganterie, adressé à la Société d'encouragement comme moyen de procurer du travail aux populations des campagnes, dans un pays quelconque, formant une espèce d'analyse de l'ouvrage entier.

PREMIÈRE PARTIE.

DESCRIPTION RAISONNÉE DE L'ART DU MÉGISSIER,
CONSIDÉRÉ DANS SES RAPPORTS AVEC LA GANTERIE.

AVANT-PROPOS.

Depuis quelques années, il semble que l'on ait pris à tâche de passer en revue toutes les professions pour les décrire. Chacun connaît la collection des Manuels formant une *Encyclopédie* des sciences et des arts, format in-18. De la fabrique des draps, on est descendu jusqu'à celle des objets de la moindre importance. La profession du chiffonnier même n'a pas été négligée. Qui dirait qu'animé d'une telle sollicitude, qu'emporté par un zèle en apparence si minutieux, on eût oublié totalement une profession qui occupe en France plus de trente mille individus et donne lieu à un commerce de près de treize millions, comme on le verra dans le cours de cet ouvrage? C'est pourtant ce qui est arrivé par rapport à la ganterie.

L'art du mégissier, qui en fait partie essentielle, puisqu'il lui procure la matière première, n'a été reproduit, dans la collection dont je viens de parler, que textuellement d'après feu M. Delalande; travail qui fut entrepris d'après les ordres de l'Académie, il y a plus de soixante-dix ans, et qui, comme on doit le penser, n'est point à la hauteur des connaissances actuelles. C'est à cet auteur qu'est emprunté, à peu près, tout ce qu'en a dit M. Dessable dans le Manuel faisant partie de ladite *Encyclopédie*. J'ai donc cru tout-à-fait indispensable de donner une nouvelle description de l'art du mégissier, au moins en ce qui regarde son application spéciale à la ganterie, dont je me propose de décrire toutes les parties dans leurs plus grands détails.

Pour faire connaître l'étymologie du mot *mégissier*, j'admettrai l'opinion de M. Huet, rapportée par M. Delalande, et je dirai que ce nom a son origine dans l'expression latine *medicare*, qui veut dire apprêter avec des drogues. En effet la pâte que l'on emploie pour donner à la peau ce que l'on appelle sa nourriture, est une véritable préparation, comme on le verra.

Pour chercher à faire connaître le temps où remonte cet art, M. Delalande dit, dans son introduction à l'art du mégissier, en 1765 :

« Les plus anciens écrivains de la Chine « rapportent qu'autrefois on n'y était vêtu « que de peaux, avant qu'une femme de « l'empereur Wang-ty inventât l'art de fa- « briquer la soie » (comme si les Chinois n'étaient plus vêtus qu'avec des étoffes de cette espèce). « C'est à l'art du mégissier, « continue cet auteur, qu'on doit rapporter « ces différentes préparations ; car celui du « chamoiseur n'est point aussi ancien. »

M. Delalande ne nous a pourtant point fait connaître à quelle époque peut remonter l'art du chamoiseur. Ainsi la peau mégissée n'étant pas susceptible de conserver sa souplesse, et étant d'ailleurs sujette à se racornir, lorsqu'elle a été une fois mouillée, je dis qu'elle n'a jamais été propre à servir de vêtement, et qu'il y a erreur dans l'opinion émise par notre auteur. C'est donc plutôt à l'art du pelletier ou à celui du chamoiseur qu'il est convenable de se reporter pour l'emploi dont parle M. Delalande.

Plus loin dans cette préface, on trouve :
« L'art de préparer les peaux faisait partie

« de celui des embaumeurs : une peau trou-
« vée sur l'estomac d'un cadavre, dans un
« caveau sépulcral, au 16e siècle, y a
« été remarquée d'une souplesse et d'une
« douceur qui égalaient celles de nos plus
« beaux gants. » Vu la grande difficulté qu'il
y a de procurer, au moyen du travail de la
mégisserie, la grande souplesse dont parle
M. Delalande, à des peaux de la taille de
celles qui convenaient à l'emploi dont il est
mention, bouc, chèvre ou mouton, qu'il
me soit encore permis ici de penser que
cette peau avait été chamoisée, ou qu'il y
avait exagération dans la souplesse de cette
peau.

Les vêtemens les plus naturels aux sau-
vages ont constamment dû être les peaux
d'animaux portant poil; leur préparation,
simple dans le principe, mais qui a dû varier
suivant les localités, a pu donner lieu d'a-
bord à l'art du pelletier, peut-être ensuite
à celui du mégissier, et enfin à celui du
chamoiseur : voilà ce qui me paraît probable. Nous ne savons rien de positif à cet
égard.

Suivant M. Delalande, qui n'est point
contredit par l'*Encyclopédie*, et ainsi que
M. Dessable a cru devoir nous le reproduire dans son Manuel, la presque totalité
des peaux préparées pour la ganterie il y

a soixante-dix ans était employée à Grenoble dans dix fabriques de gants seulement, et il n'évaluait pas la quantité au-delà de sept cents grosses ou huit mille quatre cents douzaines. De nos jours, il s'en coupe dans cette ville plus de quatre vingt dix mille douzaines; et encore cette quantité, non seulement n'est pas le tiers de ce que l'on emploie en France, mais elle est indépendante de près de huit mille six cent trente-cinq douzaines que nous exportons, année commune, rien que pour le seul pays de la Grande-Bretagne. De telle sorte que si l'on compare la quantité et la valeur de cette époque, avec la quantité et la valeur de nos jours, nous avons une différence, savoir: pour les quantités de 8400 à 278,638 douzaines; et pour les valeurs de 100,800 à 5,015,884 fr. Car depuis ce temps, le prix de nos peaux est au moins triplé.

Le calcul de M. Delalande n'ayant été qu'un calcul fort succinct, celui que je fais est aussi au-dessous de la réalité, comme on aura occasion de le remarquer dans le cours de cet ouvrage, lorsqu'il sera question du commerce de la ganterie.

Sans doute qu'en 1765 nos mégisseries ne préparaient que des peaux indigènes; maintenant le commerce s'en procure de l'Italie, de l'Espagne, de la Suisse, de l'Allemagne

2.

méridionale, du Danemark, de quelques contrées de la Russie, des pays d'outre-mer, etc.

M. Delalande, dans son traité, ne fait mention que de la ganterie de Grenoble, comme nous aurons occasion de le faire remarquer; cependant Blois et Vendôme avaient des fabriques de gants avant Grenoble. Cette dernière ville devait sa réputation à la qualité des peaux qu'on y fabriquait autant qu'à celles qui se fabriquent à Annonay, et qui y sont employées.

L'art du mégissier, depuis ce temps, s'est tellement propagé et perfectionné en France, que les peaux ne se fabriquent pas seulement avec perfection à Annonay et à Grenoble, mais cette dernière ville ne se fait plus scrupule maintenant, pour alimenter ses fabriques, de tirer ses peaux, soit d'agneau, soit de chevreau, du Chaylard, du Vigan, de Roman, de Milhand, etc. C'est ainsi encore que le Mans, Poitiers, Lunéville, Chaumont (Haute-Marne), Rennes et plus de vingt autres lieux, sont en possession des moyens de préparer, avec plus ou moins de perfection, des chevreaux ou des agneaux propres à la belle ganterie.

Long-temps asservis par un préjugé dans la plupart de ces lieux, on ne préparait les peaux que très-imparfaitement. Au dire des ouvriers, le talent ne s'y trouvait jamais en défaut : c'était toujours à la qualité des eaux que l'on devait s'en prendre pour la mauvaise fabrication ; tandis que le degré de perfection dont on avait besoin ne dépendait que de la direction du travail, c'est-à-dire de leur talent et de leur savoir. Mais aujourd'hui le prix de la peau est tel qu'il n'y a plus d'excuse à prendre ; il faut, partout où l'on travaille pour la ganterie, perfectionner ou cesser de faire. C'est ainsi que Milhaud, après avoir obtenu pourtant une assez haute importance par les quantités de peaux qui s'y sont fabriquées, est menacée de voir cette branche d'industrie passer ailleurs, si les fabricans, beaucoup trop routiniers encore, ne veulent faire quelque effort pour sortir de leurs vieilles ornières.

Nous allons voir jusqu'à quel point on doit s'attacher à la qualité des eaux pour le travail de la mégisserie, et comment elles y peuvent influer. Mais attachons-nous d'abord à faire connaître quelle est la nature d'une peau, puisqu'elle est la matière sur laquelle s'exerce l'art du mégissier.

« La peau est l'enveloppe qui couvre la
« superficie des animaux, dit M. Pelletant
« fils ; elle est composée de quatre parties :
« 1° du derme ou cuir ; cette partie inté-
« rieure de la peau est un tissu de nerfs

« et de tendons, mêlés avec les vaisseaux
« sanguins et lymphatiques; 2° du corps ca-
« pillaire par-dessus le cuir, qui est un com-
« posé d'éminences ou mamelons de diffé-
« rentes figures formés par l'extrémité des
« nerfs ; 3° le corps capillaire ou muqueux,
« réseau cutané, qui paraît n'être que le
« tissu de l'épiderme ; 4° de l'épiderme ou
« surpeau, membrane d'une grande finesse
« qui se renouvelle plus ou moins sensible-
« ment chez tous les individus. »

La peau est donc un composé de fibres nerveuses, tendineuses, membraneuses ; d'artères, de veines, de vaisseaux tant sanguins que lymphatiques, entrelassés de manière que, en tirant cette peau en tout sens, elle peut s'étendre considérablement sans cesser d'être moelleuse, et de conserver la propriété de revenir à son premier état tant qu'elle est vivante; car ce tissu nerveux est en tout sens enveloppé d'une substance muqueuse qui, en séchant, acquiert une consistance dure.

La peau est donc remplie d'ouvertures qui, bien qu'invisibles à la simple vue, n'en existent pas moins. Les unes donnent passage aux tuyaux intérieurs des glandes qui répandent sur la superficie l'humeur sébacée, aussi bien que la liqueur lymphatique qui établit la transpiration. Les autres qui sont plus imperceptibles encore, bien que plus nombreuses, sont celles qui laissent échapper ce que nous appelons la sueur ou la transpiration. Si nous ajoutons à toutes ces ouvertures qui, rationnellement parlant, sont démontrées pour tout le monde, celles tout aussi bien reconnues en anatomie, à savoir, les vaisseaux absorbans qui pompent les vapeurs qui se trouvent à la surface de notre corps et qui les conduisent à l'intérieur, nous serons convaincus que la contexture d'une peau est garnie d'une quantité innombrable d'interstice et de protubérances. En effet, si on examine une peau de chevreau passée en mégie du côté de la fleur qui nous paraît si lisse, au moyen d'une loupe, on se convaincra qu'elle est couverte d'éminences de diverses grandeurs qui lui donnent la ressemblance d'un piqué de coton. Si après cela vous voulez en enlever l'épiderme ou surpeau, vous verrez qu'elle est irrégulièrement traversée et presque entièrement à jour. Enfin tout le monde sait qu'une peau de chamois peut être traversée en tous sens par le mercure, tandis qu'avant que d'être travaillée elle était susceptible de contenir tous les liquides.

Le but qu'on se propose dans l'art du mégissier est donc de dégager les peaux, tant du côté de la chair que dans les interstices, de toutes leurs parties grasses et muqueuses, afin de leur procurer en quelque sorte une contexture nouvelle; d'en faire une espèce de tissu cellulaire de nature nerveuse, et de substituer à leur mucus une substance onctueuse propre à leur conserver le moelleux qu'elles avaient lorsqu'elles étaient encore fraîches, ce qui est peu difficultueux lorsqu'elles sont prises sortant de dessus l'animal, mais ce qui le devient lorsqu'elles ont plus ou moins séché et vieilli.

Dans ce dernier cas, pour arriver à ce but, on a besoin, indépendamment du travail mécanique que nous allons décrire, d'être secondé par une température douce ainsi que par l'action dissolvante des eaux et de celle de la chaux, qui sont les principaux agens de ce travail. Mais pour l'intelligence de nos opérations, nous avons besoin de faire connaître la composition de la chaux, la nature de notre atmosphère, autant que celle des eaux en général.

L'air et l'eau ont long-temps passé pour des corps simples; et comme ils sont généralement répandus dans la nature, on les considérait comme les élémens des corps; mais la chimie moderne étant parvenue à les décomposer, on sait maintenant que l'un et l'autre sont composés de divers gaz.

Laissez tomber sur un morceau de fer

ou de fonte, chauffé à rouge, de petites gouttelettes d'eau ordinaire, vous verrez d'une part le fer se charger d'une substance rougeâtre que nous nommons *rouille*, et qui est de *l'oxide de fer*. Cette substance est le résultat de l'absorption par le fer, de l'une des parties constituantes de l'eau, *l'oxigène* : d'un autre côté, nous voyons s'élever une vapeur blanchâtre ; cette vapeur, qui a une odeur désagréable, est du *gaz hydrogène*. Ce gaz n'est pas tout-à-fait pur ; il contient de l'eau en vapeur, dont on peut facilement le débarrasser par la condensation au moyen du froid. Ce gaz hydrogène ainsi dégagé de la vapeur aqueuse qu'il contient, mis en contact avec l'air atmosphérique, brûle immédiatement à l'approche d'un corps enflammé.

Par ce moyen simple de décomposer l'eau, nous n'obtenons le gaz oxigène que solide, parce qu'il est combiné avec le fer ; mais au moyen de l'électricité, la décomposition de l'eau se fait de manière à obtenir les deux élémens en l'état de gaz purs.

L'eau est composée d'environ 11 parties d'hydrogène et 89 d'oxigène en poids.

Nous avons dit que le gaz hydrogène, en combinaison avec l'air atmosphérique, brûlait. On a reconnu qu'il fallait sept huitième de ce dernier pour que le phénomène eût lieu. Cette inflammabilité est due à la présence de l'oxigène contenu dans l'air.

Nous venons de voir la possibilité de décomposer l'eau et d'en obtenir, non des vapeurs, mais des gaz; sa recomposition au moyen de la combustion de ses parties constituantes, l'hydrogène et l'oxigène, a lieu en chimie par divers procédés; mais on peut la remarquer par l'emploi de l'appareil nommé fumivore, en usage à Paris chez quelques marchands qui sont éclairés par le gaz hydrogène, qui brûle, comme nous l'avons vu, au moyen de la combinaison avec le gaz oxigène qui est contenu dans l'air. A mesure que la combustion a lieu, l'eau se forme goutte à goutte dans le godet, espèce de récipient adapté à cet appareil. Cette eau, surchargée de cuivre provenant de l'appareil même, serait un poison : mais cette dissolution qui a lieu n'est qu'accidentelle.

Le gaz oxigène entre pour un cinquième environ dans la composition de l'air que nous respirons; le surplus est un composé de gaz méphitiques impropres à la vie et à la combustion, étant seuls, savoir, l'azote et le gaz carbonique. Ce dernier est un gaz qui s'échappe de tous les corps en combustions : il a tout le caractère des acides. Nous le faisons remarquer, parce que plus tard nous aurons occasion d'en parler, comme étant une des causes de la formation des *ombres* sur la peau, dans le cours du travail de la mégisserie.

Nous aurons aussi occasion de parler de l'oxigène et de l'hydrogène pour expliquer quelques autres phénomènes qui ont lieu, soit dans le blanchiment des peaux, soit dans le cours des opérations de teinture. Il était donc à propos de faire connaître les diverses parties constituantes de l'eau et de l'air.

Il est nécessaire aussi d'établir d'une manière précise les divers états de combinaison dans lesquels l'eau se présente dans la nature, susceptible d'être employée.

L'eau se divise, vulgairement parlant, en eau *douce* et en eau *dure*. Nous pourrions ajouter une troisième qualité qui est opposée à la seconde; c'est l'eau *alcaline* ou *dissolvante*.

Les eaux que l'on nomme douces sont celles qui se rapprochent le plus des eaux distillées : telles doivent être les eaux reçues directement du ciel et qui n'ont pas vieilli; celles des ruisseaux qui n'ont parcouru qu'un sol argileux, caillouteux ou sablonneux. Au contraire, on entend par eaux dures, et elles le sont en effet, celles qui ont séjourné et coulé sur un sol calcaire ou des lits de pierres à chaux et plâtre : alors ces eaux, combinées avec l'une de ces substances, sont désignées en chimie par le nom de carbonatées ou sulfatées. Elles peuvent aussi contenir l'un et l'autre de ces sels. Dans ce cas elles sont les moins propres au travail de la mégisserie, et, lorsqu'elles s'en trouvent surchargées, elles ne sauraient y être employées seules : telles sont les eaux de la plupart des sources des environs de Paris. Nous aurons soin d'indiquer les moyens de les reconnaître lorsqu'il sera question de la teinture.

La troisième espèce des eaux que l'on rencontre dans la nature, et que nous désignons ici sous le nom de dissolvante, peut aussi se nommer alcaline : telles sont les eaux des mares, celles des ruisseaux qui n'ont pas de cours, celles qui ont vieilli dans les citernes. Telles sont, par exemple, les eaux de la petite rivière des Gobelins, dans sa partie inférieure, en été, lorsqu'elles ne sont pas dénaturées par des causes accidentelles.

La chaux étant un des principaux agens qui entrent dans le travail du mégissier, nous avons besoin d'en faire connaître les diverses sortes et propriétés.

La chaux est une des substances les plus généralement répandues dans la nature. On en distingue trois sortes : la première est une pierre calcaire fort dure, de l'espèce de celle que nous appelons marbre, et dont la blancheur est la plus parfaite. Dans cette espèce de pierre, la chaux se trouve combinée avec l'acide carbonique ; elle est désignée en chimie sous le nom de *carbonate de chaux*. Pendant la calcination qu'on lui fait subir pour en faire du ciment, son acide s'échappe sous forme de gaz : c'est par ce moyen seulement que cette pierre devient soluble dans l'eau. En combinaison avec ce liquide, elle devient ce que l'on appelle un hydrate ; alors elle acquiert la propriété de se saturer de nouveau du gaz carbonique contenu dans l'atmosphère, que la cuisson lui a fait perdre.

La seconde espèce de chaux, fort commune, surtout aux environs de Paris, est aussi une pierre calcaire, mais moins dure. Celle-ci est en combinaison avec de l'acide sulfurique, qui aussi se dégage en partie par la cuisson. Dans son état primitif, on la désigne sous le nom de *sulfate de chaux*, vulgairement pierre à plâtre. Cette substance ne se trouve qu'en petite quantité en état de pureté. Elle est alors d'une cristallisation jaunâtre, brillante et un peu transparente. C'est cette partie des pierres si communes auprès de Paris, dissoute dans les eaux, qui leur fait donner l'épithète de dures par le vulgaire, et celle d'eaux séléniteuses en chimie.

La troisième espèce est celle qui provient des parties solides des animaux, les os et les coquilles : cette espèce de chaux se trouve combinée avec l'acide phosphorique, et se désigne sous le nom de *phosphate de chaux*.

- La chaux obtenue de l'une quelconque de ces substances sert indistinctement de mortier; mais c'est seulement de celle obtenue des carbonates dont on fait usage dans la mégisserie.

La chaux a long-temps été considérée comme un corps simple. Cependant les découvertes de nos chimistes modernes la font regarder maintenant comme un oxide métallique, c'est-à-dire comme une substance combinée avec un métal qui lui-même l'est avec l'oxigène : aussi la désigne-t-on sous le nom d'*oxide de calcium*.

La chaux, une fois calcinée, est susceptible d'absorber une grande quantité d'eau avec un dégagement très-grand de calorique. C'est lorsque ce dégagement a eu lieu que la chaux est ce que nous appelons éteinte. La chaux est réputée bonne en raison de ce qu'elle est plus promptement fusée et éteinte.

Nous ferons de nouveau remarquer ici, qu'arrivée à cet état elle est susceptible de se combiner avec le gaz acide carbonique ; cette propriété de la chaux doit servir à expliquer un phénomène bien important, je veux parler de la formation des *ombres* sur la fleur des peaux, dans le cours du travail de la mégisserie[1].

J'ai dit que le travail de la mégisserie consistait dans la dissolution, l'extraction, la séparation des parties grasses et muqueuses du tissu nerveux et tendineux de la peau. Il faut aussi qu'il soit secondé par une opération de la nature, un principe de fermentation et de désorganisation. Pour atteindre ce but, nous avons besoin d'être secondés par l'action dissolvante des eaux autant que par celle d'une chaleur douce. Pour la bonne direction de son travail, il est surtout utile de bien connaître la nature de ses peaux, le temps écoulé depuis qu'elles sont mortes, et, s'il y a lieu, le pays où elles ont été recueillies, la tempé-

---

[1] On pourra douter de l'action du gaz carbonique dans la formation des ombres, vu la faible quantité qu'en contient l'atmosphère; mais que l'on réfléchisse à la quantité d'air circulant à chaque instant autour de nous, et qui peut être altérée par la présence de la chaux; que l'on se figure celui qui s'échappe à chaque expiration des poumons de l'ouvrier qui travaille, et dont le souffle est précisément dirigé vers la peau; enfin, que l'on se souvienne que le gaz carbonique est encore un des produits de la fermentation putride, fermentation qui a lieu dans les baquets vers la fin des opérations du mégissier, et nous aurons une tout autre idée de la quantité de gaz carbonique qui peut être absorbée par le sable calcaire dont j'ai fait connaître la présence.

rature, la qualité des eaux celle de la chaux, et jusqu'au climat même.

On voit donc qu'il est fort difficile de donner des règles sûres pour opérer dans la mégisserie en peaux douces; elles doivent toujours être subordonnées à la saison, au lieu et à la latitude où l'on se trouve, autant qu'à la qualité et à la vétusté des peaux que l'on a à travailler. En effet, comme l'expérience démontre que les résultats qu'on obtient varient suivant ces diverses circonstances, c'est à l'ouvrier à étudier les élémens de son travail pour en régler la marche, c'est-à-dire pour déterminer les doses de chaux, la qualité des eaux s'il le peut, le nombre et la durée des opérations.

C'est à ce défaut d'étude, et par conséquent aux méthodes routinières de la plupart des ouvriers, que nous devons attribuer l'insuccès des établissemens de mégisserie, dans les deux extrêmes des climats, non seulement de l'Europe, mais de la France même. C'est ainsi que de très-bons ouvriers, transportés d'Annonay à Copenhague où à Saint-Pétersbourg je suppose, ne pourraient obtenir de bons résultats sans un travail et une marche adaptés au climat.

Vu ces diverses considérations, je me bornerai, dans la description que je vais donner des divers procédés qui constituent l'art du mégissier, à dire dans quel lieu, dans quelle saison et avec quels matériaux, de très-bons ouvriers opèrent avec succès. Ce sera à ceux qui voudront faire des essais dans un climat quelconque, à prendre pour base de leur conduite ma théorie générale préférablement à la pratique.

INTRODUCTION.

L'Achat des peaux en poil, est la première opération dont le mégissier ait à s'occuper : il doit connaître les contrées où se trouvent les plus belles sortes, les marchés où elles se vendent ; il doit surtout s'attacher à connaître celles qui sont les meilleures, aviser au moyen de les conserver d'une année à l'autre sans avarie.

Les peaux de chevreaux et d'agneaux sont celles avec lesquelles on fait le plus de gants. Les premières sont préférables aux autres ; mais cela ne s'entend que des peaux de bonne nature, car le bel agneau est encore préférable à certaines qualités de chevreaux.

Une peau en poil de bonne qualité, doit être lisse, brillante et un peu transparente, chevreau comme agneau ; cette dernière espèce doit avoir un peu plus de corps, ce qui se fait remarquer dans les agneaux de race indigène.

Les chevreaux du Dauphiné, notamment ceux des environs de Saint-Marcelin, ceux du Poitou, du Gâtinais, de l'Auvergne, de certaines parties de la Bourgogne, sont généralement beaux. Ils se sont vendus en 1828 de 18 à 24 fr., et ont à peu près la même valeur en 1834, tandis que ceux provenant de la Champagne, de la Brie, de la basse Bourgogne, de la Provence se vendent à des prix très-inférieurs.

Les chevreaux du Piémont sont aussi fort beaux, tandis que ceux de la Suisse et de l'Allemagne sont inférieurs. Il y a prohibition de ces premiers pour leur sortie en poil du royaume. Aussi quelques maisons de Grenoble ont-elles des établissemens dans le pays pour en faire préparer, afin de ne pas en priver les fabriques de gants.

La Toscane, la Pouille, la Calabre, la Sicile et l'Espagne nous fournissent encore des peaux de chevreaux plus ou moins belles.

Les peaux de chevreaux, pour être marchandes, doivent avoir de 23 à 24 pouces au moins en carré : au-dessous de ces grandeurs elles ne doivent être comptées que deux pour une.

Les agneaux à longue laine de France, ceux du midi surtout, sont les plus beaux.

Le cuir des agneaux dits métis n'a que peu de valeur pour la ganterie, et celui des races pures encore moins. En général, ces sortes de peaux sont minces, poreuses et de peu de consistance. Leur fleur (épiderme) n'adhère que très-imparfaitement à leur cuir. La grande différence entre la qualité de ces peaux paraît provenir, d'après les observations suivantes, autant de la manière de vivre de ces animaux que de leur nature : dans le midi de la France, où se trouve le plus grand nombre de troupeaux à longue laine, la plupart ne paissent que des pâturages secs. Il faut pour les troupeaux à laine fine une nourriture succulente, sans être pourtant trop humide. Il leur faut aussi une éducation soignée. Avec cela on fait la remarque que les troupeaux à longue laine qui paissent de gras pâturages, ont aussi la peau creuse, boursoufflée, et se rapprochant en cela de la nature des métis. Il suffit donc de changer la nourriture d'un troupeau pour changer la nature du cuir de chaque bête, en même temps que la qualité de la laine ou du poil, assure-t-on ; car cette remarque, faite pour les agneaux et moutons, peut s'appliquer en général aux chevreaux.

On peut donc dire, en thèse générale, qu'une peau est préférable pour la ganterie, en raison de ce que la laine ou le poil qu'elle porte est plus grossier.

Le croisement du bouc avec la brebis donne lieu à une espèce bâtarde, portant laine, mais ayant un cuir participant de la nature de celui du chevreau : ces sortes de peaux sont, on peut dire, des demi-chevreaux.

Le voisinage des Pyrénées orientales, les montagnes du Dauphiné, celles de l'Auvergne, quelques contrées du Languedoc, mais notamment le Bordelais, fournissent les plus belles peaux d'agneaux, tandis que celles du nord et de l'ouest de la France ne sont point recherchées.

Le prix de ces sortes de peaux varie considérablement : il dépend de la qualité et quantité de laine qui s'y trouve, autant que de la grandeur et de l'espèce.

De jeunes métis peuvent se vendre de 3 à 4 francs la douzaine, tandis que des agneaux de race indigène pourraient aller au-delà de 12 à 15 fr., et même de 18 à 24 suivant leur grandeur.

Ces premiers ne sont que de jeunes agneaux que l'on tue à peine nés, soit pour profiter du lait de la mère, soit pour ne pas la fatiguer ; tandis que les seconds sont des élèves de plusieurs mois, couverts d'une belle toison.

On est dans l'usage de n'appeler agneaux ou chevreaux que les enfans de la brebis ou de la chèvre qui tètent encore. Lorsqu'ils ont vécu plus ou moins long-temps de pâturages, on les nomme *broutards* ou *agneaux de camps.* Il peut s'être écoulé un certain laps de temps où l'animal a vécu alternavement de lait et de pâturages ; le passage de l'état d'agneau à celui de mouton, comme de l'état de chevreau à celui de chèvre ou de jeune bouc, ne peut donc se préciser. Lorsque l'on veut faire des élèves de la première espèce, ce n'est guère qu'à l'âge de trois mois que l'on fait couper les jeunes agneaux. A partir de cette époque, le cuir de l'animal perd de sa valeur pour la ganterie. La fleur commence à perdre de sa beauté et le cuir de sa souplesse.

Les brebis, généralement parlant, entrent en chaleur de novembre en mars ; elles portent cinq mois ; mais cela se conduit de telle manière chez nous, que la plupart mettent bas avant mai. On remarque que les petits qui viennent les derniers sont plus forts que les premiers : ce qui donne lieu à deux ventes, ou à deux récoltes, comme on dit, dont la seconde a plus de valeur.

Une mère peut donner à téter de six à sept mois. Après deux mois et demi, trois mois, son lait commence à diminuer. Ce n'est donc que vers cette époque que l'élève doit commencer à brouter. Ce que je dis ici des brebis est, à peu de chose près, applicable à la chèvre ; seulement on remarque que les jeunes chevreaux, en six semaines et quelquefois moins, peuvent être entièrement sevrés, ces animaux ayant bien plus de disposition à brouter que les autres.

Il y a tous les ans, à Clermont (Puy-de-Dôme), le 15 avril et le 9 mai, une foire où se trouve une grande quantité de chevreaux et d'agneaux. Ce marché est le principal que nous ayons en France en ce genre. On estime à environ cent vingt mille peaux les quantités qui s'y vendent.

Lorsqu'un fabricant a fait sa provision de peaux, il doit s'occuper des moyens de leur conservation. A ces fins, il doit avoir soin de les faire battre environ tous les huit jours lorsqu'il fait chaud, en juin et juillet, je suppose, et tous les douze ou quinze le reste de la saison.

Dans les chaleurs, les peaux, et surtout les chevreaux, craignent divers insectes et peuvent s'échauffer.

L'échauffe est une disposition de la peau à la fermentation, ce qui cause de grands dommages à la peau. Le cuir se ramollit, la fleur s'altère, le poil tombe, et si le mal parfois n'est point assez avancé pour qu'on puisse le distinguer de suite, il devient plus tard sensible par le travail du mégissier. Alors on aperçoit la fleur minée, et nous avons ce que nous nommons une fleur basse et fatiguée. Ce sont les peaux qui n'ont pas été bien séchées ni étendues qui sont les plus exposées à s'échauffer.

L'insecte qui fait le plus de ravages dans les peaux ou poils en l'état de ver ou chenille, est la *teigne*. Les animaux de cette espèce sont tellement nombreux et exercent un tel ravage, que je vais en faire connaître l'histoire, au moins en ce qui touche notre sujet.

« Quelque communes que soient les « teignes, dit M. de Réaumur, il y a peu « de personnes qui les connaissent, parce « que ces insectes vivent à couvert : ce sont « des ennemis d'autant plus dangereux qu'ils « paissent sans être aperçus. Les teignes sont « des espèces de chenilles qui, ayant une « peau rase, tendre et délicate, ont besoin « de se vêtir : à ces fins elles se font des « habits en forme de fourreau. Les unes ont « l'industrie de se faire des fourreaux qu'elles « transportent partout avec elles; celles-ci « sont de véritables teignes; d'autres se font « des fourreaux plus ou moins longs qu'elles « ne transportent point avec elles : elles sont « ordinairement fixées sur le corps où elles « se nourrissent ; quelquefois il leur sert de « galerie où elles marchent à couvert ; ce « sont les fausses teignes. La plupart des « teignes sont de véritables chenilles qui se « changent en papillons : car il y a aussi des

« espèces de teignes ou fausses teignes dont
« les unes se changent en mouches et d'au-
« tres en scarabées.

« Les teignes sont de véritables, mais très-
« petites chenilles, continue le même auteur;
« leurs serres, leurs six jambes, sont situées
« proche de la tête, et une partie de leur
« premier anneau est tout ce qu'elles ont d'é-
« cailleux. Dès qu'elles sont nées, leur pre-
« mier soin est de se vêtir. A ces fins, elles
« s'établissent sur une étoffe de laine et filent
« autour d'elles un tuyau renflé par le mi-
« lieu, à peu près de la forme d'un fuseau ;
« ensuite elles arrangent avec leurs serres les
« poils, en les collant sur cette espèce de
« gaze avec une gomme soyeuse qu'elles ti-
« rent de leur corps. Leur habit se trouve
« avoir la forme d'un fourreau ouvert par
« les deux bouts. Son tissu de laine ou de
« poil est tantôt blanc, tantôt noir, selon la
« couleur des poils dont l'insecte s'est nourri.

« A mesure que la teigne prend de l'ac-
« croissement, son fourreau devient trop
« court et trop étroit; aussi l'insecte tra-
« vaille-t-il à l'élargir. En conséquence, il
« fait sortir sa tête et une partie de son corps
« par l'une des extrémités, arrache les poils
« qui sont le plus à sa portée, et les colle à
« son fourreau. Il se retourne ensuite dans
« cette cellule, et l'arrange ainsi que le bout

« opposé. Veut-il l'élargir, il la coupe dans
« sa longueur et y ajoute une pièce de sa
« largeur; de manière que si on le transporte
« d'une étoffe sur une autre de couleur dif-
« férente, lorsqu'il est disposé à élargir son
« vêtement, on a le plaisir de lui voir faire
« un habit d'arlequin. Lorsque la teigne, par-
« venue à son accroissement parfait, veut se
« métamorphoser, elle abandonne ordinaire-
« ment les étoffes sur lesquelles elle a vécu;
« alors elle va s'établir dans un autre lieu, en
« fixant son fourreau par l'une des extrémi-
« tés dans quelque coin des murs ou des boi-
« series de la maison, et quelquefois au pla-
« fond. Là, changée en chrysalide, elle attend
« dans cet état environ trois semaines pour
« reparaître sous la forme d'un papillon. »

J'ai vu, moi, la fausse teigne, retirée de l'intérieur d'une peau de chevreau avec le morceau sur lequel elle était établie, passer tout un hiver dans une petite boîte où je l'avais enfermée, pour en sortir au printemps suivant sous la forme de scarabée. Cette espèce est celle qui est la plus grosse et qui fait le plus de ravage dans les peaux en poil.

Depuis le milieu du printemps jusqu'à la fin de l'été, et surtout le soir, on voit voler dans les appartemens de petits papillons d'un gris blanc argenté; ce sont les papillons de la vraie teigne: ils sont plus abondans en juillet et août qu'en tout autre temps. Ces espèces de phalènes ne prennent point de nourriture et n'ont aucune arme avec laquelle elles puissent faire du mal, mais elles cherchent à s'unir et ensuite à pondre sur nos meubles, nos hardes, et sur les pelleteries de préférence encore.

Les œufs que déposent ces insectes sont extrêmement petits; ils éclosent plus tôt ou plus tard, suivant la température. D'après M. de Réaumur, les derniers papillons paraissent dans le mois de novembre, c'est-à-dire trois semaines ou un mois après la dernière ponte. Ceux-ci ne doivent pas tarder à mourir sans postérité, les œufs et les chrysalides seuls pouvant résister aux hivers.

Le temps que mettent les œufs pour éclore doit donc être proportionné à l'état de la température.

Les teignes font un bien plus grand ravage dans les pelleteries que dans les étoffes : elles y trouvent beaucoup plus de facilité pour se nourrir. Elles s'enfoncent dans les masses des poils et les coupent à fleur de peau sans qu'ils aient l'air d'en être détachés. Leur passage laisse une trace sur l'épiderme de la peau, que plus tard nous aurons occasion de remarquer.

Pour éloigner ces insectes des lieux fermés, et rendre inféconds ceux qui s'y trouvent, je conseille l'usage de l'huile empyreumatique de bouleau, camphrée. J'indiquerai plus tard la manière de la préparer. On dit aussi que la racine de vétiver a la même propriété.

Un local exposé au nord est nécessaire pour emmagasiner les peaux en poil. Lorsque le mégissier a sa provision de peaux faite, il doit en faire une revue générale, afin de les classer par rang de taille, et leur faire suivre un ordre de travail respectif; car, comme nous l'avons déjà dit, les petites peaux auront moins besoin de travail que les grandes; les peaux de l'année moins que les plus anciennes. Cet arrangement nous met à même de diriger le travail plus convenablement. Ce classement une fois fait, je vais commencer à faire un choix de peaux pour être mises entre les mains des ouvriers, et travaillées de toute pièce. Occupons-nous d'abord des dispositions nécessaires à ce genre de travail.

Pour être convenablement situé, un établissement de mégissier a besoin d'être sur un ruisseau d'eau douce, propre et intarissable. Ce ruisseau est particulièrement utile pour le lavage des laines et des poils, ainsi que pour rincer les peaux sortant de la chaux : mais pour le travail de la mégisserie proprement dit, on pourrait s'en passer. Une source à fleur de terre, une fontaine, une pompe suffisent, pourvu que l'on ait l'eau sous la main.

Je vais prendre pour exemple une petite mégisserie occupant seulement quatre ouvriers. Le bâtiment dans lequel on opère n'a besoin que d'un rez-de-chaussée avec grenier au-dessus : le bas se trouve divisé en trois pièces: dans l'une j'aurai mes plains au nombre de trois. On nomme *plain* une espèce de cuve creusée dans la terre, revêtue de boiserie ou de maçonnerie. Dans une petite fabrique, deux à trois grands tonneaux, enfoncés à fleur de terre, peuvent suffire; c'est ainsi que je les entends ici. Je suppose qu'ils contiennent un mille de peaux de taille ordinaire. (Voy. *fig.* 1.)

Dans une autre pièce consacrée au travail du chevalet, que l'on nomme aussi *travail de rivière*, se trouvent quatre de ces appareils.

On nomme *chevalet* une pièce de bois blanc d'environ trois pieds et demi de long sur quinze pouces d'équarrissage dans sa partie inférieure, tandis que la partie supérieure est parfaitement et soigneusement arrondie pour y recevoir les peaux qui doivent y être travaillées. L'une des extrémités de cette pièce de bois touche à terre, tandis que l'autre est élevée en face de l'ouvrier, de manière à toucher à peu près le bas de sa poitrine. Cette partie élevée repose sur deux planches croisées en forme d'X, qui elles-mêmes sont assujetties dans leurs parties inférieures dans une traverse.

Le chevalet est recouvert sur la partie arrondie, pour former ce qu'on nomme la *couche*, d'un corps doux, de tiges de joncs, je suppose, assujetties au moyen d'un morceau de cuir cloué à ses extrémités, à peu près comme la basane d'un tabouret par le tapissier. (Voy. *fig.* 2.)

Il nous faut encore, dans cette pièce du rez-de-chaussée, huit baquets, dont quatre de la contenance d'au moins cinq cents litres, et les autres inférieurs; plus, quatre pilons et huit couteaux, dont il sera parlé plus tard.

Dans la troisième pièce, destinée à mettre les peaux en nourriture, il nous faut une chaudière de la contenance d'au moins une voie d'eau; plus, cinq autres baquets de moyenne grandeur. A l'une des extrémités du bâtiment, et dans une position aérée, doit se trouver un grand hangar dans lequel il faut encore quatre grands et vastes cuviers pour recevoir nos peaux en poil et les y faire tremper et laver. On pourrait encore, au besoin, les faire servir au lavage des laines et des poils, si on y avait une fontaine. (Voyez deux de nos cuviers, *fig.* 3 et 4.)

Le grenier au-dessus du rez-de-chaussée doit être fermé et entouré de jours à la persienne, comme en usent les tanneurs. C'est là que seront étendus, dans les temps humides, les poils, les laines et les peaux venant de recevoir leur nourriture. C'est au rez-de-chaussée et dans le hangar que vont commencer nos opérations.

L'eau dont je suis censé me servir est inférieure à celle de la Seine; elle peut être comparée à celle du canal de l'Ourcq, dans son état de combinaison avec celle des autres ruisseaux qui l'alimentent, et dont nous donnerons l'analyse. La chaux est de qualité médiocre.

DESCRIPTION

RAISONNÉE

DES OPÉRATIONS MANUELLES

DE L'ART DU MÉGISSIER.

PREMIÈRE OPÉRATION.

Mettre tremper.

J'ai pris en magasin un mille de chevreaux de taille moyenne pour être mis en travail.

Mettre tremper, c'est mettre les peaux dans une eau la plus douce que l'on peut avoir. Placé sur le bord d'un ruisseau, on pourrait les y exposer, enfermées dans de grands paniers à claire-voie ; mais à défaut, je me sers de mes plus grands baquets. Deux jours suffisent dans les chaleurs, avec une eau douce, pour détendre les peaux : après ce laps de temps, on les retire, pour les mettre en chaux. (Voy. *fig.* 5.)

DEUXIÈME OPÉRATION.

Mettre en chaux.

Mettre en chaux, c'est mettre les peaux en contact avec une certaine quantité de chaux éteinte. Pour un mille de chevreaux, je mets de 60 à 70 kilogrammes de chaux de médiocre qualité. Nous avons dit que la chaux était réputée bonne en raison de ce qu'elle absorbait avec avidité une plus grande quantité d'eau, et de ce qu'elle tombe vite en fusion lorsqu'on veut l'éteindre.

Après vingt-quatre heures, la chaux est réputée éteinte; alors elle doit être étendue d'eau et remuée jusqu'à concurrence de bouillie claire seulement, le surplus d'eau étant ajouté dans le plain. Je commence par en prendre un quart environ que je mets dans mes plains convenablement chargés d'eau : après y avoir soigneusement remué cette quantité, j'y descends mes peaux une à une, au moyen d'un bâton, au bout duquel est adaptée une planchette, pour me conformer à l'usage; mais on verra plus tard que cette méthode est vicieuse.

Dans une fabrique organisée, il y a toujours de la vieille chaux provenant des vieux plains, et que par cette raison on désigne sous le nom de *plain mort*. Alors on s'en sert pour première immersion.

Mes peaux ainsi descendues dans mon plain, y restent deux à trois jours seulement dans les chaleurs. Ceci s'entend pour des chevreaux de moyenne grandeur et de l'année.

TROISIÈME OPÉRATION.

Retirer les peaux du plain.

Pour *retirer les peaux*, on se sert d'une grande pince en forme de tenailles à longs manches. Ces tenailles sont en fer ; il serait mieux qu'elles fussent en bois et cuivre, afin d'éviter les taches de rouille qui peuvent résulter de leur contact prolongé avec les peaux. (Voy. *fig.* 6.)

Vos peaux, au sortir du plain, doivent être disposées vers les bords, de telle sorte que les dernières sorties soient les dernières rentrées. Par ce moyen elles occupent alternativement toutes les parties du plain, et reçoivent plus également leur chaux.

Dans cette immersion que vous allez leur donner, vous ajoutez un second quart de chaux. Cette fois, vous laissez vos peaux dans le plain un ou deux jours de plus, suivant la saison ; après quoi vous les retirez de nouveau pour augmenter votre bain d'un troisième quart de chaux. Cette addition faite, vous redescendez une troisième fois vos peaux et les laissez dans le plain environ quatre jours; après quoi vous les retirez comme il a été dit, et les y replacez, après avoir mis votre dernière chaux. Mais comme arrivé à cette quantité le plain est devenu fort caustique, et les peaux elles-mêmes beaucoup plus tendres, il faut avoir soin de ne les pas laisser séjourner plus de ving-quatre ou trente-six heures au plus. Sans cette précaution, les peaux prendraient la chaux inégalement, ce qu'il faut éviter. Les peaux pourront séjourner encore de six à huit jours dans le plain, en les remuant comme il vient d'être dit.

L'ensemble de ces diverses opérations pourra être de quinze à vingt jours en été, et portées jusqu'à trente en hiver.

On ne saurait trop recommander de sortir souvent les peaux de leur plain, afin de les changer de place; car plus elles seront remuées de fois, et moins elles seront susceptibles de recevoir des particules de chaux à moitié éteinte, que je nomme *sable calcaire*, et qui, lorsque les peaux se trouvent exposées la fleur en l'air, donne lieu au défaut dont j'ai parlé, et qui est connu sous le nom d'*ombre*. Ce sable, mis en mouvement par un reste de fusion, s'introduit par place dans les interstices de la fleur, et y séjourne jusqu'à ce que l'ouvrier, lors du travail du chevalet, l'écrasant avec son couteau, l'en fasse ressortir, ce qui déjà fatigue la fleur; tandis que plus tard, exposée à l'air, saturant le gaz carbonique qui y est contenu, il s'établit une fermentation qui rend le mal de plus en plus sensible; ce qui fait dire aux ouvriers que l'air procure les ombres, mais sans savoir dans quel cas ni comment ce phénomène s'opère : à leur avis, c'est le hâle de l'air qui cause cette tache. Ainsi, d'après leur théorie, toute peau qui serait exposée en partie à l'air un certain temps, serait affectée de ce défaut. A les interroger, ils sont tous sûrs de ce qu'ils avancent, mais aucun ne saurait ni éviter, ni faire paraître une ombre à volonté, ce qui pourtant devrait être en leur pouvoir s'ils connaissaient la manière dont elles se produisent.

Pour éviter ce vice du travail, il faut mettre ses peaux dans la chaux, la chair en l'air et le poil en dessous. Il conviendrait donc de faire usage, pour descendre les peaux dans les plains, au lieu d'un simple bâton, d'une planchette d'environ dix-huit pouces en carré, armée de petites pointes pouvant saisir la surface de la peau, placée convenablement sur le liquide, pour y être descendue jusqu'à son lieu de repos. Une double fourchette présentant ses extrémités à des distances calculées, me paraîtrait aussi convenir. Si, au lieu de mettre les peaux dans des cuves pour les mettre en chaux, on se servait d'un moulin dans le genre de ceux des tanneurs pour leur coudrement, je crois que l'on éviterait également le principe du mal, par la facilité qu'on aurait de remuer les peaux beaucoup plus fréquemment sans les sortir de la chaux. (Voyez ce moulin, *fig.* 7.)

QUATRIÈME OPÉRATION.

Rincer les peaux.

Rincer les peaux, c'est les mettre dans l'eau et les débarrasser de la chaux qu'elles peuvent conserver à leur extérieur, lorsqu'on les sort des plains.

Les peaux, après avoir été rincées de leur chaux, peuvent sans inconvénient séjourner dans l'eau claire avant que d'être placées sur les chevalets pour y être pelées.

CINQUIÈME OPÉRATION.

Peler les peaux.

Peler les peaux, c'est en faire tomber les poils au moyen du fer, qui n'est autre chose que l'un des couteaux de rivière demi-circulaire dont nous avons déjà parlé, et que nous allons faire connaître. A ces fins, l'ouvrier monté sur un marche-pied, ayant en face de lui l'un des chevalets dont nous avons parlé; place l'une de ces peaux sur la couche dont il a été fait mention, la tête en haut et la queue en bas. Dans cet état, la peau se trouve fixée par le collet, entre l'extrémité supérieure du chevalet et une planche qui est enclavée dans son marche-pied, et qui, arrivant juste à hauteur d'appui de l'ouvrier, lui sert pour ainsi dire de tablier. Au moyen de cet instrument, l'ouvrier, en prenant sa position pour opérer, pèse sur la partie de la peau prise entre le chevalet et la planche; et, dans cette position, par un mouvement de ravalement fait avec son couteau qu'il tient dans les deux mains, il fait descendre le poil à ses côtés, dans des places destinées à en recevoir les diverses sortes. (Voy. *fig.* 8.)

Pour cette opération, les pores de la peau étant plus ouverts et devenant plus nombreux par l'ouverture de ceux où était implanté le poil, le sable calcaire dont j'ai parlé, contenu en assez grande quantité, surtout dans les oreilles, trouve plus de facilité à pénétrer dans les nouvelles ouvertures, lorsqu'on remet les peaux dans l'eau. Il serait donc très à propos de faire usage, à partir de là, du moulin dont j'ai parlé, ou au moins de ne pas laisser les peaux plus de quelques heures sans être remuées, et d'avoir soin de ne les descendre dans l'eau que la chair en haut.

Au fur et à mesure que les peaux sont dépouillées, elles sont donc ordinairement jetées au hasard dans un baquet moitié plein d'eau. Cette opération étant achevée, on doit laisser tremper les peaux quelque temps. Si, ce qui peut arriver, elles paraissaient ce qu'on appelle vertes, c'est-à-dire si elles ne sont pas assez plamées, on pourrait ajouter à cette eau une petite quantité de chaux, et les laisser tremper encore un jour ou deux. Par la même raison, si on n'avait que de petites peaux fraîches, on pourrait passer outre.

Les poils ont besoin d'être soigneusement lavés de leur eau de chaux et ensuite entièrement séchés : sans ces deux précautions, on est exposé à les voir, surtout dans les chaleurs, s'échauffer et se perdre.

SIXIÈME OPÉRATION.

Echarner les peaux.

Echarner les peaux, c'est en retirer les pates, les queues, les oreilles, les mamelons, que l'on nomme *tétines* ; en un mot, c'est les affranchir de toutes les parties inutiles et en nettoyer le côté de la chair. Pour cette opération, on emploie un des couteaux dont nous avons parlé, qu'on nomme *couteaux de rivière*.

Ce couteau de forme demi-circulaire, dont on s'est servi pour peler les peaux, ne diffère de celui-ci qu'en ce qu'il ne coupe que dans la partie convexe, tandis que pour cette opération il faut qu'il coupe des deux côtés. (Voy. les *fig.* 9 et 9 *bis.*)

Dans cette opération comme dans la précédente, on a soin de mettre de côté les débris qui en proviennent. Les poils se vendent pour la fabrication de certaines étoffes, et les débris de l'écharnage sont une excellente gélatine que l'on emploie pour faire de la colle. (Voy. *fig.* 10.)

A mesure que les peaux sont écharnées, on a soin de les mettre dans un baquet d'eau propre; car il est de principe, et nous avons vu pourquoi, que les peaux ne doivent rester hors de ce liquide que le temps indispensable. Cette fois on doit les laisser tremper deux à trois jours. C'est ce que l'on appelle *faire boire*. (Voy. *fig.* 11.)

Le séjour des peaux dans la chaux a d'abord pour but de disposer le poil à se détacher de la peau; ensuite, le lait de chaux s'introduisant dans le tissu de la peau par toutes ses ouvertures, doit, par sa propriété alcaline, se combiner avec les parties grasses et muqueuses, et former une espèce de savon calcaire, soluble à l'eau, que toutes les opérations subséquentes auront pour but de faire sortir, afin de ne laisser à la peau que ses parties fibreuses et tendineuses qui, comme nous l'avons vu, forment sa contexture.

La présence de la chaux dans la peau est tellement reconnue nécessaire que pour des peaux sèches, telles que les peaux surannées dont les parties muqueuses ont eu le temps de se durcir, on doit, après les avoir pelées, les remettre dans la chaux pour finir d'en ramollir toutes les parties. Cette double chaux est encore jugée indispensable pour les agneaux à longue laine que l'on ne met en chaux que du côté de la chair, au moyen d'une espèce de pinceau que l'on nomme *guipon*, fait avec des étoupes ou autre matière, opération dont nous aurons occasion de parler. (Voy. ce guipon *fig.* 12.)

D'après ce que nous venons de dire sur l'indispensabilité de l'usage de la chaux dans le travail de la mégisserie, il ne sera pas hors de notre sujet de faire connaître une méthode usitée en Angleterre, qui, si je suis bien informé, tend au contraire à s'en passer. Voilà le procédé au moyen duquel on parvient à peler les peaux dans ce pays.

Après que les peaux ont été trempées, elles sont mises en pile, à plat, entièrement ouvertes, chair contre chair et laine contre laine. Dans cet état, surtout quand il fait chaud, elles ne tardent pas à s'échauffer. C'est une fermentation qui se prépare. Quand cette fermentation est avancée, ce qui se reconnaît par une chaleur assez forte pour ne pas pouvoir sans douleur tenir sa main dans l'intérieur de la pile, on les transporte dans une étuve chauffée à 25°, pour y être étendues isolément sur des perches, afin qu'elles éprouvent également l'action du ferment. On ferme hermétiquement l'étuve, et alors la température ne tarde pas à s'élever, et la fermentation à se continuer jusqu'à ce que le poil ou la laine soit à même de se détacher avec facilité.

Cette opération demande une attention et une expérience toute particulière. Il est question d'avoir un degré de fermentation propre à détacher la laine ou le poil sans que la fleur en souffre : quelques minutes de plus ou de moins ont une grande influence sur le travail. Si l'on n'a pas attendu assez, la laine ou le poil ne se détache pas avec facilité ; si l'on a trop attendu, la fleur est attaquée, et le travail du mégissier ne peut pas la conserver.

Quelle que soit la longue expérience que l'on ait en Angleterre pour opérer avec perfection en ce genre, je ne pense pas que cette manière puisse remplacer avec avantage celle du plain dans la mégisserie pour les chevreaux ; car la partie muqueuse de cette espèce de peaux, non seulement a plus de consistance que celle des agneaux, mais les parties fibreuses et tendineuses en sont aussi plus solides, en même temps que leur contexture en est plus serrée. Ainsi, par ces divers motifs, je suis porté à croire que c'est à cette manière d'opérer en Angleterre que l'on doit, en grande partie, attribuer l'insuccès de l'art du mégissier appliqué aux chevreaux ; tandis qu'au contraire cette méthode paraît convenir pour la chamoiserie appliquée aux agneaux : celles-ci étant de nature plus tendre, se vidant et s'abattant facilement, ne conservent pas avec l'emploi de la chaux la consistance serrée et la beauté dont elles sont susceptibles ; car la chaux, tout en dissolvant les parties étrangères au tissu de la peau, finit, avec le temps, par agir sur la partie gélatineuse : ce qui se remarque quelquefois sur des peaux oubliées dans les plains qui, ayant perdu leur consistance, se déchirent comme de l'amadou.

Pour justifier cette manière d'opérer sur les agneaux, il faut encore faire remarquer qu'en Angleterre, généralement parlant, les toisons sont d'un prix très-élevé, et que les peaux sont ordinairement consacrées au travail du chamoiseur. Il est donc naturel de penser que l'emploi de l'étuve, préféré à l'usage du plamage dans ce pays, a pour but principal la conservation de la laine dans toute sa valeur. Par le procédé anglais, les peaux passées en chamois ont le grain plus serré, plus uni, plus agréable à l'œil, en même temps qu'elles sont plus consistantes que les mêmes peaux chamoisées en France ; car on reproche à celles-ci, au contraire, d'être veules et lâches, d'avoir le grain trop ouvert, et de n'offrir qu'un tissu sans consistance. Cette différence est surtout bien sensible dans les peaux ramaillies. Aussi n'hésite-t-on pas d'attribuer à cette manière d'opérer la supériorité marquante de la ganterie anglaise en ce genre sur la nôtre ; tandis que le contraire a lieu pour les autres espèces : je veux dire avec les peaux mégissées, surtout celles de chevreaux.

J'ignore si quelque essai comparatif a été fait par un de nos fabricans pour tâcher de résoudre cette question ; mais, s'il n'en a pas été fait, il serait à propos que quelque chamoiseur voulût bien s'en charger. Si dans nos fabricans il ne s'en trouve pas un qui ait la volonté ou le moyen de tenter cet essai, il appartient au gouvernement ou à quelque corporation de le faire.

Une des corporations les plus à même de

faire faire cette expérience est sans doute celle dite la *Société d'encouragement pour l'industrie nationale*. Cette société, qui, au moyen des revenus de ses propres capitaux, pourrait organiser des ateliers pour se livrer aux essais nécessaires aux divers perfectionnemens que réclament les arts industriels; cette société, dis-je, par une conduite sans doute bien éloignée du but que se proposent ses membres, paraît avoir des administrateurs peu disposés à faire usage de leurs libéralités; elle se borne chaque année à faire des programmes, à proposer des prix pour des questions que souvent elle sait être insolubles. Cependant de nombreux efforts sont faits pour répondre à ces programmes, et à peine les artisans et les savans qui consacrent leurs veilles et font des sacrifices, reçoivent-ils quelques complimens; tandis que, pourtant, on profite de leurs travaux. Si les arts perfectionnés profitent à ceux qui les premiers leur font faire des progrès, la publicité qu'on leur donne dans ce dernier état devrait toujours recevoir au moins un encouragement. Espérons que cette inconséquence de la part des administrateurs de cette société est sur le point de disparaître. Ce n'est point dans des vues de thésauriser que les libéralités de ses membres ont lieu; et, encore une fois, cette manière de faire fructifier les capitaux de la société ne répond point au but d'une telle institution.

Cette longue digression ne nous fera pas perdre de vue le cours de nos opérations : nous nous rappelons avoir laissé nos peaux, qui viennent d'être écharnées, dans l'eau ; nous allons les en sortir pour être foulées.

SEPTIÈME OPÉRATION.

Fouler les peaux.

Pour *fouler* les peaux, on fait usage de pilon. Le pilon est un morceau de bois de la forme d'un cône tronqué, au centre duquel, et dans le cercle le moins large se trouve fixé un manche de la grosseur de celui d'un balai ordinaire. (Voy. *fig.* 13.)

Au moyen de ces outils, dont trois ouvriers sont armés, on en frappe à coups redoublés les peaux dans un baquet : on les foule, on les abat, on les ramollit.

Pour un mille de peaux on divise l'opération au moyen de deux baquets, afin que les pilons portent plus sûrement sur toutes. Après un grand quart d'heure de foulage, on fait de nouveau boire, c'est-à-dire on met sur la moitié des peaux qu'on avait placées dans un baquet, un seau d'eau propre. Puis on foule encore vingt minutes pour amollir et faire pénétrer l'eau. On réitère cette opération trois fois, de vingt minutes en vingt minutes, de manière à ce que l'ensemble des opérations dure une bonne heure.

Le foulage est susceptible de faire pénétrer dans un mille de peaux ordinaires une grande voie d'eau, environ vingt litres. C'est pour cette opération qu'une eau très-douce et même dissolvante serait propre à activer le travail. Pour des peaux surannées surtout, j'en recommanderais l'emploi : cependant il faut que l'eau soit propre, car, faute de belle eau, les peaux finiraient par prendre une teinte désagréable, qui leur serait très-préjudiciable : ce qu'il faut éviter.

Cette opération étant terminée, on réunit la totalité de ces peaux dans un seul baquet pour les submerger et les abandonner ainsi à elles-mêmes, deux à trois jours, suivant la saison, avant de leur donner la première façon.

HUITIÈME OPÉRATION.

Travail de rivière, ou façons.

La *première façon* se donne du côté de la fleur, et, comme les suivantes, elle consiste dans une forte pression faite sur la peau avec le couteau rond. L'ouvrier qui le tient par les deux manches le fait glisser du haut en bas sur toutes les parties de la peau : d'abord de tête en queue, puis en donnant à la peau une position convenable, de queue en tête, et enfin sur les travers. (Voy. *fig.* 14.)

Dans le cours de ce travail on voit sortir des interstices de la peau une substance en apparence mucilagineuse et limoneuse ; c'est le mucus dont nous avons parlé, qui, combiné avec la chaux, est une espèce de savon calcaire.

Au fur et à mesure que les peaux sont travaillées sur le chevalet, elles sont de nouveau jetées dans un baquet d'eau propre ; puis foulées de nouveau et de la même manière qui a été indiquée. On les fait tremper et fouler une troisième fois. Puis on les retire pour les mettre sur le chevalet et recevoir une seconde façon du côté de la chair. Cette façon se donne avec les mêmes soins que la première ; comme l'autre, elle a pour but de vider la peau de son mucus, et en outre de la nettoyer de ses longues chairs. A ces fins on se sert du couteau un peu tranchant dans la partie concave et à vif dans la partie convexe.

Après cette seconde façon, les peaux sont de nouveau foulées deux fois de suite comme il vient d'être dit, avec repos.

On donne une troisième façon du côté de la fleur. Celle-ci demande plus de précaution que les précédentes ; car la peau commençant à se ramollir devient plus délicate. Les mouvemens du couteau doivent donc être doux et observés, bien que cependant toujours appuyés, surtout vers les parties dures, telles que la tête, le collet, les pates, etc.

Après cette troisième façon, on fait encore fouler et boire deux fois; mais alors il faut diminuer la longueur du repos, et suivant l'état des peaux et celui de la température, ne les mettre que dans une eau vive et fraîche; car les peaux commençant à être abattues, un premier degré de fermentation pourrait les faire piquer.

On donne une quatrième façon sur la fleur; on fait fouler et boire de nouveau, mais sans repos; enfin on donne une cinquième façon du côté de la chair.

C'est dans le cours des dernières façons que l'on voit se développer plus sensiblement les taches désignées sous le nom de *ombre*, dont nous avons déjà parlé; car chaque fois que les peaux sont exposées au contact de l'air, celles qui avaient en dépôt le sable calcaire dont il a été question, et que les efforts du couteau font ressortir, éprouvent, en attirant le gaz carbonique, une légère fermentation qui, à force de se renouveler, finit par altérer la fleur plus ou moins sensiblement.

Arrivées à leurs dernières façons, les peaux mises dans l'eau y surnagent en peu de temps elles commencent à se boursouffler. C'est dans cet état qu'elles sont mises en confit. Dans le temps des chaleurs, lorsque surtout on n'a que des eaux douces, on pourrait se dispenser de cette opération que nous ne tarderons point à faire connaître. C'est effectivement ce que font quelques mégissiers à Grenoble qui préfèrent rester en arrière de la perfection plutôt que de s'exposer à l'action dangereuse du ferment. Pour des agneaux on le peut sans inconvénient; mais le chevreau, sans le confit, ne peut acquérir toute la souplesse dont il est susceptible et dont il a besoin. On peut même affirmer que cette opération lui est indispensable; car à Annonay, où les eaux sont battues dans leurs cours, et en même temps fort douces, je puis même dire un peu iulalines en été, on ne s'en passe pas. Ainsi, comme les peaux préparées dans cette dernière ville sont toujours prises pour type de comparaison lorsqu'il est question de bonne fabrication, nous croyons devoir exposer les procédés qu'on y suit pour servir d'exemple.

Au Mans, où depuis quelques années on travaille avec assez de perfection, sans pourtant égaler la souplesse du travail d'Annonay, dans la crainte d'altérer la fleur par de nombreuses façons, seul défaut que l'on reproche à Annonay, on met les chevreaux deux fois en confit. Nous allons nous occuper de cette opération.

NEUVIÈME OPÉRATION.

Mettre en confit.

Le *confit* se compose d'eau et de son ; le son doit provenir de la meilleure qualité du froment, et doit être le plus net et le plus pur possible, le son de certaines grenailles étant susceptible de former des taches sur la peau. La farine elle-même serait un agent trop actif. On aura donc soin de laver le son avant de l'employer, afin de n'en avoir que le meilleur ; tout ce qui est impur devant rester sur l'eau, tandis que la meilleure qualité tombe au fond. On fera bien même de le mettre dans l'eau la veille du jour que l'on devra s'en servir.

Huit kilogrammes au plus de son lavé suffiront pour un mille de peaux. La quantité d'eau convenable est celle nécessaire pour que les peaux puissent y être remuées avec facilité. Le son s'attache de lui-même à la peau du côté de la chair, et il faut que la dose employée soit capable de les garnir de ce côté. Pour atteindre ce but, il suffit de remuer la peau en tous sens, environ dix minutes.

Les peaux ainsi disposées seront abandonnées à elles-mêmes, dans un local où la température ne sera pas inférieure à 10 degrés, quelque temps qu'il fasse : car sans chaleur point de fermentation.

En hiver, il est donc urgent de faire tiédir l'eau en même temps que de choisir un local bien fermé.

Le confit doit être remué de loin à loin ou de proche en proche, suivant la température.

Dans le temps des chaleurs, et surtout dans des momens voisins de l'orage, l'air étant chargé d'humidité, ce fluide pouvant agir sur le ferment de manière à le décomposer, il faut porter une attention scrupuleuse à l'éviter; car dans ce cas, les peaux peuvent se piquer par la violence du mouvement, ce qui causerait une grande perte. Si la cause de ce phénomène était bien connue, on pourrait y porter remède ; mais la physique n'est point assez avancée à cet égard. Si le fluide électrique agissait sur le confit comme il agit sur le lait lorsqu'il le fait tourner, il suffirait d'y ajouter une petite quantité d'alcali pour prévenir le mal, l'alcali pouvant s'emparer de l'excès d'acide qui s'y forme tout à coup. Cette expérience est à faire.

Les peaux ainsi placées dans le confit reçoivent bientôt un mouvement d'ascension et ne tardent pas à surnager. On a soin alors de les enfoncer et même de les fouler dans le fond du baquet.

Le confit une fois en fermentation, il s'en dégage un gaz inflammable que l'on a généralement l'habitude de brûler au moyen d'une allumette enflammée. Quoi qu'en ait dit M. Delalande, ce moyen n'offre aucun résultat pour l'art. Les praticiens, sans pourtant se rendre compte de leur opinion, il est vrai, croient, par ce moyen, activer leur opération. Tout ce que j'ai pu voir, c'est qu'on en faisait un amusement : et je n'y attache pas d'autre importance.

Le confit est sans doute l'une des opérations les plus importantes de la mégisserie; mais ni nos théoriciens ni nos praticiens ne paraissent s'en rendre raison d'une manière satisfaisante. Cette opération toute chimique n'est autre chose qu'une disposition déterminée par le travail pour faire changer de nature à la peau, pour en ouvrir les pores et les interstices. C'est un commencement de putréfaction.

Pour être à même de saisir l'opération du confit, je vais donner un exemple de ce qu'on entend par fermentation animale : elle sera d'autant plus facile à saisir pour nos praticiens, qu'ils auront occasion de la voir se reproduire dans le cours de leur travail.

Lorsqu'un animal qui vient de périr tombe dans l'eau, tout le monde sait que, par son propre poids, il se dirige au fond. La raison en est que son volume est plus pesant qu'un pareil volume de ce liquide.

Cependant, au bout d'un certain temps, ordinairement neuf jours, nous le voyons reparaître à la surface et surnager. Dans cet intervalle il a dû se maintenir entre deux eaux, car le changement survenu n'a pu se faire qu'avec lenteur. Qu'est-il donc arrivé? Les parties organiques de ce cadavre, exposées à un certain degré de chaleur, ont commencé à se désorganiser. Des gaz beaucoup plus légers que l'eau s'y sont formés et ont cherché à s'échapper. Ils ont d'abord gonflé les cellules où ils se sont formés en pressant contre leurs parois : ils ont augmenté le volume du corps, qui, alors, se trouvant spécifiquement plus léger que le liquide, y a surnagé.

Si nous faisons bien attention à ce qui se passe dans le cours du travail de la mégisserie, nous voyons vers la fin se produire le phénomène dont nous venons de parler. Dans le commencement les peaux sortant des mains de l'ouvrier, plongent au fond de l'eau dans laquelle il les jette : puis elles s'y suspendent et finissent par surnager. C'est surtout lorsque la peau est avancée dans le travail et qu'elle est abattue que cette remarque est facile ; car alors, entièrement purgée de sa chaux, un premier degré de fermentation la boursoufle et lui fait acquérir une légèreté comparative.

L'opération du confit est donc une action de l'art tendant à seconder la nature. Comme arrivée à ce point, au moyen de son séjour dans la chaux, d'une part, et du travail de rivière de l'autre, la peau a été tout-à-fait dégagée de sa graisse et de son mucus, qui bouchaient ou remplissaient les cellules de son tissus; que, dès lors, sa contexture ne se compose plus que de parties nerveuses et tendineuses, entrelacées, comme nous l'avons vu; le but qu'on se propose dans l'opération du confit est de gonfler, autant que possible, ces mêmes cellules, ce tissu, espèce de réseau nerveux, afin de pouvoir avec plus de facilité y faire loger un corps onctueux qui, en maintenant les interstices ouverts et toutes ses parties éloignées les unes des autres, procure à la peau la facilité de se mouvoir en tous sens comme un tricot, ce qui lui conserve la douceur, la souplesse et le moelleux qu'elle avait sur l'animal.

Essayons de démontrer maintenant comment le son, qui est le seul agent employé dans le confit, produit un tel résultat.

Il est question, avons-nous dit, d'une fermentation ; mais ici nous avons une fermentation compliquée, c'est-à-dire une fermentation alcoolique et acide, celle du son ; plus, une fermentation putride, celle des peaux. Je vois donc d'une part le son, qui donne lieu à de l'alcool et à de l'acide acétique ; de l'autre les peaux, qui peuvent donner lieu à du gaz carbonique et à de l'ammoniaque. Les acides saturés par l'ammoniaque s'introduisent dans chaque cellule et donnent lieu à une fermentation. De là, probablement, la formation d'un gaz inflammable qui s'échappe lorsque l'on remue les peaux. Mais, comme il y a complication et désordre par le fait de cette combinaison, il est difficile de savoir à quelle espèce appartient ce gaz.

Dans cet état nous voyons les peaux se boursoufler, prendre un mouvement d'ascension, comme pour échapper en quelque sorte à l'action du ferment. De là l'obligation de les fouler et de les faire descendre en exprimant les gaz contenus dans leurs pores, et de répéter cette manœuvre jusqu'au point où la fleur affaiblie, ne pouvant plus résister aux efforts du gaz, serait dans le cas de se rompre et former de petites ouvertures désignées par le nom de *piqûre* : avarie grave, dont nous aurons encore occasion de nous entretenir.

M. Delalande dit que, pour bien comprendre les effets du confit, il est indispensable de savoir ce qu'on entend par fermentation chimique. D'accord avec lui sur ce point, je vais donner l'explication de ce mot.

On entend par fermentation chimique une opération par laquelle un corps, plus ou moins liquide, abandonné à lui-même, présente une agitation intérieure, un dégagement de gaz, et donne lieu à des produits nouveaux. Si le confit n'est qu'une fermentation chimique, la peau, l'eau et le son, au bout de quelque temps, ne sont donc plus les seules substances qu'il faut y considérer! Mais quelles sont celles que nous devons prévoir s'y former? De l'alcool, de l'acide acétique, de l'acide carbonique et de l'ammoniaque, avons-nous déjà dit. Il est donc permis de croire que de la combinaison de ces divers gaz il résulte un gaz sulfureux; car une partie des vapeurs qui s'échappent étant susceptible de s'enflammer, comme nous l'avons vu, et l'alcool ne pouvant y être qu'en très-faible quantité, et dans le commencement de la fermentation seulement, il faut bien trouver la cause de ce phénomène où elle peut être.

L'art du mégissier est trop intimement lié à l'art du chamoiseur pour que je ne fasse pas connaître une des opérations les plus délicates de cette dernière profession; opération qui est aussi une fermentation, et qui donne lieu à un phénomène resté jusqu'à ce jour sans explication.

Le travail du chamoiseur a pour but particulier de substituer dans la peau, arrivée à l'état de confit, une simple huile à la place de l'alun, des sels, des jaunes d'œufs et de la farine employés dans la mégisserie pour remplacer le mucus qu'on en a fait sortir. Le chamoiseur sait que la peau, au sortir du confit, a beau être imprégnée d'huile avec force et violence, au moyen du foulon, ces deux corps ne peuvent sympathiser que par le moyen de l'échauffe. Dans ce dernier cas, comment donc s'opère cette intimité ; comment cette huile, jusque-là repoussée avec persévérance des pores de la peau, finit-elle par s'y incorporer et s'y unir intimement ? C'est que dans cette fermentation désignée par le nom d'échauffe, il s'est aussi formé des produits nouveaux qui ont agi d'après de nouvelles propriétés : la fermentation de la peau a donné lieu à de l'ammoniaque, qui s'est combinée avec l'huile. Dans ce nouvel état, l'eau qui restait dans le tissu de la peau y a été dissoute : il en est résulté un corps triple, ami de la peau, une espèce de savon ammoniacal. Il y a plus : la peau elle-même vient aussi d'acquérir une nouvelle nature et de nouvelles propriétés ; de telle sorte qu'aucun de ces corps, ne tenant plus de son état primitif, ne saurait être comparé à ce qu'il était.

Dans la vue de faire confirmer cette théorie par un exemple, j'ai fait usage d'une feuille de papier teinte en rouge par le coquelicot des champs; teinture qui, exposée à la vapeur d'une ammoniaque, a la propriété de se changer en gris. Cette feuille de papier, placée un seul instant au-dessus d'une pile de peaux en échauffe, exposée à la vapeur qui s'en échappait, a de suite pris la teinte présumée. Cette expérience, au moyen d'un seul réactif, doit suffire pour confirmer l'assertion de la formation d'une ammoniaque dans l'échauffe; ce que je viens d'avancer.

Cette expérience a été faite chez M. Comte aîné, chamoiseur à Vendôme. D'après l'opinion de ce praticien sur le phénomène dont nous venons de parler, il devait y avoir évaporation et non absorption de l'eau dans le cours de l'échauffe : les vapeurs qui s'en échappaient n'étaient que des vapeurs aqueuses, et c'était à l'absence totale de ce liquide, après l'opération, qu'il attribuait l'union intime de l'huile avec la peau. On sait maintenant à quoi s'en tenir. Suivant l'opinion d'un de nos chimistes, M. Mérimé, on aurait attribué le changement de propriété de la peau dans l'échauffe à l'oxigène de l'huile qui s'y serait combinée avec les parties gélatineuses. Mais ce n'était qu'une opinion.

La peau après l'échauffe n'est donc plus de même nature, comme nous l'avons vu ; elle n'est plus qu'un corps onctueux, incorruptible, à qui on pourrait substituer un tout autre nom, car elle a perdu sa qualité gélatineuse, qui la caractérise éminemment, et qui appartient à toutes les peaux ; de même que l'huile vient, en acquérant aussi de nouvelles propriétés, prendre le nom de dégras, et recevoir, à son sortir de la peau, une destination toute particulière dans les arts.

Si je ne me suis pas trompé dans l'analyse de ce phénomène, sans doute qu'il n'a point été saisi par M. Delalande. Voilà comment il s'explique en parlant de l'échauffe dans l'art du chamoiseur :

« Lorsque les peaux, à l'aide des évents et
« du foulon, sont pénétrées d'huile tant
« qu'elles peuvent l'être, il s'agit de les met-
« tre en chaleur, c'est-à-dire en fermenta-
« tion, pour les enfler, pour unir et incor-
« porer l'huile dans les fibres. Nous avons ex-
« posé, continue M. Delalande, à l'occasion
« du confit, le principe et l'effet de la fer-
« mentation. Cette chaleur, qui existe natu-
« rellement dans les substances végétales et
« animales, est un mouvement des parties in-
« sensibles qui s'agitent en tous sens, se di-

« visent, se mêlent, se pénètrent et se com-
« binent; c'est ce qui fait l'action intime de la
« peau avec l'huile; c'est la nourriture de la
« peau; c'est là qu'elle est véritablement pas-
« sée à l'huile: jusque-là l'huile est appliquée
« sur la peau, mais ne lui est point unie. »

Dans cette description, on voit que M. Delalande fait remarquer que ce n'est que par l'effet de l'échauffe que l'huile parvient à s'unir intimement avec la peau; mais ces mots, *se meuvent, se pénètrent, se combinent*, pour expliquer ce phénomène, n'en expriment que les effets et n'en démontrent pas la cause. Nos meilleurs praticiens, interrogés sur les effets de l'échauffe, ont bien aussi quelques mots au moyen desquels ils croient l'expliquer; mais, jusqu'à ce jour, je ne sache pas qu'on ait rien dit de satisfaisant à ce sujet.

Nous allons reprendre le cours de nos opérations, en reprenant nos peaux au sortir du travail de rivière, et à leur cinquième façon, pour être mises en confit.

Le confit se compose d'eau et de son, avons-nous dit; cette opération est fort délicate, avons-nous ajouté. Une fermentation trop avancée peut perdre toute une partie de peaux travaillées, que nous nommons un *habillage*, par des écarts de fleur. Le point de perfection, dans cette opération, s'annonce par une odeur fétide qui tient de la putréfaction et de la levure du pain. Lorsqu'on a quelque crainte sur l'état de l'atmosphère, si les peaux sont très-avancées, on en regarde les parties les plus faibles au grand jour après en avoir détaché les brins de son qui y étaient adhérens, et on voit s'il y a boursoufflement et surtout quelques petites piqûres, c'est-à-dire quelques écarts de fleurs. Dans ce cas, le mal commencerait à se faire, et il ne faut pas perdre de temps pour retirer les peaux. Le boursoufflement est donc le point auquel il faut s'arrêter.

Ce n'est pas dans le confit seulement que les peaux peuvent se piquer; nous avons vu qu'elles pouvaient l'être en poil par le moyen de l'échauffe; elles peuvent encore l'être dans le cours du travail de rivière, surtout lorsqu'on a des eaux alcalines; dans ce cas, on les voit quelquefois attaquées, même du côté de la chair où il se forme de petites cavités.

Dès que les peaux paraissent avoir éprouvé suffisamment l'action du ferment, on les retire du confit et on les dégage du son qui en couvre le côté de la chair en les mettant sur le chevalet. A ces fins, on se sert du couteau un peu tranchant dans la partie convexe, et on leur donne une *glissade*. Cette opération se nomme aussi *recouler*. Elle a lieu au moyen d'un mouvement de ravalement, comme il a été indiqué pour le pelage. Cette opération tient lieu d'une légère façon.

Arrivées à cet état, nos peaux, abandonnées à elles-mêmes, se racorniraient en séchant et se réduiraient en si petit volume qu'on aurait de la peine à croire qu'elles sont des peaux. Considérées comme gélatine, je ne sais si elles auraient la valeur de plus d'un centime; ce serait pourtant la seule destination qu'on pourrait leur donner. Au moyen de la nourriture que nous allons leur faire prendre, elles vont acquérir près de deux cents fois cette valeur; elles vont prendre du corps, de la souplesse et obtenir une grande blancheur.

DIXIÈME OPÉRATION.

Mettre en nourriture.

Mettre en nourriture est une opération toute mécanique; cette nourriture est ainsi composée pour un mille de peaux de moyenne grandeur :

Farine de froment de première qualité. 50 kilo.
Jaunes d'œufs frais, en nombre........ 500
Alun de première sorte.............. 14 kilo.
Hydrochlorate de soude (sel marin blanc.) 6 *dito*.

Une petite quantité d'indigo ajoutée à l'eau procurerait à la peau une teinte agréable.

7.

Dans la chaudière que nous avons indiquée en parlant de la pièce destinée à préparer le confit, vous faites fondre vos sels dans environ dix litres d'eau. Cette opération achevée, vous étendez votre dissolution de nouvelle eau de manière à réduire la température à simple chaleur, un peu plus que tiède, afin de ne pas détériorer les œufs ni la farine qui, au moyen de ce bain, vont vous servir à faire une pâte ferme, parfaitement pétrie; puis un peu plus molle, et enfin, par gradation, en y ajoutant notre dissolution saline jusqu'à l'état d'une bouillie liquide. Pour arriver à ce point, il faut environ deux voies d'eau, près de 80 litres.

Votre nourriture ainsi disposée, et afin de s'assurer le succès de l'opération, on divisera les peaux en deux parties égales, que l'on remettra dans deux baquets où l'on aura eu soin de mettre aussi partie égale de notre pâte liquide. Cette disposition une fois faite, et les peaux ayant été remuées dans ce liquide avec les mains, deux hommes, déchaussés et nu-jambes, entrent alternativement dans chacun des baquets; et là, par un mouvement accéléré et brusque des pieds, ils foulent les peaux pendant une grande heure (*fig.* 15), ayant soin néanmoins de les remuer de temps à autre afin qu'elles se nourrissent bien également. Après ce laps de temps, il ne doit rester qu'une très-petite quantité de pâte grossière, composée en partie de gluten qui s'attache à l'extérieur de la peau. On s'assure du degré de perfection en regardant quelques peaux. Il faut que, tordues, elles ne présentent aucune partie vitreuse, et que partout on rencontre un tissu blanc, opaque et bien nourri.

On sait que la farine, pour devenir colle, a besoin de la chaleur de l'eau bouillante ; c'est en passant par cette épreuve que l'amidon devient empois.

Les jaunes d'œufs se coagulent aussi au moyen de cette température ; voilà pourquoi on recommande de ne mettre l'eau pour faire la pâte qu'à une chaleur fort modérée.

Le jaune d'œuf, par sa nature, participe des corps gras qui s'y dissolvent tous très-bien. Il contient une huile particulière, de l'albumine, plus un peu de phosphate de soude et de chaux. Le gluten de la farine donne de l'azote et de l'ammoniaque, deux des principes qui se rencontrent essentiellement dans les substances animales. La farine et les œufs peuvent donc avoir entre eux une grande affinité et une certaine force d'adhésion avec la peau; ce qui a effectivement lieu.

C'est à cette nourriture que nous venons de faire pénétrer dans la peau en remplacement des parties grasses et muqueuses qu'elle contenait, que nous devons attribuer la propriété qu'elle va avoir d'être souple et moelleuse.

Les sels, par leur action incisive et pénétrante, en ont facilité l'opération : l'alun, au moyen de son acidité et de sa propriété argileuse et cristalline, et surtout de sa grande affinité à la peau, contribue puissamment à sa blancheur et à son inaltérabilité, comme l'hydrochlorate de soude (sel marin), par sa propriété d'attirer l'eau de l'atmosphère, contribue à sa douceur d'une manière particulière.

Le fabricant de gants qui fait mégisser ses peaux doit apporter le plus grand soin au choix de son alun. Il en est dans le commerce, provenant de pyrites sulfureuses et ferrugineuses, contenant une assez grande quantité de sulfate de fer, dont la présence est fort nuisible aux couleurs. Les aluns de Liége sont particulièrement dans ce cas. J'ai vu des peaux travaillées avec un alun de ce genre, qu'il n'a pas été possible de mettre en d'autres teintes que noire et grise. Au moyen du prussiate de potasse, jeté par goutte dans une dissolution de cette espèce d'alun, on sait à quoi s'en tenir sur la présence de ce métal ; car alors cette combinaison donne lieu à une teinte verte et même bleue, si le fer est en excès.

Quand les peaux sont en nourriture, elles sont ce que l'on appelle *passées;* on a soin alors de les réunir dans un seul baquet et de leur donner encore un coup de pied afin de les bien égaliser. Dans cet état elles peuvent, sans nul inconvénient, rester quelques jours, lorsqu'il ne fait pas très-chaud, avant de les sortir et de les étendre. Aussi a-t-on l'habitude, lorsque le temps est humide, d'en attendre un plus favorable pour les retirer et les étendre sans être tordues.

ONZIÈME OPÉRATION.

Étendre les peaux.

Pour *étendre* les peaux, on se met à deux; les ouvriers les retirent une à une; ils les disposent de tête en queue, en les pliant dans cette direction, en deux, fleur contre fleur, de manière à leur procurer, par un mouvement de tension, toute la taille dont elles sont susceptibles (*fig.* 16). En plaçant les peaux sur l'étendage, il faut se garder de les appuyer, car un mouvement de pression, même légère, suffirait pour écarter la nourriture de la place où elles reposent; ce qui serait un défaut fort remarquable en teinture, cette place alors ne prenant pas la couleur aussi facilement qu'ailleurs.

Il suffit donc de coller la peau fleur contre fleur, en l'étendant légèrement dans sa longueur, et de la poser sur l'étendage (*fig.* 17).

L'*étendage* est ordinairement composé de grandes perches de bois blanc; les bois astringens, et surtout le chêne, leur communiqueraient une tache jaunâtre qui nuirait à la valeur des peaux, et serait encore un autre défaut en couleur. On pourrait aussi se servir de grosses cordes; mais alors, par avance, il faudrait les faire lessiver. La conservation de la blancheur de la peau exige une sèche prompte; en languissant elle roussit; les parties de la fleur qui se trouvent exposées à l'air s'égrainent par l'action des sels, surtout de l'alun qui s'effleurit; c'est ce que l'on appelle *pousser à l'alun*. On doit donc préférer attendre quelques jours, si besoin est, pour avoir un temps favorable à la sèche.

Les peaux, une fois bien sèches, sont retirées et mises en magasin. Leur ouverture n'a lieu qu'au moment de la vente ou lorsque l'on veut les employer. Dans ce dernier cas, il est toujours utile de laisser au moins une couple de mois s'écouler pour que la nourriture ait le temps de s'identifier avec la peau.

DOUZIÈME OPÉRATION.

Ouverture des peaux.

Pour *ouvrir* les peaux on se sert d'un instrument ou machine, nommé *palisson :* cet instrument est composé d'un morceau de fer de forme demi-circulaire et tranchant dans sa partie convexe, fixé verticalement dans un montant de menuiserie d'environ deux pieds et demi de haut, sur un pied de large, enclavé dans un fort plateau lui servant de base, qui lui-même est surchargé d'une pierre formant le dos d'âne, destinée à recevoir les peaux à mesure qu'elles sont ouvertes. (*Voy. fig.* 18.)

Pour ouvrir les peaux elles doivent être préalablement humectées pour les amollir. A ces fins, on les plonge légèrement dans une eau propre, et à leur sortie on les secoue fortement. Si mieux on aime, on les place pendant le temps nécessaire dans un lieu humide.

Dans cet état, on les prend par douzaine à la fois, à peu près, et on les place sur une claie de gros bois pour y être foulées aux pieds par un ouvrier chaussé en sabots. Une fois ramollies, on les prend une à une, on les dédouble et on les passe sur le fer du palisson pour les ouvrir. C'est ainsi que l'ouvreur, les saisissant de tête en queue, par les extrémités, et au moyen de ses deux poignets, aidé de la force de son genou et lorsqu'elles sont fortes ou dures, il les fait glisser à plusieurs reprises du côté de la chair sur le tranchant du fer dont nous venons de parler; il les prend en travers, sur les collets, qu'il nomme la *tête*, vers la partie de la queue, qu'il appelle *culée*, et enfin dans tous les sens, les unes après les autres, jusqu'à ce qu'elles soient entièrement *décroûtées* et mises au large, c'est-à-dire qu'elles ne soient plus dures et que le grossier de la farine en soit détaché.

Les peaux ainsi amollies et ouvertes sont remises négligemment sur les perches de l'étendage pour y sécher très-complètement. Après quoi elles sont de nouveau foulées et dressées jusqu'à deux fois sur le palisson.

Cette dernière opération est ce que l'on nomme *le redressage*. Elle a pour but de présenter les peaux parfaitement dégagées de la farine restée attachée à leurs parois, et de leur procurer toute la taille, la souplesse et la blancheur possibles.

Les peaux arrivées à cet état de perfection n'ont plus besoin que d'être mises en bottes marchandes pour être livrées au commerce.

TREIZIÈME OPÉRATION.

Mettre en bottes.

Mettre en bottes les peaux, c'est les diviser en certaine quantité régulière et de convention, pour être vendues soit au cent, soit à la grosse, soit à la douzaine. Dans le premier cas, on les met en paquets de 52 pour 50, l'usage étant de livrer les quatre au cent. Dans le second, comme cela se pratique particulièrement à Annonay, on les met en bottes de 36 peaux, en commençant par les plus grandes et finissant par les petites. Dans le dernier cas, les paquets comportent le nombre de 24 peaux, mêlées suivant l'idée du fabricant, mais toutefois en commençant par une grande et finissant par la plus belle, comme dans les bottes de 52.

Maintenant que nous avons fait connaître la manière de passer avec perfection des peaux de chevreaux de l'année et de taille ordinaire, dans le climat voisin de Paris, et au moyen d'une eau médiocre, c'est-à-dire contenant environ 3 grains de sulfate de chaux sur 15 litres d'eau, dans les plus beaux jours de l'année, il est encore utile de faire connaître quelle modification on aurait à apporter si l'on avait à travailler de plus fortes peaux, des peaux surannées ou de très-petites.

Pour de fortes peaux ou celles recueillies depuis plus d'un an, ce qui arrive toujours pour des peaux étrangères, dès qu'on les aura fait tremper le temps convenable pour les amollir, il sera bon de leur donner un *coup de fer* pour les détendre avant que de les mettre en chaux ; c'est-à-dire de les placer sur le chevalet et de les ouvrir avec le couteau rond. Par ce moyen on dispose la chaux à pénétrer plus facilement dans les interstices.

Indépendamment de cette première chaux, les peaux, après avoir été pelées, seront remises une seconde fois dans le plain et y resteront pendant trois à quatre jours. Si pour les opérations ultérieures on avait le choix des eaux, celles que nous avons désignées sous le nom de *dissolvantes* seraient employées avec succès ; mais, pour une sûre réussite, il conviendrait au moins d'en avoir une fort douce.

Pour de jeunes peaux de l'année, nous n'avons pas besoin d'être si scrupuleux ; après avoir été pelées, on passera outre aux façons. Rappelons de nouveau ici que, pour les premières de ces peaux, on augmentera le nombre des façons et les heures de repos, et que pour les autres, au contraire, on pourra les diminuer.

On reconnaît qu'une peau est arrivée au degré de travail nécessaire lorsque, prise dans l'eau par ses extrémités, en la suspendant, elle tombe à l'instar d'une étoffe moelleuse telle que celle d'un cachemire.

Les opérations du travail de la mégisserie applicables aux agneaux à longue laine ne diffèrent de celles applicables aux chevreaux que sur deux points, savoir : l'un de les mettre en chaux du côté de la chair seulement au moyen d'un *guipon*, espèce de pinceau dont nous avons déjà parlé ; mais alors la chaux doit avoir la consistance de pâte liquide sans être trop délayée. L'autre différence consiste à diminuer les façons autant que la longueur des repos comme nous l'avons déjà dit.

Nous nous sommes aussi étendus sur la nature de l'agneau en parlant du procédé employé en Angleterre pour peler les peaux à longue laine ; par ce motif je ne pousserai pas plus loin mes observations à cet égard ; je me bornerai à ajouter que les peaux, ainsi mises en chaux, sont établies chair contre chair et en pile jusqu'à ce que la laine soit disposée à s'en détacher avec facilité, au moyen du couteau rond, comme on en a usé pour les chevreaux.

Nous pouvons donc résumer ce qui a été dit relativement à l'art du mégissier applicable à la ganterie, en disant que l'ensemble des opérations consiste :

1° A ramollir la peau au moyen de l'eau et du travail même, si besoin est ;

2° A mettre la peau en contact avec la chaux pour en faire détacher le poil ou la laine, et à la pénétrer de manière à rendre solubles les parties étrangères à son tissu ;

3° A faciliter la sortie de ces mêmes parties au moyen d'un travail manuel ;

4° A ouvrir les interstices de la peau au moyen d'une fermentation dans l'opération que nous avons désignée sous le nom de *confit* ;

5° A introduire dans ces mêmes interstices une substance onctueuse particulière, qui, empêchant les fibres et les parties nerveuses et tendineuses composant le tissu de la peau de se rapprocher, les met à même de se mouvoir en tous sens suivant l'impression que l'on donne à la peau ;

6° A recevoir par la nature même de cette nourriture une blancheur et une beauté extraordinaires, ainsi qu'une incorruptibilité qui la met à l'abri des outrages de l'air et de l'attaque des insectes.

SECONDE PARTIE.

DE QUELQUES AUTRES CONNAISSANCES DÉPENDANTES DE LA MÉGISSERIE ET NÉCESSAIRES AU FABRICANT DE GANTS.

MAINTENANT que nous sommes fixés autant que possible, sur la marche à suivre, pour diriger en tous temps et en tous lieux une mégisserie propre à alimenter une fabrique de gants, il nous reste à faire connaître la manière d'utiliser les plus petites peaux d'agneaux à laine fine, qui n'ont point assez de consistance pour supporter les diverses façons qui constituent l'art du mégissier gantier. C'est donc comme pelleterie que nous allons en tirer parti, afin d'en pouvoir faire usage, soit en fourrure pour gants, soit en ganterie même, ayant la laine en dedans. Pour rendre ces sortes de peaux propres à cet usage, nous allons nous occuper de la manière de les passer en demi-mégie avec leur laine. Cette manière est extrêmement simple.

Faire tremper les peaux comme il a été dit, les écharner à fond; faire tremper de nouveau et laver les laines à grande eau avec soin. Pour cette dernière opération on peut se servir d'une brosse à crins raides, sans pourtant être une brosse rude. Après avoir par ce moyen enlevé ce qu'il y avait d'ordure, faites-les tremper de nouveau dans une eau alcaline ou de simple savon. L'urine vieille, la potasse, la soude sont également bonnes. Laissez-les dans ce bain vingt-quatre heures s'il ne fait pas chaud; frottez-les comme du linge, après quoi rincez-les de nouveau à eau claire.

Vos peaux ainsi appropriées, vous leur faites donner une seconde façon sur chair, toujours avec le couteau coupant, de manière à les nettoyer et à les unir le plus possible. Les peaux en cet état pourront être mises en nourriture.

La nourriture pour la pelleterie n'est, la plupart du temps, composée que d'alun et de sel commun, parce que la pelleterie n'a nullement besoin de procurer ou de conserver la douceur aux peaux. Par cette raison quelquefois on les alune avec encore tout leurs suint : mais comme pour la ganterie la douceur est une chose indispensable, il faut tâcher de l'obtenir par tous les moyens compatibles avec la conservation de la laine.

Nous allons donc disposer pour ces petites peaux une nourriture analogue à celle préparée pour la peau mégissée.

Pour un mille de peaux :

Prenez
- Farine, fleur de froment..... 15 kilo.
- Jaunes d'œufs (en nombre)... 200
- Alun..................... 7 kilo.
- Sel commun............... 4 dito.

On se rappelle ce qui a été dit pour la préparation de cette nourriture. Ici les doses de chacune sont beaucoup moins fortes que pour les peaux mégissées : mais comme celles-ci, bien que plus petites, forment un volume beaucoup plus grand à cause de la présence de la laine, cette préparation pour leur nourriture doit nécessairement être plus liquide. Un autre motif, c'est que ces peaux n'ayant eu que deux légères façons, et n'étant pas dégagées entièrement de leurs mucus, ne peuvent recevoir de nourriture qu'en moindre quantité, toute proportion gardée.

Une dernière raison est que si on employait une nourriture épaisse, les laines en resteraient imprégnées après l'opération, et l'on ne pourrait les en débarrasser sans danger d'en dépouiller les peaux.

On pourra passer ces sortes de peaux comme en mégie, c'est-à-dire en les foulant dans le baquet en quantité convenable pour que les ouvriers puissent les bien pénétrer.

Vos peaux une fois en nourriture seront placées à l'étendage, la chair en l'air, pour sécher. Une fois sèches, elles seront ouvertes sur le palisson, comme il a été dit, mais avec de grands ménagemens, car ces jeunes peaux ont peu de consistance, et le moindre mouvement un peu dur peut les rompre, ou au moins les épetiller, c'est-à-dir les affaiblir en fendant la fleur par place.

Une fois ouvertes, vos peaux seront enduites, du côté de la laine, d'une légère pâte de terre calcaire, telle que le blanc dit d'Espagne, que l'on y laisse sécher. Puis on en détachera la terre au moyen d'un carrelet, d'abord gros et ensuite plus fin. Par ce moyen on achève de dégraisser et de blanchir la laine ; on lui donne un œil et un toucher plus agréable, en même temps que plus chaud. Cependant j'ai vu des peaux qui sans cette opération étaient suffisamment propres. Elle n'est donc pas de rigueur.

Au moyen d'une opération nommée *parage*, que nous ferons connaître ultérieurement, lorsqu'il sera question de la teinture, on parvient à unir le côté de la chair auquel, au besoin, on ajoute un coup de ponce. Cependant je dois dire que si l'opération de l'écharnage a été bien faite, les peaux seront assez rases pour n'avoir besoin ni de parage ni de ponçage pour être mises en couleur.

On peut employer ces peaux ainsi préparées à une infinité de besoins domestiques; pour la ganterie elles ont besoin d'être teintes du côté de la chair : comme étoffes, elles présentent un tissu extrêmement chaud et agréable; mais deux inconvéniens nous éloignent d'en faire usage comme vêtement : le premier vient de ce que le sel commun qui est entré dans la composition de la nourriture, ayant la propriété d'attirer l'humidité, y entretiendrait une moiteur désagréable; ensuite c'est que la teigne, insecte que nous avons fait connaître, préférant ce genre de nourriture à toute autre, les vêtemens faits avec ces sortes de peaux nécessiteraient de grands soins pour passer la saison des chaleurs. Il me semble qu'on remédierait au premier inconvénient en supprimant le sel qui en est la cause, au risque de perdre la souplesse de la peau. Quant à l'autre, on l'éviterait en ajoutant à la nourriture, ou en plaçant après coup une petite quantité d'huile empyreumatique essentielle de bouleau, qui a la propriété d'écarter ces insectes. Je désire que l'on s'empare de cette idée pour donner à cette espèce de marchandise une tout autre valeur que celle qu'elle a dans le commerce.

Ces sortes de peaux bien choisies et soigneusement apprêtées, sont supérieures en beauté et en chaleur aux plus beaux molletons.

―――

Avant de nous occuper de la teinture des peaux et comme connaissances qui sont encore plus du ressort du mégissier que de la ganterie, j'ai cru devoir faire connaître, en les passant en revue, les divers défauts qui se rencontrent dans les peaux sortant des mains du mégissier, et qui sont plus ou moins nuisibles en teinture. Ces défauts se divisent en défauts de nature, défauts de conservation et défauts de fabrication : ils sont connus sous les dénominations suivantes :

Peau trouée.

Une peau peut avoir été trouée par divers accidens ; mais la plupart des trous que l'on rencontre dans les peaux ont été causés par les mouches, c'est-à-dire par le ver de la mouche bleue, si commune dans les boucheries. Ce ver, blanc dans l'origine, ensuite rougeâtre en l'état de nymphe, se nourrit des chairs et des graisses que le boucher a laissées sur la peau en dépouillant l'animal. A défaut de graisse, souvent les œufs sont déposés dans les replis encore humides de la peau ; ils éclosent et s'y nourrissent au dépend du cuir même. Il est donc très-important d'étendre et de bien faire sécher les peaux sortant de la bête ; car, d'un côté par le ver, de l'autre par la teigne, elles sont susceptibles d'être dévorées.

Gale.

Les agneaux et surtout les moutons sont sujets à des maladies qui laissent sur les peaux des marques qui sont de petits durillons de la grosseur de fortes lentilles, et que l'on désigne sous le nom de *gale*. C'est principalement sur le dos et le collet que ces taches sont nombreuses. Les gales se refusent à prendre la couleur en teinture ; elles sont donc un très-grave défaut.

Ce défaut, que je signale ici sous le nom de *gale*, pour me conformer à l'usage, me paraît être le résultat de la maladie connue sous le nom de *clavier*, espèce de petite vérole. Dans certains pays elle fait de très-grands ravages sur les troupeaux, et s'y communique d'une manière contagieuse.

Noisillure.

C'est encore une espèce de gale dont les

traces sont moins grandes : dans certaines peaux elles forment autant de petites cavités ; alors les peaux qui en sont attaquées ne peuvent être employées que du côté de la chair, où les traces en sont à peines sensibles, tandis que dans la gale les durillons pénètrent de part en part. Les chèvres et les chevreaux sont très-rarement galeux, mais ils sont sujets, dans les pays chauds, à une noisillure, qui est aussi une espèce de rougeole ou vérole.

Fleur altérée.

Ce défaut peut provenir de plusieurs causes ; mais, la plupart du temps, il n'est sensible que dans les flancs de la peau : alors il a été causé par la malpropreté des troupeaux. Le trop long séjour sur les flancs du mouton ou de la brebis, ainsi que de la chèvre, des crottins humectés de leur urine, non seulement détruit leur toison, mais altère leur peau. Ces sortes d'altérations ne permettent aux peaux de recevoir que des couleurs foncées et fort souvent la seule couleur noire.

Taches de sang.

Ces taches sont de toutes formes et de couleur à peu près lie de vin ; elles résistent au travail de la mégisserie ; ce sont des taches de l'espèce de celles désignées sous le nom d'*envies* chez l'homme.

Il est de véritables taches de sang désignées par le nom de *taches de rousseur* : celles-ci proviennent d'une partie de sang qui a séjourné sur la peau, lequel s'y est décomposé, et dont la partie colorante a laissé un dépôt indélébile. C'est surtout dans les grandes peaux de moutons et vers les bords que ces sortes de rousseurs se font remarquer.

Chevreau et agneau noirs.

Les toisons des peaux sont ou blanches, ou rousses, ou noires, et quelquefois mélangées de ces couleurs. Les toisons blanches sont les plus communes, lorsque les peaux proviennent de laine ou de poil de cette première couleur ; elles affectent, étant mégissées, un blanc mat ; au contraire, lorsqu'elles proviennent de toison noire, elles sont d'un blanc bleu plus agréable ; mais, lorsqu'elles proviennent de toisons mélangées, elle présentent, après le travail, des irrégularités de teintes qui sont un obstacle pour être employées en gants blancs et même pour être mises en nuances claires.

Peaux boursoufflées et creuses.

On désigne de la sorte les peaux dont la

9

fleur n'est que faiblement inhérente à la chair, et dont la contexture est veule, creuse, et de peu de consistance; elles ne se rencontrent que dans les agneaux et les moutons. Ce sont ordinairement des animaux malades, ou provenant de troupeaux qui ont vécu dans des pâturages frais qui donnent les peaux de cette sorte. Dans les bonnes fabriques ces sortes de peaux ne sont pas employées du côté de la fleur; elles ne peuvent faire que de mauvais gants une fois dolées; mais il faut du bon marché dans le commerce, et toutes ces peaux sont mises en œuvre.

Peau sèche ou plate.

On entend par peau plate une peau d'agneau ou de chevreau mort de maladie lente et dont le corps entier a dépéri. Les peaux de cette espèce n'ont pas la propriété de se modifier ni de reprendre du corps dans le cours du travail, quelques soins qu'on y apporte. Elles sont ordinairement minces et sans élasticité, et ont leur grain ouvert, les pores larges, et en cela sont tout-à-fait impropres à la ganterie.

Peau basse de fleur.

Souvent les peaux se trouvent privées de leur fleur, soit en grande, soit en petite partie. Ce défaut provient d'un manque de soins lorsqu'elles étaient en poil; ce sont des peaux échauffées; nous nous sommes déjà étendu sur ce vice en parlant des soins à prendre pour conserver les peaux en poil.

Fleur sillonnée et attaquée.

En parlant de la manière de conserver les peaux en poil, nous avons signalé les teignes comme des insectes dangereux. Nous avons fait connaître comment elles détruisaient les pelleteries dans leur état de ver. Nous avons remarqué qu'elles coupaient le poil à sa base, à peu près comme un moissonneur qui aurait l'art de couper les gerbes sans les laisser tomber; mais maintenant que la peau est travaillée, il faut remarquer que l'insecte a laissé sur l'épiderme de la peau les traces du chemin qu'il a parcouru.

D'après mes propres observations, il m'a semblé reconnaître que ce n'étaient que les fausses teignes qui laissaient ainsi les traces de leur chemin. Les vraies teignes, dont les vers sont plus petits, se contentent de couper le poil sans arriver tout-à-fait jusqu'à la fleur. Cette trace, au surplus, n'est point le résultat d'une morsure de l'animal, mais simplement l'effet d'une liqueur caustique qu'il laisse échapper de sa bouche, au fur et à mesure qu'il coupe le poil, et qui, probablement, en favorise la séparation : liqueur que M. de Réaumur qualifie de *soyeuse*, et dont la vraie teigne se sert pour faire son fourreau. Il y a aussi des peaux qui ont été rayées par l'ouvrier en les pelant au moyen d'une pierre que l'on nomme *querse*, espèce d'ardoise. La querse n'est plus en usage dans les fabriques où l'on travaille convenablement : ce défaut devient donc de plus en plus rare.

Peaux piquées.

Nous avons déjà eu occasion de parler de ce défaut, et d'en faire connaître les causes et les effets en parlant du confit. Je crois donc inutile d'y revenir.

Épetillure.

On entend par épetillure un petit écart de fleur. Cet accident peut provenir, soit des efforts du soufflet chez le boucher, soit du pelage de la peau; il peut aussi avoir lieu dans le cours du travail en donnant les façons. Au reste, les jeunes peaux qui proviennent de pâturages humides, telles que celles des chevreaux de l'Allemagne et ceux des environs de Paris, ont toujours bien de la peine à supporter l'ensemble des opérations sans éprouver tôt ou tard, plus ou moins, cette avarie : après avoir échappé à toutes les façons, souvent est-ce au palisson que cet accident fâcheux se manifeste. Ces sortes de peaux ne demandent pas moins de ménagement en couleur qu'en mégie, pour éviter les épetillures.

Peau dure ou ferme.

Une peau de bonne nature peut se rencontrer dure ou ferme ; alors elle a le grain beau et ce qu'on appelle du corps. Ce sont ordinairement des peaux qui manquent soit de travail, soit de nourriture, quelquefois de l'un et de l'autre à la fois. Ces sortes de peaux étant bien broyées, purgées et nourries pour les mettre en couleur, sont susceptibles de devenir plus douces.

Fleur détachée.

Il a été dit dans le cours du travail, et à l'opération du confit, que les peaux s'y boursoufflaient par l'action des gaz qui s'y formaient et s'insinuaient entre le derme et l'épiderme. Il arrive quelquefois que ces gaz éprouvent de la difficulté à se dégager ; alors ils se communiquent de proche en proche, en cheminant entre fleur et chair, surtout dans les peaux de bonne nature, et parviennent à se frayer de grands espaces. Cette partie de la peau soulevée (l'épiderme) est ce que nous appelons du *canepin*, espèce de marchandise dont on fait emploi dans l'art du fleuriste, particulièrement pour imiter les boutons de fleurs d'orange. Le canepin ainsi détaché, et ne contenant rien que l'épiderme ou surpeau, agneau et chevreau, est d'un grand prix; mais rarement on l'obtient sans enlever une partie du corps réticulaire ou muqueux que nous désignons sous le nom d'*arrière-fleur*[1].

Taches de son.

Nous avons parlé des précautions qu'on avait à prendre dans l'opération du confit, afin de ne pas tacher les peaux au moyen des mauvais sons. Il est question ici de reconnaître ces taches qui sont assez généralement roussâtres. Je ferai observer que souvent on confond, sous la dénomination de *taches de son*, des taches de rouille formées par la limaille que les ouvriers font quelquefois rejaillir sur les peaux, en donnant le fil au

---

[1] A Grenoble, on a l'habitude de faire enlever le canepin des peaux que l'on trouve trop fermes pour être employées en gants, et par ce moyen il s'en fait un commerce régulier. Mais ce même canepin, qui se ressent de la nature de la peau, n'est en général propre qu'à couvrir les bouteilles chez les parfumeurs et chez quelques distillateurs, étant trop chargé d'arrière-fleur pour le fleuriste.

tranchant de leur palisson, lors de l'ouverture des peaux. Dans ce dernier cas, ces sortes de défauts apparaissent, lorsque les peaux sont en couleur, en petites taches grisâtres. Les ouvriers ne sauraient donc avoir trop de soins pour éloigner leurs peaux lorsqu'ils se servent de la lime pour donner du tranchant à leur fer.

Les peaux en mégie, placées en magasin humides, sont susceptibles de se piquer en éprouvant une fermentation qui ne laisse de sensible qu'une moisissure, mais qui donne lieu, sur chacun de ces points, à quelque produit particulier. Cette espèce d'avarie cause plus tard, les peaux étant mises en couleur, des taches également grisâtres qui étonnent l'ouvrier, et qui souvent ressemblent aux taches dites de son. Ces sortes de défauts ne peuvent s'apercevoir en blanc que lorsque la peau est purgée ; alors, regardée au grand jour au travers de son tissu, on distingue les taches noirâtres. Les peaux soupçonnées avoir été échauffées ne peuvent aller qu'en couleurs foncées. Je pense que par le moyen de la fermentation qui a eu lieu en magasin, il y a eu décomposition de l'alun. Ici pourtant je ne fais que donner mon opinion sans preuve, ces sortes de défauts n'ayant pas une cause connue.

Ombre.

Nous avons déjà eu occasion de nous occuper de ce défaut, et nous avons vu qu'il avait pour principe le séjour des peaux dans la chaux, au moyen d'un sable calcaire qui, après y avoir pénétré par les pores, surtout après que la peau a été pelée (dépilée), donne lieu à une effervescence avec le gaz carbonique, lorsque, exposée à l'air, l'ouvrier le fait ressortir au moyen du couteau. Ce défaut, le plus commun de tous, n'en est pas le moins défavorable pour les couleurs; c'est lorsque la peau est teinte qu'il est le plus sensible. Les peaux qui en sont surchargées perdent beaucoup de leur valeur.

Barre blanche en travers.

Il arrive souvent que les mégissiers, en étendant leurs peaux, au sortir de l'habillage, surtout à Annonay, les tirent dans leurs deux extrémités pour leur donner plus d'assurance sur l'étendage. Cette action, qui les met en presse dans leur point de contact avec la perche, en fait sortir une partie de la nourriture : de ce fait il résulte une espèce de durillon traversant toute la peau dans sa largeur, et qui laisse une trace moins foncée que le reste de la peau lorsqu'elle a été mise en couleur. C'est encore un défaut fort nuisible que l'on doit éviter en ne faisant que poser la peau légèrement sur l'étendage.

Taches blanches.

Il arrive quelquefois que l'on remarque, sur les peaux teintes, des taches blanches qui sont assez tenaces pour ne pouvoir les couvrir, quelque effort que l'on fasse. Ces taches sont le résultat de petits fragmens de coquilles d'œufs écrasés sous les pieds de l'ouvrier, lorsqu'il foule les peaux pour leur faire prendre la nourriture après qu'elles ont été purgées : la coquille d'œuf bien lavée et brisée, agit là, en séchant sur la peau, comme substance calcaire. Effectivement, prenons une petite partie de pierre à plâtre brisée et délayée dans de l'eau, laissons-la séjourner sur une peau encore blanche, et nous remarquerons un résultat semblable après qu'elle aura été mise en couleur. La place où aura été appliquée cette terre calcaire restera blanche.

CONSIDÉRATIONS GÉNÉRALES
sur le
COMMERCE DE LA MÉGISSERIE.

En ne considérant la mégisserie, comme nous l'avons fait, que dans son application spéciale à la ganterie, on voit que la peau, dégagée de son poil ou de sa laine, qu'alors nous nommons *cuir*, forme à peu près toute sa valeur. Mais ce serait se tromper étrangement que de penser que c'est à cette seule espèce de marchandise que se borne l'industrie et le commerce dans cette profession. Il y a des mégissiers, au contraire, qui ne s'occupent du cuir que comme accessoire, et dont le principal commerce roule sur les laines. En effet, lorsque nous considérons que nous possédons des troupeaux immenses en moutons métis, ou mérinos de races pures, et en flamande à laine lisse dont les toisons peuvent valoir, suivant les temps, de 15 à 24 francs la pièce, on peut se faire une tout autre idée de la valeur d'une peau de mouton au moment où sa toison est complète; dans le cours de l'hiver, par exemple. Cependant, nous ne pouvons nous dissimuler que la plupart de ces animaux tués pour la nourriture de l'homme, non seulement ne sont pas des espèces à belle laine, mais encore, lorsque cela arrive, qu'elles sont loin d'avoir une toison complète : aussi aurai-je soin, dans le calcul que je veux établir, pour faire connaître l'importance du commerce de la mégisserie, de ne pas estimer les peaux un prix proportionné à la valeur de celles des laines fines, mais seulement suivant le prix des laines métisses et communes. En conséquence, je n'estimerai la valeur de chacune des peaux qui entrent en mégisserie qu'à 2 fr. 50 c. l'une dans l'autre. Ce sont des moutons dont j'entends parler (en 1828).

Maintenant, si je veux connaître approximativement la valeur totale des peaux employées, il me reste à savoir combien est estimée la quantité de ces sortes d'animaux égorgés annuellement dans les boucheries pour nos besoins. Cette quantité, d'après M. le comte Chaptal, dans son ouvrage intitulé *De l'Industrie française*, et suivant des états statistiques de 1812, cette quantité, dis-je, est estimée à 5,575,000, à peu près le cinquième, dit cet auteur, de la totalité de nos troupeaux qui, depuis cette époque, se sont sans doute considérablement accrus.

Ainsi, comme indépendamment de l'augmentation qui a eu lieu dans la consommation depuis ce temps, on exporte de l'étranger pour la France une quantité de ces mêmes peaux que, d'après un relevé des douanes de 1824, on doit estimer à peu près à 2 millions, je pense qu'en abandonnant cette quantité ainsi que celle résultante de cette augmentation pour le travail du chamoiseur, du maroquinier et du corroyeur, on pourra considérer la totalité des peaux indigènes, calculées sur le pied de 1812, comme entrant dans les fabriques de mégisserie.

En partant de cette base, j'établis que 5 millions 575,000 peaux de moutons, à 2 fr. 50 c., valent 13 millions 937,500 fr.

En ajoutant maintenant cette somme, qui est le capital brut qui alimente une partie de la mégisserie en France, à une seconde valeur de 15 pour 100, qui doit résulter de la mise en œuvre pour le lavage de la laine et l'habillage des peaux, 269,525 fr., j'aurai une somme de 14 millions 184,625 fr. qui, ajoutée à 5 millions 158,084 fr., valeur des peaux fines estimées être employées dans la ganterie, nous font un total de 19 millions 200,509 fr.

Cette estimation est sans doute très-supérieure à toutes celles qui ont été établies jusqu'à ce jour par nos statistiques; cependant je la crois inférieure à l'état actuel (1834). J'aurai occasion de revenir sur ce chapitre en parlant de la ganterie.

DE

L'ART DU TEINTURIER

EN PEAUX DOUCES.

PRÉCIS HISTORIQUE DE L'ART DE LA TEINTURE EN GÉNÉRAL, MAIS NOTAMMENT DE LA TEINTURE DES PEAUX PROPRES A LA GANTERIE.

LORSQUE l'on veut connaître l'origine des connaissances qui honorent le plus les hommes qui vivent en société, et surtout lorsqu'il est question des beaux-arts, l'imagination se porte au temps des beaux jours de la Grèce et de Rome; mais s'il est question de quelque connaissance dans les arts mécaniques, on se souvient avec peine de l'ignorance dans laquelle ces nations ont vécu. Ces peuples, dont la renommée est si vaste, et entre autres les

Grecs, connaissaient à peine quelques uns des arts de première nécessité. Cette ignorance, ou plutôt cette espèce de mépris pour la plupart des professions que nous regardons comme indispensables au bien-être de la vie, y était portée au plus ridicule excès. Ainsi il n'était pas rare de voir, à Athènes par exemple, des hommes se contentant pour tout vêtement et pour toute nourriture de ce qui ne suffirait pas de nos jours au plus modeste comme au plus sobre Espagnol. Combien maintenant un tel peuple nous paraîtrait digne de pitié!

Ce n'est donc ni au temps de la Grèce antique, ni à celui de Rome la célèbre que je remonterai pour connaître l'origine de l'art de la teinture; c'est dans l'Inde, berceau de toutes les connaissances, qu'il faut se reporter pour rencontrer les traces de cet art comme celles de tant d'autres. Mais, quels que soient les avantages du temps pour le perfectionnement de toute chose, ce peuple, simple, doux, religieux et tout-à-fait sans ambition, a constamment tenu ses connaissances dans des limites qui semblent être pour lui une loi absolue. Cependant il n'entre point dans ma pensée de dire que tout ce qui sort de ses mains industrielles soit sans perfection. Nous avons long-temps travaillé pour essayer d'imiter leurs solides couleurs appliquées sur leurs toiles et sur leurs foulards. Le rouge, le bleu, le jaune, le lilas, l'amarante et le noir que nous en recevons sont d'une perfection que nous ne cherchons pas à surpasser. Nous en sommes encore à chercher une parfaite imitation pour les beaux dessins en palmes que nous admirons sur leurs châles. D'ailleurs ce peuple, pour nous aussi ancien que le monde, inflexible dans ses goûts, persévérant dans ses mœurs, loin de vouloir nous imiter, semble se perpétuer dans une manière d'être aussi constante pour servir de type au reste des humains.

L'histoire nous cite, comme chose fort curieuse pour le temps, que, lors de son invasion dans l'Inde, Alexandre fit teindre les voiles de ses vaisseaux de diverses couleurs. Suivant Pline, ce n'est que dans le siècle où vécut ce conquérant et ses successeurs, qu'en Europe les Grecs, d'abord, cherchèrent à donner quelque perfectionnement au noir, au bleu, au jaune et au vert.

On a remarqué qu'ensuite chez les Romains les nouvelles mariées, au commencement de leur union, portaient un voile jaune. Cette couleur, que n'aurait pas osé porter une vierge, semblait consacrée exclusivement aux femmes.

Dans les jeux du Cirque les parties, plus

tard, s'y distinguaient par le vert, le bleu, le cendré et l'orange.

La couleur pourpre était aussi connue chez ce peuple; elle y était même fort en honneur. Mais c'est à Tyr que se faisait cette dernière teinture, et le prix en était tellement élevé que, presque constamment, elle fut regardée comme devant faire partie de l'apanage des empereurs. Dans ces temps reculés, les ingrédiens qui étaient employés à la composition des teintures n'étaient pas nombreux. Depuis ce temps, nous avons acquis du Nouveau-Monde un grand nombre de substances tinctoriales : la cochenille, le bois jaune, le fernambouc, le campêche, l'indigo, etc., ont puissamment facilité l'art du teinturier pour varier les nuances et établir des teintures à bas prix. Les connaissances de la chimie nous ont aussi secondés dans l'emploi des diverses substances tant anciennes que modernes.

La préparation de l'alun dans nos ateliers, celle des ammoniaques et autres alcalis, les bas prix auxquels ils sont tombés, l'usage des sels métalliques, entre autres celui d'étain, ont fait faire de très-grands progrès à cet art, surtout chez nos voisins d'outre-mer.

Les premiers documens écrits que nous ayons eus sur l'art de la teinture nous sont venus de l'Italie. Un nommé *Muratori* nous a signalé un manuscrit du huitième siècle, dans lequel il est particulièrement question de la teinture des peaux en maroquin, science qui alors ne s'exerçait que dans le Levant.

D'après Berthollet, c'est en 1427 que parut à Venise le premier recueil, un peu ordonné, des principes que l'on employait dans les teintureries. Cet ouvrage portait le titre de : *Mariegole dell' arte dei tentori*. Biseoff parle d'un certain *Giovan Ventura Rosetti* qui, pour donner plus de valeur à cet ouvrage, voyagea dans toutes les parties de l'Italie où cet art était en activité; après quoi on en donna une nouvelle édition, que l'on regarde comme un des puissans mobiles de la perfection à laquelle cet art a été porté depuis. Cet ouvrage a été traduit en français en 1716. Non seulement il traite de la manière de teindre toutes les étoffes et les peaux de maroquin, mais il contient en outre la description d'un procédé pour passer les peaux en chamois.

Gilles Gobelin, établi sous François Ier, paraît être le premier en France qui se soit distingué dans l'art de la teinture. Au moyen des divers réactifs qu'il fit agir sur nombre de substances tinctoriales, il obtint des effets tellement surprenans alors, que dans le monde il se fit une réputation extraordinaire. Le peuple de son quartier en était émerveillé, au point qu'il disait qu'il avait fait un pacte avec le diable.

Dans le fait, nombre de phénomènes qui ont eu lieu en teinture au moyen des réactifs sont faits pour fixer l'attention des hommes instruits et surprendre le vulgaire. La formation du noir par la combinaison d'un astringent et d'une dissolution de fer; celui du bleu par l'hydrocyanate de potasse et de fer; le passage au rose d'une infusion de pétales de rose dans l'alcool au moyen d'une goutte d'acide nitrique; le passage au gris-foncé au moyen de quelques gouttes d'alcali, de la belle couleur du coquelicot des champs, obtenue par un nitrate alcoolique; les effets merveilleux de la composition connue en chimie sous le nom de *caméléon*, et une infinité d'autres phénomènes qui ont lieu au moyen de divers agens chimiques, sont faits pour piquer la curiosité.

C'est de l'établissement fondé par ce célèbre teinturier que paraît être sorti le premier écarlate fait en France. Cette couleur rouge de feu, dont nous osons à peine soutenir la vue, est le résultat d'une application du sel d'étain. C'est de cet établissement, l'un de ceux qui honorent les libéralités de la couronne de France, que nous voyons sortir nos plus habiles teinturiers.

Sous le règne de Louis XIV, Colbert fit

venir d'Italie les meilleurs artistes en ce genre. Ce ministre, qui rendit de si grands services aux arts industriels, ne pouvait manquer d'enrichir celui de la teinture. C'est sous son ministère que l'établissement des frères Gobelins fut érigé en manufacture de tapisseries. Sous l'empire des maîtrises, il institua des ateliers de bons et mauvais teints; et dans la crainte de fraude, on y prescrivait et les espèces et les quantités d'ingrédiens qu'on devait y employer, etc. etc.

Depuis ce temps ont paru Dufay, Hellot, Macquer, Chaptal, Berthollet, Chevreul, etc., etc., qui, éclairés des flambeaux de la physique et de la chimie, ont considérablement augmenté les connaissances de cet art.

Nous avons maintenant nombre de bons ouvrages de teinture applicables à la laine, au coton, à la soie et au lin. On a, en outre, plusieurs traités de l'art du maroquinier, où se trouvent quelques recettes de couleurs pour la teinture des peaux passées en sumac et autres cuirs fermes; mais la teinture des peaux douces, soit mégissées, soit chamoisées, jusqu'à ce jour n'a été l'objet d'aucun travail écrit. Ce sont donc ces deux sortes de teintures que je me propose de faire connaître dans cet ouvrage spécialement consacré à la ganterie.

Long-temps cette profession s'est bornée à faire quelques couleurs obtenues de substances simples : telles étaient le rose, le paille, le gris, le vert, le lilas et le violet. Puis on s'est occupé de nuances chamois, chocolat, vert-d'eau, etc. En 1804, nos teinturiers en peaux (si toutefois on pouvait appeler de ce nom les ouvriers inhabiles de ce temps) eurent à faire une nuance que, par le fait des circonstances, on désignait par le nom de *terre-d'Egypte*. Cette teinte insignifiante, comme l'indique son nom, devait tirer sur le chocolat; un peu plus, un peu moins savoyard. Cette couleur qui, faute de connaître l'usage du champignon (bolet), nécessitait un mélange avec le bois d'Inde de divers autres ingrédiens, ne réussissait que très-difficilement. Cette difficulté d'obtenir une teinte régulière donna lieu à tant de combinaisons que force fut, en quelque sorte, à nos ouvriers de se familiariser avec les moyens de varier leurs nuances. C'est de ces divers essais que l'on vit sortir dans la teinture des peaux pour la ganterie plusieurs nuances qui, ne trouvant pas de type dans la nature, se désignaient par des noms de circonstance, et qu'en tous temps on appelle couleurs de fantaisie. Mais jusque-là les connaissances de l'art du teinturier en peau furent tellement bornées que, plusieurs années après, sous l'empire, l'impératrice ayant manifesté du goût pour le bleu dans sa toilette, cette couleur ayant été demandée dans la ganterie, aucun de nos teinturiers ne put parvenir à la faire.

Le vert, qui dans toutes les autres teintures est un composé du bleu et du jaune, n'était encore dans la ganterie qu'une couleur simple obtenue au moyen du jus de la baie du nerprun. Le désir de faire le bleu ayant donné occasion à quelques uns de nos teinturiers de connaître l'indigo, l'on commença, dès cette époque seulement, à enrichir le catalogue des ingrédiens propres à cette espèce de teinture de cette belle et riche substance; mais ce n'est qu'en 1820 qu'on commença à en faire l'application pour varier les nuances de verts qui se faisaient avec du nerprun; substance dont maintenant on sait entièrement se passer. Ainsi l'indigo, non seulement nous sert aujourd'hui à composer nos nuances de verts avec du jaune, mais il nous sert aussi pour varier les nuances des gris que nous obtenons au moyen des baies de l'hièble et du sureau.

Dans les premières années de la restauration, en 1824, un nommé Boudard, qui avait fait de nombreux voyages en Angleterre, en rapporta quelques recettes pour teindre les peaux glacées, c'est-à-dire du côté de la fleur, par un procédé nouveau. Ce procédé, qui consiste à fixer plus intimement sur la peau un certain nombre de substances colorantes au moyen des alcalis, est désigné sous le nom de *couleur fixe*. En effet, cette espèce de teinture, dans laquelle un grand nombre d'ingrédiens sont employés, offre l'avantage d'être à l'épreuve de quelques accidens, tels que mouillures d'eau et transpiration; mais elle ne garantit pas les nuances de l'avarie connue sous le nom de *piqûre*. Ces diverses recettes demeurèrent quelque temps concentrées dans la fabrique de leur importateur; mais les ouvriers qui y étaient employés ne tardèrent pas à les faire connaître. Ainsi de Chaumont, où se firent les premiers essais, elles passèrent successivement à Paris, Milhaud, Grenoble, etc. etc.

Jusque-là les noms d'alcali, de sels métalliques, d'acide applicable à la teinture, n'étaient point entrés dans le vocabulaire de nos teinturiers; ils en ignoraient totalement les propriétés. C'est grâce à cette nouvelle méthode que nous possédons la recette d'un noir bon teint que, jusque-là, on ne faisait que fort mal. Cette couleur, qui ne s'obtenait qu'avec une extrême difficulté, est maintenant à la portée de nos plus inhabiles ouvriers. Cette recette est d'autant précieuse qu'au moyen du noir on parvient à utiliser des peaux qui n'auraient pu entrer dans la fabrication des gants, et qui, pour tout autre emploi, n'auraient que fort peu de valeur. Ajoutons qu'outre cela, ces sortes de gants sont à la portée des gens les plus économes, vu qu'ils se conservent long-temps dans un état apparent de propreté.

Mais il semble qu'à une époque déterminée par une cause ou par une autre, des changemens doivent avoir lieu. En même temps que le sieur Boudard prenait des Anglais les recettes dont je viens de parler, en 1824 je m'étais aussi occupé de chercher un nouveau mode de teinture, et, à cette date, je me trouvai à même de présenter à l'exposition des produits de l'industrie des peaux teintes par de meilleurs procédés que ceux qui avaient été usités jusque-là. J'avais fait la remarque, en Hollande, de gants anglais qui résistaient depuis nombre d'années à l'action funeste du climat sans être avariés. Il est vrai que cette espèce de gants n'était que d'une seule couleur, et qu'avec cela la peau était fort altérée, probablement par un excès d'acide. Cependant je n'en crus pas moins voir la possibilité de faire quelques nuances au moyen d'un mode particulier de teinture ayant la double propriété de résister à l'avarie connue dans le commerce sous le nom de *piqûre*, et plus ou moins long-temps à l'action de la lumière. Je sais aujourd'hui combien la rencontre de l'une seule de ces qualités offre de difficultés. Cependant à cette même exposition je me trouvai à même d'offrir une huitaine de nuances ayant la propriété de résister aux effets des lieux humides sans se piquer.

D'après mes propres observations, ayant jugé que cette avarie était l'effet d'une fermentation acide qui se manifestait dans le tissu de la peau, je m'attachai à faire un choix de substances tinctoriales à l'abri de cet effet. Les oxides se présentèrent d'abord à mon esprit comme propres à remplir mon but, mais leur emploi usité en peinture me présentait de grandes difficultés pour en faire l'application dans la teinture. Outre cela, leur nombre circonscrit ne me présentait que de faibles ressources ; je cherchai dans les autres substances quelques auxiliaires :

L'indigo, la garance, le tabac, le café brûlé, le colchique, le santal et le bois jaune dans les substances végétales ; le kermès, la cochenille dans les substances animales, après divers essais, me parurent aussi de nature à pouvoir être employés dans ce nouveau système, soit seuls, soit combinés avec quelques acides : mais les procédés propres à l'emploi de ces diverses substances m'ont demandé de si longs et si dispendieux frais, que, quels que soient ceux que j'aie déjà faits, il en reste encore beaucoup à faire pour juger de toutes les ressources que vous présentent ces substances. Celui qui entreprend, en fait de découvertes, a rarement le courage de perfectionner; aussi laissé-je encore un champ vaste à parcourir pour ceux qui voudront reprendre mon travail.

Les essais que j'ai fait connaître en 1824 ont été encouragés par une médaille de bronze; mais dans ce siècle d'or, le bronze n'est qu'un bien faible véhicule pour parcourir une carrière où l'on ne peut s'éclairer que l'argent à la main. Le jury ne parut pas juger l'importance du but que je me proposais. Le motif de cet encouragement fut particulièrement motivé sur la supériorité de quelques peaux teintes en noir, car à cette date la recette anglaise était encore inconnue à Paris; cette circonstance me découragea.

A l'exposition de 1827, représentant les mêmes nuances de 1824, plus celles obtenues par le procédé anglais, ces dernières étant aussi exposées par d'autres teinturiers, mes essais perdirent en quelque sorte de leur mérite; le jury ne jugea que la confirmation de la médaille pour laquelle un diplôme me fut expédié. Cependant à cette exposition je fis paraître les essais d'une imitation parfaitement identique des procédés usités dans le nord de l'Europe pour la préparation des peaux dites de Suède, propres à la ganterie; imitation qui depuis nous a affranchis d'un commerce illicite qui se faisait en ce genre, soit en peaux, soit en gants.

Chacun des essais que j'avais faits à cette époque, et ceux auxquels je me suis livré depuis, seront décrits dans le cours de cet ouvrage.

Comme tout ce qui a rapport à l'art de la teinture demande des connaissances spéciales pour être apprécié, et que, faute de ces mêmes connaissances, je sais que la plupart des personnes qui étaient les plus intéressées à connaître mes procédés ont trouvé plus simple de les dégager de tout mérite, je me suis décidé à leur donner la publicité la plus respectable et la plus authentique. Je me proposai en conséquence de faire parvenir au ministère de l'intérieur un petit assortiment de gants dont les couleurs ont été obtenues d'après les procédés dont je viens de parler, afin que, saisissant le départ de quelque bâtiment de l'Etat pour les Indes orientales, ces mêmes gants ayant été mis à l'épreuve des avaries de la mer par leur passage réitéré sous la ligne, on pût à leur retour connaître la propriété de ces mêmes couleurs [1].

[1] L'expérience que je me proposais n'a pu avoir lieu sous les auspices du gouvernement, faute de disposition de sa part à la seconder.

J'ai présenté au ministère de l'intérieur une petite boite contenant trois douzaines de paires de gants, dont une fabriquée avec des peaux teintes d'après mon nouveau procédé; plus, une seconde de teinture ordinaire, mais ayant été imprégnés d'une préparation chimique ayant la propriété de préserver plus ou moins long-temps les couleurs ordinaires de l'avarie connue sous le nom de *piqûre;* enfin, la troisième, en gants tels qu'on les trouve dans le commerce, devant servir de point de comparaison en cas d'avarie.

A leur retour, leur état respectif, constaté par un procès-verbal, aurait suffi pour établir la propriété de mon procédé; mais le ministère, immuable dans le principe moderne, *laissez faire, laissez passer,* qui ne nécessite pas un grand mérite de la part de ses employés, comme on doit le penser, s'est borné à me faire répondre que le port du Havre m'était ouvert, et que la Société d'Encouragement existait toujours! Oui, le port du Havre est ouvert aux malheureux qui veulent aller porter leur industrie à l'étranger lorsqu'ils ne peuvent obtenir en France la moindre protection de la part du gouvernement. Oui, la Société d'Encouragement existe pour obtenir de l'industriel le fruit de ses découvertes au meilleur marché possible, ou pour rien si elle le peut : mais j'ai pu me passer de l'un et de l'autre.

C'est en 1832 que j'écris.

Plus tard, en 1833, une maison qui a des rela-

Nous sommes donc sur la voie des améliorations pour la ganterie, et il ne manque réellement plus à nos ouvriers teinturiers que d'être instruits sur les élémens de leur art pour y faire des progrès. C'est dans ces vues que je me suis décidé à recueillir des connaissances qu'au moyen de quelques notions en chimie, ainsi que de scrupuleuses observations au sein de la pratique, je crois pouvoir rendre utiles. Je vais m'attacher à en faire un corps ordonné qui aura, j'espère, le mérite d'être à la portée de tout le monde. Mon *Traité des Couleurs* formera la partie la plus importante de l'ouvrage que je me propose de mettre au jour.

tions dans les pays d'outre-mer, la maison Low et Berry, s'est chargée de cette boîte pour lui faire faire un voyage de long cours ; mais je n'ai pu en avoir le retour comme j'en étais convenu : seulement j'ai pu savoir, par la traduction d'une lettre écrite en anglais par son correspondant, que les seules couleurs n° 1 avaient entièrement résisté à la traversée, ce qui ne m'a donné qu'une demi-satisfaction, puisque j'avais, pour asseoir mon opinion, besoin de comparer l'état respectif des n°s 2 et 3, ce que je n'ai pu faire.

DES COULEURS

CONSIDÉRÉES
DANS LEURS RAPPORTS AVEC LA PHYSIQUE.

Bien que l'art de la teinture se borne à la connaissance des moyens propres à fixer les substances colorantes sur les divers sujets qu'on se propose de teindre, il n'est pourtant point hors de propos de donner une courte analyse, à la tête d'un traité de teinture, de ce que l'on entend en physique par les mots *couleurs* et *nuances*.

Les couleurs ne sont point, comme on est porté à le croire au premier abord, le résultat d'une qualité particulière à certains corps. Ainsi on parle inexactement lorsqu'on dit : la lune est blanche, l'encre est noire, le bois de Brésil est rouge. Il faudrait dire : la lune, l'encre et le bois de Brésil paraissent tels.

Les couleurs existent toutes dans la lumière, et nous ne sommes à même de les apercevoir et de les apprécier qu'en raison de la propriété que certains corps possèdent de réfléchir et de réfracter tels ou tels de ses rayons [1]. En effet, des vapeurs aqueuses,

---

[1] Il ne faut pas confondre les deux expressions *réflexion* et *réfraction*.
Si, sur un billard, je prends une bille pleine,

de petites gouttelettes ou globules d'eau qui sont suspendues dans les airs, et qui le plus souvent ne nous apparaissent qu'en brouillard, ne sont pas colorées par elles-mêmes ; les teintes diverses qu'elles nous présentent ; les belles couleurs de l'iris que nous admirons dans le ciel, ne sont dues qu'aux rayons du soleil que nous transmettent ces espèces de molécules, selon qu'elles sont placées à certaines directions, soit par rapport à nous, soit par rapport au soleil. L'arc de cercle formé par ces belles nuances se trouve dans toutes les parties diamétralement opposé au foyer de lumière duquel il les reçoit ; et ce n'est que dans un angle déter-

je lui imprime un mouvement direct, et la bille lancée éprouve un mouvement rétrograde dans une ligne diamétralement opposée. Ce mouvement de la bille rétrograde est un mouvement de réflexion.

Si je lance ma bille de manière à ne prendre celle de mon adversaire qu'à moitié pleine, la mienne s'échappe de côté et décrit une ligne formant un angle quelconque. Ce mouvement est un mouvement de réfraction.

La lumière qui ne fait que se rapprocher d'un corps pour s'en écarter dans la même direction qu'elle a prise, est ce qu'on appelle réfléchie. Si elle pénètre ce corps plus ou moins, pour prendre une direction détournée, elle fait un mouvement de réfraction. Un corps qui n'aurait la propriété ni de réfléchir ni de réfracter la lumière, l'absorberait.

miné de réfraction qu'elles parviennent à l'œil de l'observateur.

Ces mêmes vapeurs nous paraissent quelquefois presque noires; c'est qu'alors elles sont en telle position par rapport à nous, qu'elles ne pourraient nous renvoyer un seul rayon lumineux. Dans d'autres circonstances, au contraire, elles nous paraissent blanches; c'est qu'alors, dans une position inverse, elles reçoivent et nous transmettent tout entier le faisceau des rayons lumineux. Souvent encore nous les apercevons rouges, jaunes, grisâtres, presque bleues; et cela parce que, se trouvant dans une incidence particulière de réflexion et de réfraction, elles ne sont à même de recevoir et de ne nous renvoyer que tels ou tels de ces rayons. C'est ainsi que la lumière agit sur les corps en raison de leur position et de leur contexture.

Suivant l'opinion de quelques savans, et c'est celle qui me paraît la plus exacte, il n'y a que trois seules couleurs dans la nature, savoir: le jaune, le rouge et le bleu. Car l'indigo, le vert, l'orange et le violet, que quelques autres croient devoir y ajouter parce qu'on les obtient dans le spectre au moyen du prisme, ne sont que des nuances composées, comme nous aurons occasion de le démontrer plus tard.

En admettant, comme élément de toutes les nuances possibles, les trois couleurs ci-dessus, nous les nommerons *primordiales* ou *primitives*.

D'après l'état de nos connaissances, comme on l'a vu, nous sommes convenus d'appeler *blancs* les corps qui ont la propriété de réfléchir à la fois les trois couleurs primordiales, ou, comme nous l'avons dit, le faisceau tout entier des rayons solaires. D'après les mêmes principes, nous dirons que le noir résulte de la propriété que d'autres corps possèdent d'absorber, c'est-à-dire de ne nous transmettre aucun de ces rayons. Aussi lorsqu'il y a absence de lumière, les corps quelconques nous paraissent noirs; car quelle que soit leur propriété, ils ne peuvent nous transmettre ce qu'ils ne reçoivent pas.

Au moyen de cette théorie, on voit que toutes les nuances possibles ne sont que le résultat d'une gradation du noir au blanc, ou, comme on l'aimera mieux, d'une dégradation du blanc ou noir. Mais les phénomènes qui se passent en combinant diversement entre eux des rayons lumineux, ne sauraient se reproduire au moyen des substances qui, combinées entre elles, changent réciproquement leur nature intime; ce qui arrive fort souvent dans les molécules colorantes dont on fait usage en teinture. Ainsi, de quelque manière que nous nous y prenions dans l'exercice de cet art, le bleu, le rouge et le jaune ne nous procureront jamais le blanc. Cependant on peut remarquer dans la fabrication du verre un phénomène de l'espèce de celui qui s'observe dans la réunion des rayons solaires. La teinte verte qui résulte de la combinaison de la silice avec un ou plusieurs alcalis, est détruite au moyen de l'oxide de manganèse, qui, lui-même, seul, donne une teinte d'un rouge violacé. Eh bien ! que résulte-t-il de cette réunion ? que les diverses teintes disparaissent, on obtient un verre parfaitement blanc, le beau cristal que nous nommons *flint-glass*.

Le vert étant un composé de bleu et de jaune ; le rouge violacé n'étant qu'un rouge mêlé avec le bleu, je vois les trois couleurs du prisme s'éteindre en se réunissant dans le verre en fusion, ce qui, exactement, est observé en physique.

Mais si les divers phénomènes qui ont lieu en teinture n'ont pas toujours de l'analogie avec ceux que l'on remarque en physique, il en est qui ne sont pas moins surprenans : tels sont, par exemple, ceux au moyen desquels on obtient les nuances grise et noire par la combinaison de l'acide gallique avec une dissolution en fer par l'acide nitrique ; ces deux liquides ressemblant à peu près à de l'eau.

D'une part nous voyons les couleurs échapper à nos yeux par le fait de leur simple combinaison ;

De l'autre des nuances se former et nous apparaître au moyen de la combinaison de corps tout-à-fait incolores. Tel est le résultat de la propriété des diverses substances entre elles. Nous n'en sommes pas moins là obligés de faire abstraction de la théorie, pourtant admirable, au moyen de laquelle la physique nous donne la définition des couleurs. Ainsi pour faciliter l'intelligence de l'art de la teinture, et pour établir une théorie qui puisse lui être applicable, nous admettrons, pour règle générale, une marche inverse de celle que nous venons d'exposer, et nous dirons alors que le blanc est l'absence de toutes les couleurs, tandis que, au contraire, le noir est la teinte la plus foncée que nous puissions obtenir, et en quelque sorte la réunion de toutes les couleurs. Partant de ce principe, nous admettons que toutes les autres nuances ne doivent être considérées que comme des intermédiaires entre ces deux termes, ou des gradations et dégradations de l'un à l'autre, comme nous l'avons dit.

INTRODUCTION

A L'ART DU TEINTURIER.

De tous les arts qui s'exercent, sans doute celui de la teinture demande le plus de connaissances en chimie. Les effets résultant de la combinaison des diverses substances tinctoriales, l'action des divers agens chimiques qui y sont employés, sont autant de phénomènes que l'on ne saurait expliquer sans le secours de cette science, et ces phénomènes sont tellement nombreux et variés, que cet art, bien exercé, n'a presque rien de mécanique. Or, sans une étude spéciale de celles des connaissances de la chimie applicables à la teinture ; sans des soins particuliers, un ordre parfait et une scrupuleuse propreté dans un atelier ; sans une tension d'esprit continuelle, on est exposé à chaque instant à faire de graves fautes qui, fort souvent, peuvent compromettre toute une teinture. Une seule parcelle d'acide, une goutte d'alcali, le moindre morceau de certain sel, une chaudière malpropre, un simple atome d'oxide de fer tombé dans certaine couleur, suffisent individuellement pour faire manquer une opération.

Le grand art du teinturier consiste à connaître celles des substances colorantes qui ont le plus d'affinité pour tel ou tel corps, et à défaut de rencontrer cette affinité indispensable en teinture, de rechercher celui ou ceux des corps intermédiaires au moyen desquels il peut parvenir à fixer les molécules colorantes. Ces intermédiaires sont ce que l'on appelle des *mordans*.

Il n'appartient point à nos connaissances de définir les causes de cette affinité des molécules colorantes pour certains corps plutôt que pour d'autres. On est frappé d'étonnement en voyant deux étoffes plongées dans un même bain de couleur, l'une d'elles en sortir comme elle y est entrée, tandis que l'autre en est profondément pénétrée. C'est pourtant ainsi que se comporte le coton par rapport à la laine lorsqu'on les met dans une couleur préparée pour teindre ce dernier, soit en noir, soit en écarlate. L'inverse aurait pu arriver avec d'autres substances colorantes. C'est ainsi que pour les teintures, généralement parlant, il convient d'avoir des procédés particuliers pour opérer d'une manière efficace. Les peaux elles-mêmes ne pourraient prendre toute couleur avec les ingrédiens employés pour teindre du fil, je suppose. Quelquefois cette affinité ne règne pas également sur le même sujet que l'on a à teindre. Un tissu fabriqué avec des matières différentes, bien que de même nature, peut offrir cet inconvénient.

Les peaux, suivant leur nature, leur habillage, leur état de sécheresse ou d'humidité, demandent aussi un choix particulier de substances pour être mises en couleur.

Un corps qui possède éminemment la qualité de pouvoir servir d'agent intermédiaire, je veux dire de mordant, pour fixer les couleurs, est l'alumine [1]; et cela parce qu'il a la propriété d'avoir une affinité très-grande pour les étoffes en même temps que pour la plupart des substances colorantes; aussi est-il d'un usage fort commun en teinture. En cela, nos teinturiers en peaux blanches ont un avantage sur tous les autres pour leurs couleurs au plonger; les peaux en ce genre étant d'avance alunées, comme on a pu le remarquer dans l'art du mégissier, l'alun entrant pour principal sel dans leur nourriture. Il est bon de faire remarquer que cette affinité de la plupart des étoffes pour l'alun, affinité encore plus forte que

---

[1] On entend par alumine la substance terreuse tenue en dissolution par l'acide sulfurique, et la réunion de ces deux substances donne lieu à ce que l'on appelle de l'alun.

pour les molécules colorantes, n'est point inférieure pour les peaux. En effet, quelque effort que nous fassions lors de la préparation qu'on leur donne pour les disposer à être teintes, préparation qui consiste à les purger de tout ce qu'elles peuvent avoir de corps étrangers, même en employant la potasse qui devrait décomposer le sulfate d'alumine, ce sel terreux n'en reste pas moins inhérent à la peau en assez grande quantité pour favoriser l'opération de teinture au point de ne laisser du premier bain que l'eau elle-même, qui pourtant avait eu assez d'affinité pour se saturer des molécules colorantes par la coction : résultat remarquable qu'une peau, passée en chamois, par exemple, ne pourrait nous offrir si, au préalable, nous ne l'avions alunée.

L'alumine n'est pas le seul mordant employé pour disposer les étoffes à recevoir plus intimement les molécules colorantes; le sel de tartre, celui de soude, tous les sels alcalins et l'ammoniaque sont aussi employés avec succès dans beaucoup d'opérations : quelques autres sels acides servent à leur donner de la fixité.

Dans les couleurs fixes, nous nous servons avec succès des sels alcalins; mais l'ammoniaque en liqueur, ou celle obtenue des urines, est celui des mordans avec lequel nous obtenons les meilleurs résultats, comme nous aurons occasion de le voir. Nous employons aussi les sulfates et les acétates de fer et de cuivre pour la teinture des ramaillés. La conservation de la souplesse dans nos peaux ne permet de ne faire usage de ces diverses substances qu'avec un extrême discernement. Nous aurons occasion d'en indiquer les proportions lorsque nous en serons à la pratique.

La décoction du tan, celles du sumac et de l'écorce d'aune, employées comme substances tinctoriales dans le ramaillé, peuvent, en leur qualité d'astringens, être employées sans mordans; leur affinité pour les substances animales étant assez grande pour n'avoir pas besoin d'intermédiaire pour s'y fixer intimement.

L'affinité des diverses substances colorantes varie beaucoup, non seulement pour les diverses étoffes, mais encore pour les peaux; cette affinité est susceptible de changemens notables, suivant que nous devons faire usage de la même substance sur la fleur ou sur la chair; sur une peau sèche ou sur une peau mouillée; sur une peau en croûte ou sur une peau ouverte; enfin sur une peau alunée ou sur une qui ne l'est pas. Ces diverses variations ont donné lieu à une étude des diverses substances qui sont préférables suivant l'état dans lequel se trouve la peau et le côté qui doit être teint. C'est ainsi, comme on le verra, que pour le plongé, le sur-chair, les teintures sur les planches, les couleurs fixes et les peaux passées à l'huile, on doit faire un choix particulier dans les ingrédiens ainsi que dans les substances colorantes qui doivent y être employés.

Après cet aperçu rapide de l'art de la teinture, applicable aux peaux propres à la ganterie, et avant de passer à la description des diverses préparations et manutentions qui en constituent l'art, je crois indispensable de consacrer une section à la connaissance des divers agens employés dans ce genre de teinture; j'y indiquerai les moyens de distinguer les variétés qui se rencontrent dans les eaux; je désignerai celles qui sont le plus propre à être employées; je ferai connaître les propriétés de ceux des acides et des alcalis dont on doit faire usage; je parlerai de leur action et de leurs propriétés, soit seuls, soit en combinaison. A la suite de quelques faits simples, nous ferons connaître ce qu'on entend, en chimie, par sels acides, sels alcalins et sels neutres. Je consacrerai également aux substances colorantes une autre section, afin de faire connaître leurs qualités et leurs propriétés respectives avant de passer à leur emploi. Les astringens surtout seront le sujet d'un travail scientifique que j'emprunterai à ceux de nos savans qui s'en sont le plus occupés. Enfin, dans ces diverses explications qui ont trait à l'art de la teinture en général, je ne m'en rapporterai jamais uniquement à mes connaissances ; j'aurai recours à la théorie de ceux des auteurs qui m'ont paru avoir traité avec succès ces divers sujets. La *Chimie* de Thénard ; l'excellent *Traité de teinture* par Berthollet ; la *Chimie* de Pelletan fils et autres auteurs distingués seront les guides qui viendront à mon secours pour tout ce qui est au-dessus de mes forces.

DES DIVERS AGENS

employés

DANS LA TEINTURE

DES PEAUX DOUCES.

SECTION PREMIÈRE.

CHAPITRE PREMIER.

Des eaux; leurs qualités et leur influence sur les couleurs et sur les peaux. Manière de distinguer leur caractère. Analyse de celles qui se rendent à Paris.

La propriété de dissoudre la potasse et le sel de soude sans blanchir sensiblement, ainsi que le savon, sans former de grumeaux; celle de cuire les légumes avec facilité forment le caractère des eaux douces et dissolvantes. Celles qui n'ont point ce caractère sont celles que nous nommerons dures. (Voyez l'*Art du Mégissier*, chapitre *Introduction*.)

Lorsqu'on veut des épreuves plus rigoureuses et des analyses plus variées sur la nature des eaux, on se sert des moyens suivans :

L'acétate d'ammoniaque produit un précipité dans les eaux séléniteuses, c'est-à-dire contenant de la chaux. Le nitrate d'argent en produit aussi un dans celles qui contiennent de l'hydrochlorate, c'est-à-dire des sels terreux en dissolution par l'acide hydrochlorique, telle que l'eau de mer. Le nitrate de baryte en produit dans celles qui contiennent des sulfates; ces dernières sont de la qualité si commune dans les environs de Paris, qui sont aussi des eaux séléniteuses[1].

Au moyen de la simple ébullition, les eaux surchargées de ces sels forment un dépôt terreux qui est un sable calcaire. Ce sable est le résultat de l'évaporation d'une portion de l'acide qui le tenait en dissolution; l'addition à froid d'un alcali produirait le même effet en s'emparant de ce même acide. Ce dernier moyen peut être employé pour corriger les eaux de cette espèce, mais on ne les rappelle que difficilement à leur état de pureté.

Dans la cuisson des légumes, ce sont ces mêmes sels qui, laissés à nu dans leurs inter-

[1] Tous les pharmaciens sont dans le cas de faire ces essais. Ainsi, chaque mégissier ou teinturier peut, par un homme de cette profession, s'assurer de la qualité de l'eau qu'il emploie.

stices, s'opposant au passage du calorique, retardent leur cuisson

Lorsqu'une peau a été imprégnée d'une eau de cette espèce et qu'elle est sèche, l'acide qui tenait le sel en dissolution, n'étant plus corrigé par l'eau, agit dans son tissu ; alors on conçoit qu'elle perd sa souplesse. C'est surtout dans les peaux passées à l'huile que cet effet devient sensible si l'on fait usage d'eaux dures. Dans ce cas, une partie de la potasse dont on se sert pour les dégraisser, s'emparant du dissolvant, l'acide, elle laisse au sel terreux la faculté de former dans le tissu de la peau un savon calcaire qui non seulement nuit à la souplesse de la peau, mais présente un obstacle à la distribution régulière des molécules colorantes, lors de l'opération de teinture, en les décomposant. On voit donc de quelle importance est le choix d'une eau douce pour la teinture de ces sortes de peaux.

Ci-joint le tableau analytique des eaux qui se rencontrent à Paris, dans lequel on remarquera, quelle que soit l'opinion que l'on ait de celle de Bièvre, que celle de la Seine lui est encore préférable, soit pour la boisson, soit pour les couleurs.

Ce tableau, tiré de la *Chimie* de Thénard, a été fait par ordre du gouvernement.

TABLEAU ANALYTIQUE
DES EAUX QUI SE RENDENT A PARIS,
SOIT INDIVIDUELLEMENT, SOIT EN COMBINAISON.

DÉSIGNATION DES EAUX.	Quantités d'eau analysée.	Air contenu dans cette eau.	Acide carbonique contenu dans cette eau.	Résidu provenant de l'évaporation de cette eau.	Sulfate de chaux provenant de ce résidu.	Carbonate de chaux provenant de ce résidu.	Sel marin provenant de ce résidu.	Sels déliquescens provenant de ce résidu.
	litres.	centilitres.	centilitres.	grammes.	grammes.	grammes.	grammes.	grammes.
De Belleville et de Ménilmontant au regard de Saint-Maur.	15	36,17	29,50	24,735	17,040	03,830	0,347	3,518
Des prés St.-Gervais, fontaine du Chaudron.	15	40,78	32,67	17,281	06,655	03,540	0,439	6,647
De la Beuvronne, fontaine du Pouceau à Paris	15	37,94	23,17	10,999	06,728	02,386	0,000	1,885
De la Bièvre, avant son entrée dans Paris.	15	35,80	19,89	09,824	03,758	02,047	0,169	1,638
De la Beuvronne, dans son lit.	15	34,22	32,44	08,180	03,050	03,855	0,000	1,275
D'Arcueil, fontaine du palais de l'Institut.	15	36,89	32,83	06,990	02,528	02,536	0,029	1,646
De la Thérouenne.	15	34,09	26,50	04,770	0,304	03,925	0,000	0,541
Du canal de l'Ourcq.	15	43,93	36,32	03,781	0,257	02,993	0,114	0,417
De la Collinance.	15	32,72	12,22	03,390	0,269	02,882	0,144	0,093
De la Gergogne.	15	34,72	23,78	03,276	0,221	02,703	0,129	0,223
De l'Ourcq.	15	35,39	16,83	02,887	0,202	02,562	0,115	0,208
De la Seine, prise sous Paris.	15	36,28	12,54	02,613	0,295	01,940	0,000	0,373
De la Seine, au-dessus de la Bièvre.	15	36,28	12,54	02,426	0,761	01,494	0,000	0,171

CHAPITRE II.

Des acides en général, et notamment de ceux employés dans la teinture des peaux douces.

ON entend par acide tout corps qui est susceptible de rougir la teinture faite avec du bois d'Inde, mais plus sûrement encore une des plus fugaces de toutes, celle qui est connue sous le nom de *tournesol*. La plupart des acides sont solides dans leur état de pureté; cependant quelques uns sont liquides et quelques autres gazeux. Tous jouissent de la propriété de pouvoir se combiner avec les oxides métalliques, mais surtout avec les alcalis. Dans ce dernier cas ils forment des combinaisons, ne jouissant d'aucune des propriétés de leurs composans, et, par cette raison, on les nomme *sels neutres*. Nous aurons occasion de revenir sur cette composition.

On connaît en chimie soixante-quatorze espèces d'acides obtenus des trois règnes, animal, végétal et minéral; mais ils ne sont pas tous employés dans les arts. Je me bornerai à faire connaître seulement ceux qui sont employés dans la teinture des peaux.

1° *L'acide acétique.*

Les acides minéraux ne peuvent être employés dans les opérations de teinture sur les peaux douces, qu'avec un extrême ménagement. Ils agissent, soit sur le tissu de la peau, soit sur les couleurs. Dans la teinture du noir, par exemple, ils attaquent une de leur partie constituante; l'engallage leur donne une tendance au rouge en laissant l'oxide de fer prédominer, et cela surtout lorsque le bois d'Inde entre pour principal dans l'engallage. L'emploi des acides végétaux est donc préférable lorsqu'il est question d'obtenir des dissolutions de ce métal, parce que, moins corrodans, ils n'agissent que faiblement sur les molécules colorantes. Ces acides sont de diverses espèces : l'alcide acétique et l'acide malique sont les seuls dont je conseillerai l'usage.

Les acides végétaux se trouvent dans tous les fruits. Le vinaigre doit être rangé dans la classe des acides acétiques.

Les pommes et les poires contiennent un acide qui forme la seconde espèce de ceux que j'ai désignés. Il est plus propre qu'aucun autre à dissoudre l'oxide de fer. Vous ne pouvez vous servir d'une lame de couteau pour couper quelqu'un de ces fruits, surtout avant la maturité, sans qu'elle ne soit sensiblement altérée à son tranchant. Outre cet exemple, que l'on forme une trace au moyen du tranchant d'une lame sur un morceau de chêne, qui est un astringent, que l'on frotte ensuite avec un quartier de l'un de ces fruits; au moment même, cette place paraîtra noire. Cet effet est le résultat de l'oxidation que vient d'éprouver le peu de fer laissé par la lame et du suc astringent lui-même, dont la combinaison avec le fer forme le noir, comme on le sait. Le jus de ces fruits est donc très-propre à la dissolution de ce métal. J'en recommanderai l'emploi dans la composition de la tonne en noir, dont il sera question pour la teinture des ramaillés.

On obtient l'acide acétique au moyen de la distillation du bois. Cette espèce d'acide se nomme aussi *acide pyro-ligneux*, qui veut dire obtenu par le moyen du feu et d'un corps ligneux. Cette opération, qui n'est que l'accessoire d'une manière particulière de carboniser le bois hors du contact de l'air, demande d'autres préparations ultérieures, dont les détails seraient déplacés ici. Il me suffit de dire que l'on trouve dans le commerce cette espèce d'acide et même de l'acétate de fer (pyro-lignite de fer) à des prix modérés.

Quant au vinaigre, chacun sait qu'il est le

résultat d'une fermentation à laquelle on soumet le vin, et à laquelle on peut également exposer les cidres, les bières et autres boissons spiritueuses.

2° *L'acide hydrochlorique.*

Cet acide, dont le radical est obtenu au moyen de la décomposition du sel marin dans la préparation de la soude factice, se trouve combiné avec l'eau. Il est d'un jaune foncé. Exposé à l'air, il laisse échapper des vapeurs d'une odeur fétide, désagréable, qui agissent fortement sur les membranes muqueuses, et oxident les métaux qui se trouvent dans leur voisinage. Ces vapeurs sont ce qu'on nomme le *gaz acide hydrochlorique.*

Cet acide est susceptible d'une préparation qui le rend très-propre à détruire les couleurs. Alors il prend le nom de *chlore.* C'est du chlore que nous ferons usage pour décolorer les peaux manquées en teinture. Son bas prix permet aussi de s'en servir comme ingrédient de propreté pour se laver les mains dans les ateliers, où d'ailleurs il répandrait des vapeurs salutaires propres à corriger les odeurs insalubres des ammoniaques qui y sont journellement employées.

3° *L'acide sulfurique.*

L'acide sulfurique pur est sans odeur et

sans couleur; il est doué d'une onctuosité qui approche de celle de l'huile, mais il est très-susceptible de se colorer en noir lorsqu'il est en contact avec un corps sur lequel il a accès, en le carbonisant par son action corrosive. Un simple bouchon de liége suffit pour l'altérer ainsi. Il convient donc de le tenir enfermé dans un flacon bouché à l'émeri.

On obtenait autrefois cet acide au moyen de la décomposition de la couperose verte, ou vitriol (sulfate de fer). On voit que c'est à son origine d'une part, et à son onctuosité de l'autre, qu'il doit son nom vulgaire *d'huile de vitriol*, qu'il porte encore dans le commerce. La chimie moderne retire cet acide directement du soufre distillé avec une petite partie de nitre. Dans cette opération l'acide est le résultat des vapeurs du soufre combinées avec de l'eau et l'oxigène de l'air. Cet acide sera spécialement employé à la dissolution de l'indigo.

4° *L'acide nitrique.*

Cet acide est le résultat de la distillation du sel de nitre (nitrate de potasse) et de l'acide sulfurique en partie égale. L'acide nitrique est un des acides les plus violens que nous ayons. Il sera employé pour la dissolution du fer dans la teinture du bleu de Prusse (hydrocyanate de potasse ferruré) et autres préparations.

Les corps qui sont susceptibles de résister à l'action de cet acide en son teints en jaune très-solide. Une seule goutte sur la peau suffit pour y laisser une trace de cette teinte, qui ne disparaît plus qu'avec la peau elle-même.

Les jaunes qui nous viennent de l'Inde sont à l'abri des effets de cet acide. Il est probable que les substances tinctoriales qui y sont employées ont d'abord été soumises à son action.

L'acide nitrique concentré ne tire pas ordinairement au-delà de 36 à 40 degrés, tandis que l'acide sulfurique en marque 60.

CHAPITRE III.

Des sulfates en général, et notamment de ceux employés dans la teinture des peaux destinées à la ganterie.

On entend par sulfate des sels formés par l'union de l'acide sulfurique avec diverses bases salifiables. Il y en a qui contiennent en outre des oxides en dissolution. Tels sont ceux de fer, de cuivre, de zinc, etc. Nous allons nous occuper de faire connaître ces diverses sortes, en même temps que l'alun.

1º *De l'alun.*

L'une des plus anciennes fabriques d'alun est celle de Roche, en Syrie, qui, de nos jours, se nomme Edaste; de là ce nom que l'on est dans l'usage de donner aux aluns que l'on trouve dans le commerce en masses cristallisées, ce qui est une fausse interprétation: car maintenant il n'y a pas plus de roche d'alun que d'alun de roche.

L'alun pur ne se trouve qu'en petite quantité dans la nature. La mine la plus renommée en ce genre est celle de la Tolfa, près de Civita-Vecchia, en Italie, où cependant il est loin d'être en son état parfait de pureté. Cette qualité, connue dans le commerce sous le nom d'alun de Rome, se reconnaît par une teinte rosée qu'il affecte, et qui est due à la présence d'une terre ferrugineuse qui s'y trouve mêlée. Elle est assez généralement en poudre, tandis que les autres sont en morceaux cristallins et transparens.

L'alun se retire ordinairement de certaine qualité de pierre tendre feuilletée, connue en minéralogie sous le nom de *schiste*.

Les opérations au moyen desquelles on peut l'obtenir consistent à torréfier (brûler) la mine, à l'exposer à l'air plus ou moins long-temps : dans cet état, d'après l'observation de nos chimistes, il faut que le soufre contenu dans cette espèce de terre se change en acide sulfureux au moyen de la combinaison de l'oxigène de l'air atmosphérique, et que cet acide lui-même dissolve l'alumine, qui, sans sa présence, ne serait pas soluble à l'eau. Cette combinaison une fois achevée, on fait une lixivation de la mine, et l'on fait évaporer pour retenir les cristaux, que l'on purifie plus ou moins pour en séparer les corps étrangers, mais notamment le sulfate de fer, dont la présence est nuisible.

L'analyse de l'alun une fois déterminée, on a été à même de le composer de toutes pièces avec d'autres élémens. Dans ce cas, la terre argileuse en forme la base principale. Aussi cette fabrication s'est tellement accrue et perfectionnée que nos fabriques suffisent à nos besoins en tous genres. Cependant l'alun de Rome est encore recherché : sa réputation d'une part, et le défaut de connaissances de la plupart des praticiens pour reconnaître un alun purifié, assureront encore long-temps du débit à cette première sorte, quoiqu'à un prix élevé.

De tous les aluns, ceux qui ont le moins de valeur sont les aluns ferrugineux. Pour les reconnaître on emploie le prussiate de potasse ou une infusion de noix de galle. (Voyez l'*Art du Mégissier*.)

2° *Du sulfate de fer et de quelques autres combinaisons de ce métal.*

Le sulfate de fer (couperose verte), est d'une cristallisation assez généralement verdâtre ; celui qui se fabrique dans les environs de Beauvais, et qui tient un premier rang à Paris, affecte une odeur mélassée. Il s'en trouve dans le commerce une autre qualité, qui contient un peu de cuivre : celui-ci alors a une teinte de vert plus déterminée. La fabrique de Beauvais fournit au commerce, sous la dénomination de seconde qualité, une sorte provenant du résidu de la première opération, mais contenant beaucoup moins de fer. Cette dernière espèce ne diffère que peu de l'autre par sa cristallisation; elle peut donc induire en erreur. Cependant, en la comparant avec la première sorte, on peut remarquer qu'elle a bien moins d'odeur. La base de sulfate de fer est alumineuse; aussi, comme mordant, le sulfate de fer remplace-t-il très-bien l'alun.

Nulle substance ne se trouve plus généralement répandue dans la nature que le fer. On l'y rencontre sous toutes les formes. C'est ordinairement des sulfures que l'on retire celui qui est jeté dans le commerce en cristallisation. Ces sulfures sont des terres dures combinées avec des oxides de ce métal, de l'alumine, de la silice en différentes proportions.

On obtient les cristaux de ce métal par un procédé analogue à celui qui est employé pour l'alun. Celui qui contient du cuivre en dissolution est ordinairement obtenu au moyen des eaux minérales qui contiennent ce métal, et qui alors est précipité et revivifié par un procédé simple au moyen du fer.

Cette préparation peut aussi se faire au moyen des oxides de fer et de cuivre, et de l'acide sulfurique étendu d'au moins huit fois son volume d'eau : mais cette substance se vend à si bas prix qu'on ne se donne pas la peine d'en fabriquer. On peut aussi obtenir des dissolutions de ce métal avec d'autres acides : nous aurons occasion d'en parler.

3° *Du sulfate de zinc ou couperose blanche.*

Le zinc est un métal qui n'a été étudié que dans le seizième siècle, et ce n'est même qu'au dix-huitième qu'on a été à même d'en faire quelques applications dans les arts. On a essayé de lui faire remplacer le plomb dans les usages domestiques, mais il est sujet à des inconvéniens qui, jusqu'à présent, le font peu rechercher.

Le zinc est employé en teinture, en état de sel, comme le fer. C'est alors qu'on le désigne sous le nom de *couperose blanche*, qui n'est autre chose qu'une dissolution de son oxide par l'acide sulfurique. On en fait quelque usage dans les couleurs fixes.

4° *Du sulfate de cuivre, ou vitriol de Chypre bleu, et du vert-de-gris.*

On obtient ce sel au moyen des sulfures par des procédés à peu près semblables à ceux employés pour l'alun et le sulfate de fer. On peut l'obtenir aussi directement avec du cuivre oxidé et de l'acide sulfurique étendu d'eau. Le cuivre s'emploie aussi sous le nom de *vert-de-gris*, mais alors c'est un acétate de cuivre. Le vert de gris s'obtient dans le midi de la France au moyen de planches de cuivre sur lesquelles on dépose des rafles de raisin que l'on asperge ensuite avec de la vinace ou du vinaigre. L'action des acides sur le cuivre est trop connue pour avoir besoin d'entrer dans d'autres détails.

L'acétate de cuivre, préparé avec soin, est susceptible d'être employé comme substance tinctoriale. Nous aurons occasion d'en parler de nouveau sous ce rapport.

CHAPITRE IV.

Des alcalis en général, et notamment de la soude, de la potasse, de l'ammoniaque, et de l'urine considérée comme telle.

Le nom d'*alcali* a été donné à une plante marine dont on retirait autrefois uniquement la soude. Ce nom ensuite a été donné à la potasse, et par extension à toutes les autres substances que l'on a reconnues avoir des propriétés analogues à la soude. De nos jours on entend donc par alcali toute substance qui a la propriété de se combiner avec les acides en faisant effervescence. Cette combinaison, que l'on désigne aussi sous le nom de *saturation*, est l'action par laquelle ces deux substances se combinent et forment un nouveau corps que nous avons déjà eu occasion de signaler sous le nom de *sel neutre*.

Les alcalis peuvent être considérés comme les antidotes ou correctifs des acides, comme ces derniers le sont des alcalis.

La plupart des substances colorantes peuvent être détruites par les acides, tandis qu'au contraire un grand nombre peuvent devenir et plus intenses et plus solides au moyen des alcalis. Ces deux agens, comme on le voit, peuvent se prêter de mutuels secours et se neutraliser l'un par l'autre. C'est ainsi, par exemple, qu'employés seuls dans la peau, ils l'altèrent, et qu'en les opposant l'un à l'autre ils se neutralisent et peuvent être employés à obtenir des résultats extraordinaires. Nous allons successivement nous occuper de ceux que nous employons dans la teinture.

1° *De la potasse.*

La potasse est un des alcalis le plus en usage ; c'est le sel de nos cendres ménagères dont on obtient la dissolution dans le cours de l'opération que l'on nomme *lessive*. La plus grande partie des potasses qui se trouvent dans le commerce nous viennent des forêts de l'Amérique et de la Russie, où l'on ne trouve pas un emploi plus avantageux du bois qu'en en faisant des cendres et ensuite de la potasse. Dans ces forêts les foyers, que l'on y entretient dans ces vues, sont tellement considérables, que les sels s'y fusent et tombent en masses solides qui, comme on doit le présumer, retiennent beaucoup d'impuretés. Les potasses d'Amérique sont plus estimées que celles de Russie; elles sont effectivement plus caustiques; c'est-à-dire qu'elles approchent plus de la pureté; cela peut provenir des diverses qualités de bois qu'on y brûle. Cependant elles contiennent encore beaucoup de gaz carbonique qui neutralise une partie de leurs propriétés; c'est à cause de cette combinaison que cette substance est désignée en chimie sous le nom de *carbonate de potasse*.

Nous employons la potasse pour décomposer le sulfate d'alumine dans la purge des peaux en saturant l'acide sulfurique. Elle est aussi employée pour s'emparer de l'huile qui entre dans certains habillages de peaux.

Dans la teinture, quelques personnes la font entrer dans la préparation des mordans qui composent ce que nous nommons la *première couche*. La potasse, mise en petite dose dans les décoctions de couleurs au moment de l'ébullition, facilite l'extraction des molécules colorantes par leur grande affinité pour elles; l'augmentation apparente de chaleur qu'elle produit n'est que le résultat de l'onctuosité qu'elle procure, en fondant, à la partie voisine du bain où on la jette.

Lorsqu'il est question d'en faire usage sur la peau, il faut ne le faire qu'avec ménagement, mais le mieux est de l'éviter. Les alcalis caustiques attaquent la peau et lui font perdre sa douceur. Aussi les personnes qui en font usage emploient-elles de préférence une lessive naturelle, obtenue directement de cendres ménagères, ou mieux encore d'une lessive qui a déjà servi; mais la soude est préférable à toutes ces préparations.

On a fait de nombreuses expériences pour reconnaître celles des substances végétales qui, brûlées, fournissent le plus de sels alcalins. Il en résulte que les parties d'un arbre qui donnent les meilleures cendres sont celles qui contiennent le plus de sève. Ainsi, les feuilles, les jeunes branches appelées *brandilles*, l'écorce, puis l'aubier, et enfin le tronc, ont autant de proportions différentes de sels. Aussi les plantes qui n'ont pas de sève, telles que les pailles après la moisson, les bois morts, etc., ne contiennent que peu ou pas de sel. C'est donc avec raison que nous voyons nos bonnes ménagères faire soigneusement jeter au feu toutes les épluchures de légumes, les feuilles, etc.

2° *De la soude.*

La plus grande partie des soudes dont on fait usage est le résultat de la combustion de diverses plantes qui végètent dans des terrains baignés par les eaux de la mer, et qui par conséquent contiennent du sel marin.

La meilleure soude nous vient d'Alicante, dont elle conserve le nom dans le commerce. La plante la plus estimée pour fournir ce genre de sel est celle dite *salsola*; viennent ensuite celles dites *varac* et *salicor*, dont les soudes qui en proviennent sont désignées par leurs noms propres.

Il existe une espèce de soude naturelle que l'on trouve en Égypte, et qui se vend sous le nom de *natron*. On en trouve aussi en Barbarie, en Syrie, en Perse, aux Indes occidentales et en Chine; ces diverses espèces de soudes paraissent être le résultat de la décomposition du sel marin par des sels calcaires.

En France, une grande partie des soudes qui sont employées sont obtenues par la chimie au moyen de la décomposition du sel marin par l'acide sulfurique et de leur combinaison avec une terre calcaire.

La soude est susceptible d'être purifiée; alors elle porte le nom de *sel de soude*, et approche de son état de pureté; c'est dans cet état que j'en recommanderai l'emploi comme mordant pour les couleurs fixes.

La soude pure se rapproche de la potasse par ses propriétés, mais elle n'attire pas l'humidité de l'air comme elle; défaut qui est préjudiciable à la conservation de la ganterie et qui doit faire rechercher cette première.

3º Du sel ammoniac et des autres ammoniaques liquides.

Il y a un grand nombre de sels ammoniacs; plusieurs sont employés en pharmacie. Celui dont il est question est désigné par le nom d'*hydrochlorate;* ce sel est le produit ammoniacal le plus anciennement connu. Au rapport de Pline, on l'a nommé *ammoniaque* parce qu'il se trouve en grande quantité près du temple de Jupiter Ammon. Ces sels se trouvent dans le commerce en pains de forme concave d'un côté et convexe de l'autre; blanchâtres quand ils ont été fabriqués en Europe, gris et recouverts d'une croûte noirâtre lorsqu'ils nous viennent d'Egypte. Dans ce pays, on le prépare en brûlant la fiente des chameaux dont on recueille la suie, qui est ensuite sublimée dans des vases. Près de Paris, on l'obtient en distillant des matières animales qui donnent un produit que l'on nomme *carbonate d'ammoniaque*. On filtre le produit à travers du plâtre (sulfate de chaux), ce qui le change en sulfate d'ammoniaque; on cristallise et l'on mêle ensuite cette cristallisation avec du sel marin pour être sublimé.

Ce sel est nommé *ammoniaque volatile*, parce qu'il est très-subtil. En effet il se volatilise à froid comme à chaud lorsqu'on le triture.

Quelques teinturiers en font usage dans les couleurs fixes. Dans cet état, il est un hydrochlorate.

L'hydrochlorate d'ammoniaque est employé pour obtenir, au moyen de la distillation, le gaz ammoniacal dont on fait usage combiné avec de l'eau, sous le nom d'*alcali en liqueur*, ou *alcali volatil*. C'est particulièrement à la présence de cet alcali dans la première couche qu'il faut attribuer à celle-ci la propriété de précipiter les molécules colorantes sur la peau et de rendre cette peau en quelque sorte imperméable à la couleur. Nous aurons occasion de revenir sur cette propriété.

4° *De l'urine.*

Cette liqueur excrémentielle est très sujette à varier par ses rapports intimes avec la machine animale; elle est susceptible d'être divisée en deux espèces, savoir : l'urine à boisson et l'urine à digestion.

La première est obtenue immédiatement après l'injection de la boisson; l'autre, au contraire, long-temps après la nourriture, le matin au réveil, je suppose: celle-ci, comme on le pense, a beaucoup plus de qualité.

A moins de maladie, l'urine, encore récente, est acide; elle rougit les teintures végétales, celle du tournesol surtout.

Ce n'est qu'après avoir déposé son urée (acide urique) qu'elle se dispose à une décomposition et à devenir alcaline : gardée long-temps, elle devient *ammoniacale, douce et huileuse.*

L'urine est susceptible de fournir beaucoup de produits par la décomposition, suivant le tempérament et l'état de santé des individus ; mais les bases principales sont, après l'eau, la *potasse*, la *soude* et l'*ammoniaque* qui y entrent pour près d'un vingtième.

En ne considérant l'urine que sous le rapport de la teinture, je dirai donc qu'il faut, pour qu'elle soit bonne, qu'elle ait vieilli et qu'elle provienne de personnes se nourrissant bien. L'urine, en cet état, doit peser au moins deux degrés à l'aréomètre.

CHAPITRE V.

Du sel de tartre, crême de tartre, ou tartrate acidule de potasse.

Le sel de tartre existe dans la nature; le vin en fournit abondamment. Dans le commerce, celui qui provient des vins blancs porte le nom de *tartre blanc*, et celui qui provient des vins rouges, celui de *tartre rouge*. Ils ont les mêmes propriétés et ne diffèrent entre eux que par la couleur.

D'après M. Chaptal, c'est à Montpellier que se prépare la plus grande partie des tartrates acidules de potasse qui sont dans le commerce. Après avoir purifié le sel de tartre, on le fait bouillir avec de l'eau dans une chaudière de cuivre; on le verse dans une terrine, où il dépose en se refroidissant. Ce dépôt est mis de nouveau dans l'eau bouillante, dans laquelle on délaye quatre à cinq pour cent d'une argile sablonneuse, et on évapore encore jusqu'à pellicule. L'argile s'empare de la matière colorante, et il se précipite, à mesure qu'elle refroidit, des cristaux blancs, qui, exposés en plein air, pendant quelques jours, sur des toiles, acquièrent un nouveau degré de blancheur. Ce sont ces cristaux blancs, demi-transparens, qui portent le nom de *crême de tartre* : jetée au feu, la crême de tartre répand une odeur analogue à celle du caramel. (Thénard.)

Le sel de tartre s'emploie en teinture pour augmenter la fixité des couleurs.

L'eau saturée de sel de tartre produit au toucher l'effet d'une lessive fort douce; mais la présence de l'acide tartrique, qui y est contenu, comme son nom l'indique, autant que la potasse qui en forme la base, doivent en écarter l'emploi. Cependant, employé avec la simple urine, il fait un bon mordant.

CHAPITRE VI.

Des savons en général, et notamment de ceux de Marseille.

BIEN que le savon soit employé dans la composition du lustre, en place d'huile, pour achever la teinture des noirs glacés, je me serais dispensé de parler de sa fabrication, si quelques personnes, qui en ignorent la composition, n'étaient pas persuadées qu'il est possible d'obtenir un beau noir sur la peau sans l'emploi d'un corps gras quelconque.

Une des propriétés caractéristiques des alcalis est de se combiner avec les corps gras et de les dissoudre, tandis que les acides, au contraire, n'ont aucun accès sur eux. D'après ce principe, on saura que le savon, assez ordinairement, est la combinaison d'un alcali avec une huile d'olive. Pour ce travail, il faut donc un alcali pur, c'est-à-dire purgé de son acide carbonique, car cet acide aurait la propriété d'éliminer l'huile, lorsqu'il est question au contraire de la combiner avec l'alcali; il faut donc commencer par faire cette purification. Cette opération consiste à traiter la soude, qui est l'alcali dont on se sert à Marseille, avec de la chaux : on prend ordinairement deux parties de chaux pour une de soude ; on passe plusieurs eaux sur ce mélange ; la chaux, étant insoluble, se borne à saturer l'acide, tandis que la soude seule est entraînée. La lessive qui en résulte est une lessive caustique ; c'est elle qui est employée pour la dissolution de l'huile, au moyen de l'ébullition. Dans les ateliers, on donne le nom de *lessive des savonniers* à cet alcali ainsi disposé.

Je crois devoir passer sous silence les autres détails de fabrication qui ont lieu, tant pour achever la purification de la soude, que pour réduire en corps solide la pâte qui en est le résultat.

Le savon blanc est le seul employé pour le lustre du noir sur la peau, et je ne vois pas pourquoi : il est ordinairement vendu moins sec, ce qui nous le fait paraître plus gras, mais c'est une erreur. Les veines noires, que nous remarquons dans le savon ordinaire, ne sont que le résultat d'une petite quantité d'oxide de fer ; ainsi on peut, pour les lustres, s'en servir sans inconvénient.

Cette théorie, sur la fabrication du savon, est réduite à ses plus simples termes. M. Chevreul, qui a traité cette matière, en a beaucoup agrandi le cercle des connaissances ; néanmoins, je vais faire connaître l'analyse des deux sortes de savons de Marseille, d'après cet auteur, afin qu'on puisse, au besoin, ne pas se faire scrupule de l'emploi du savon marbré pour la préparation du lustre.

Le savon blanc est formé, savoir : soude, 4,06 ; huile (dite acide gras), 50,02 ; eau, 45,02 ; perte.....

Le savon marbré l'est à peu près comme suit : soude, 6,60 ; acide gras, 54,00 ; eau, 36,04 ; plus, une partie de savon ferrugineux, insoluble, formant les marbrures noires qui se distinguent à la vue.

Ce qui veut dire, en langue vulgaire, que sur 100 parties, il y en a à peu près 6 de soude, 54 d'huile, 36 d'eau et environ 4 de corps étrangers. Ainsi, le savon marbré, abstraction faite de son oxide de fer, ne diffère de l'autre que par une quantité plus forte de soude et d'huile, et une moindre quantité d'eau ; il y a donc double économie à l'employer, puisque, d'une part, l'autre se vend plus cher, et que celui-ci contient une plus grande quantité du corps gras, qui, la plupart du temps, ne nous suffit pas pour le lustre.

Il se fait aussi des savons au moyen de la potasse et des huiles de colza et autres ; ce sont ce qu'on appelle des *savons noirs*; ils sont plus ou moins liquides. La qualité des huiles qui y sont employées étant susceptible de laisser à la peau une mauvaise odeur, on n'en fait pas usage; cependant il serait possible de s'en servir avec avantage pour les peaux dures ou de mauvaise nature.

SECTION II.

DES DIVERSES SUBSTANCES COLORANTES EMPLOYÉES DANS LA TEINTURE DES PEAUX : LEURS PROPRIÉTÉS GÉNÉRALES, ETC.

CHAPITRE PREMIER.

Du bois d'Inde ou violet.

Ce bois est encore nommé *bois de Campèche* ou *de la Jamaïque*, parce que d'une part il est commun dans cette île, et de l'autre, qu'il s'en fait un grand commerce dans cette première ville. C'est un arbre fort grand et épineux; son écorce est grisâtre, son aubier jaune, le cœur du tronc seul est rouge; on le trouve dans presque toutes les Antilles, avec quelques variétés, mais celui de la Jamaïque et surtout celui de Campèche sont les plus estimés; aussi distingue-t-on dans le commerce les bonnes qualités, sous la dénomination de *coupe espagnole*.

Le bois d'Inde doit être d'un beau rouge foncé, tirant sur le violet; il brunit par son exposition à l'air, surtout en temps humide, et quelquefois même il est bruni, avec intention, au moyen des alcalis, pour lui donner de la vente.

Ce bois est extrêmement riche en couleur, je veux dire en molécules colorantes, mais elles sont grossières; il est assez généralement employé moulu; cependant, pour certaines opérations, il vaut mieux l'avoir verlopé ou haché; car alors la décoction, ayant ses molécules plus atténuées, offre moins de dépôt.

Dans ce dernier état, il aura besoin de rester sur le feu plus long-temps, pour en obtenir la décoction.

Les bois moulus, que l'on trouve dans le commerce, sont ordinairement de mauvaise qualité; les autres se vendent en bûches ou hachés.

L'appareil n° 1, planche n° 2, de l'*Art du Teinturier*, nous met à même de juger exactement de la valeur comparative des substances tinctoriales.

Si vous laissez reposer une décoction bien chargée de bois de Campêche, vous pourrez remarquer sur la surface du liquide une pellicule de nuance cuivrée; appliquée sur la peau, au moyen d'une dissolution fort chargée d'alun, et cette opération étant réitérée plusieurs fois, la teinte cuivrée y prédominera d'une manière sensible. C'est sur cette propriété qu'est fondé l'art de la teinture du beau doré, employé en cordonnerie.

La décoction de bois d'Inde, récemment obtenue, est de couleur vineuse; en fort peu de temps, elle prend une teinte couleur café; appliquée sur la peau, elle devient très-promptement de teinte violette, et reste telle en séchant.

Les alcalis font tirer au bleu cette teinture; une petite quantité d'acide la fait tourner au lilas, et une plus grande quantité au rouge. L'acétate de plomb lui donne une teinte grise; l'acétate de cuivre la fait aller au bleu grisâtre; et le sulfate ou l'acétate de fer, au noir.

La décoction de bois d'Inde est amie de la peau; elle ne l'altère point; elle procure un œil agréable aux teintures noires quelconques; cette substance est une des plus généralement employée en teinture.

On a obtenu du bois de Campêche un sel cristallisé, d'une belle couleur de sang, que par cette raison on a nommé *hématine;* ce produit est employé dans les laboratoires comme réactif. On trouve encore l'extrait de bois d'Inde, en corps solide, chez quelques fabricans de produits chimiques; j'indique le moyen de l'obtenir, par la description de l'appareil n° 1, *Art du Teinturier.*

CHAPITRE II.

Du bois de Brésil, ou du rouge.

Ce bois, qui tire son nom de la contrée d'où il nous a d'abord été apporté, est aussi nommé *Fernambouc*, de la ville où s'en fait le principal commerce; il en est une autre qualité, connue sous le nom de *Sainte-Marthe*, d'une teinte plutôt jaune que rouge, que l'on brunit lorsqu'il a été moulu, comme on en use pour le bois d'Inde. C'est sous ces deux dernières dénominations que l'on comprend les meilleures sortes dans le commerce, les qualités inférieures étant désignées sous le nom de *Brésil* et de *brésillet*. Ce dernier nom a prévalu chez les naturalistes; car cette plante, qui croît maintenant à l'Ile-de-France, aux Antilles, ainsi que sur le continent de l'Asie, se trouve classée, par les auteurs, sous cette dénomination.

Le bois de Brésil est un arbre qui croît naturellement dans les rochers des pays de ce nom, où il devient grand et dur comme le Campèche; son bois est également rouge, mais d'une teinte plus claire; il est recouvert d'une couche épaisse d'aubier jaune, qui a peu de qualité.

Sa décoction est d'un rouge lilas, qui devient rose en séchant; l'alun la rend un peu plus foncée; l'acétate de plomb lui donne une teinte de lilas; les alcalis la rendent fleur de pêcher; le sulfate ou l'acétate de cuivre la fonce plus que l'alun; le sulfate de fer la fait tourner au violet grisâtre; l'acide acétique au jaune à peu près couleur de chair.

Lorsque l'on veut employer le bois de Brésil pour faire du rose ou bouton d'or ou de l'orange, il convient de prendre du Fernambouc ou du Sainte-Marthe, c'est-à-dire une des premières qualités; mais pour les autres couleurs mélangées, les sortes inférieures, dites brésillet, peuvent convenir. Nous aurons occasion de faire remarquer que les molécules colorantes du Brésil, ayant moins d'affinité pour les alcalis que celles de tous les autres bois, cette substance est peu propre à être employée dans les couleurs fixes; mais nous avons un autre bois rouge, connu sous le nom de bois de *Santal*, qui est appelé à remplacer, au moins en partie, le Brésil dans ces sortes de couleurs à cause de sa plus grande affinité pour les alcalis; ce bois n'est point assez connu de la ganterie; il se trouve dans le commerce en poudre fine. Ses parties colorantes, peu solubles dans l'eau pure, le sont dans les alcalis, ce qui me porte à en recommander l'usage.

Ce bois est résineux, et comme outre cela il cède ses molécules colorantes à l'acide nitrique et à l'alcool, je le crois propre à entrer dans le catalogue des substances à l'abri des piqûres.

Le Santal donne, par l'alcool, un rouge peu agréable; l'acide l'éclaircit; le sulfate de fer en trouble la dissolution; la soude lui donne de l'intensité.

CHAPITRE III.

Du bois jaune.

Il est beaucoup de bois auxquels on pourrait donner ce nom; mais celui dont il va être question dans ce chapitre nous vient de l'arbre désigné, par les naturalistes, sous le nom de *morus tinctoria*; il croît dans les Antilles et particulièrement à Tabago; la meilleure qualité est d'un beau jaune orange et veiné dans ses parties; il se vend ordinairement moulu.

L'usage de ce bois, pour la teinture, n'est pas ancien; il est d'un emploi commun dans les couleurs fines, et, on peut dire, la principale des substances tinctoriales qui y sont employées. Ses molécules colorantes sont extraites, par coction, au moyen de deux à trois heures d'ébullition; les alcalis en facilitent l'extraction, et alors sa teinte en est d'un plus beau jaune; mais cette teinte est loin d'avoir la beauté de celle de la graine d'Avignon. Seule, la décoction du bois jaune ne réussit pas sur les peaux glacées, mais avec un mordant alcalin, elle offre toutes sortes de ressources.

Le sulfate de cuivre la fait tourner au vert olive; le sulfate de fer à l'olive déterminée; les acides la troublent sans l'altérer sensiblement; le sulfate de zinc est sans effet sur cette couleur comme sur la plupart des autres.

Le bois de fustet pourrait lui être substitué, mais il est beaucoup plus cher. Le bois jaune, avec une petite quantité de bois d'Inde, peut fournir à une infinité de nuances agréables, sous la main d'un teinturier adroit.

CHAPITRE IV.

Du quercitron.

De toutes les substances propres à la teinture, le quercitron est celle qui est au plus bas prix ; malheureusement son emploi ne réussit pas bien dans les peaux glacées ; par cette raison, on en borne l'usage à la teinture des peaux sur chair et à celle du ramaillé. Cependant il peut être employé, en petite dose, dans les couleurs fixes, mêlé avec d'autres bois.

Le quercitron est l'écorce du *quercus nigra* de Linné, espèce de chêne ; cette écorce, moulue comme celle du tan, donne, en décoction, autant de molécules colorantes que huit fois son poids de gaude et que près de quatre parties de bois jaune. (Berthollet.)

Les molécules colorantes du quercitron s'obtiennent au moyen d'une ébullition dans l'eau, comme celles de la plupart des autres bois ; sa décoction est d'une nuance plus agréable que celle du bois jaune, et elle se comporte à peu près de la même manière avec les réactifs; seulement, comme elle contient une plus forte dose d'astringent, elle produit plus d'effet. Mêlé par moitié avec la graine d'Avignon, le quercitron peut être employé dans les bains de couleur; lorsque l'on teint au plongé, on peut donc, par ce moyen, lui faire remplacer la gaude, lorsqu'elle est à un certain prix.

CHAPITRE V.

Du bois de fustet.

Le fustet est un arbrisseau de cinq à six pieds de haut, très-commun en Italie, dans les provinces méridionales de la France et dans le Dauphiné. On en fait un très-grand usage à Grenoble, et comme il y est commun, on n'y emploie que les parties voisines de la racine, et les racines elles-mêmes qui sont plus riches en couleurs. Ces diverses parties de la plante sont veinées de teinte orangée. La couleur jaune qu'on obtient de ce bois, lorsqu'il est bien choisi, approche de celle obtenue de la graine d'Avignon. A Grenoble on a l'habitude de l'employer haché : il serait mieux de l'avoir moulu, car ses molécules colorantes ne s'obtiennent pas avec autant de facilité que celles des autres bois : quelques petites portions de potasse, jetées dans la chaudière au moment de son ébullition, facilite l'extraction des molécules colorantes et les avivent.

Le fustet réussit très-bien dans les couleurs

fixes ; sa teinte ne nécessitant pas autant de bois de Brésil que celle du bois jaune pour les nuances noisette et marron, on doit l'employer de préférence pour ces couleurs.

Le fustet se conduit en tout comme le bois jaune avec les réactifs, à cela près des acides dont je n'ai pas fait d'essai. Le prix élevé de ce bois, à Paris, en écarte généralement l'emploi.

CHAPITRE VI.

De la gaude (*reseda luteola*).

LA gaude est une plante vivace que l'on trouve dans toutes les positions et jusque sur les murs, concurremment avec les giroflées; mais alors c'est la gaude sauvage; elle est peu propre à la teinture. C'est de la gaude cultivée dont on fait usage et dont il va être question : celle du Gatinais est la plus belle et la plus renommée. Les meilleures sortes sont celles à tiges courtes et menues. Toute la plante, à l'exception de la racine, est propre à la couleur. Cette plante se sème en automne pour être récoltée la campagne suivante.

La gaude donne ses molécules colorantes au moyen d'une simple ébullition; son bain de couleur, au bout de deux heures, paraît saturé. Sa décoction est d'un jaune paille, assez léger, que l'alun fait un peu verdir. Les alcalis la fanent un peu et la font tourner au bouton d'or.

Les molécules colorantes de la gaude ont beaucoup d'affinité pour la peau; mais comme la teinte qu'elles procurent est légère, on n'emploie la gaude que pour les nuances les plus claires, telles que tête de veau, paille, chamois, etc.

Le volume considérable de la gaude en rend l'emploi désagréable, car elle nécessite une chaudière de grande dimension; par cette raison on est disposé à s'en passer : cependant elle est amie de la peau ; elle lui procure une douceur qui a bien son mérite. La graine dite d'Avignon et le quercitron, combinés ensemble, peuvent la remplacer pour toutes les nuances paille et serin, et la graine d'Espagne pour toutes les couleurs mélangées.

CHAPITRE VII.

De la graine dite *d'Avignon*, et de quelques autres variétés de ce genre.

CETTE graine, dont on fait un grand usage, est la baie d'un arbrisseau qui croît abondamment aux environs d'Avignon. Il y en a aussi dans nos départemens méridionaux et dans le Dauphiné. La plus estimée est celle qui est de la grosseur d'un grain de chanvre verdâtre, un peu pointue d'un côté, et ayant une petite fente dans le genre du café moka, formant un peu le cœur. Cet arbrisseau est une espèce de nerprun dont on récolte la graine avant maturité. La graine d'Avignon, après celle dite *de Perse*, dont on ne fait pas usage en ganterie, me paraît la plus belle et la plus riche en couleur. Ses molécules colorantes, fort abondantes, se prêtent surtout aux teintes bouton d'or et orange, etc. Douce et astringente, elle a pour la peau une grande affinité, qu'elle est loin de partager avec les alcalis : ce qui en fait écarter l'emploi dans les couleurs fixes.

Cette graine réussit très-bien pour les couleurs à la planche; amie de la peau, elle la pénètre avec facilité et lui procure de la douceur. Ses parties colorantes s'obtiennent en décoction et même en infusion froide. La teinte obtenue par ce dernier moyen en est plus belle et plus vive.

La graine d'Avignon résiste à l'ébullition deux heures en surnageant; ce n'est qu'après ce temps à peu près qu'elle se trouve à même d'être précipitée au fond du bain. Y a-t-il perte ou gain à attendre cette période? Je l'ignore; mais ce qu'il y a de sûr, c'est qu'une partie du bain s'y est introduite. Il serait bon, dans tous les cas, de la faire bouillir une seconde fois dans un nouveau bain.

La décoction de la graine d'Avignon est foncée par les alcalis : les dissolutions de fer la font tourner à l'olive foncée; celles du cuivre à l'olive claire. Le sulfate d'alumine la verdit un peu.

Il y a beaucoup de variétés de graines vendues sous cette dénomination, mais je viens de faire connaître les caractères de la meilleure espèce. La graine de Perse, qui est beaucoup plus grosse, est de forme plus ronde : elle est infiniment plus riche en couleur; mais son prix l'a fait exclure du catalogue de nos teinturiers jusqu'à ce jour.

On trouve dans le commerce une autre

petite graine sous le nom de *graine d'Espagne ;* mais elle n'est ni si belle ni si riche que la graine d'Avignon. Elle contient un mucilage qui se coagule en refroidissant, et s'attache aux parois des vases dans lesquels on dépose les décoctions.

La graine qui se vend sous le nom de *Valachie*, quoique d'une teinte moins jaune, est préférable pour les couleurs mélangées. Elle est aussi d'un prix plus élevé que la graine d'Espagne. Toutes ces graines se comportent avec les réactifs comme la graine d'Avignon.

CHAPITRE VIII

De la graine de nerprun.

L'ARBRE ainsi que l'arbrisseau auxquels on donne ce nom sont des plantes assez communes dans les forêts; elles se plaisent dans les lieux humides. Les naturalistes les désignent sous le nom de *Ramnus*.

Les nerpruns ont à peu près le bois des fruits à noyaux et ressemblent particulièrement aux cerisiers. Ils portent de petites fleurs de couleur herbacée ou jaunâtre, qui naissent par paquet le long des branches. A ces fleurs succèdent des baies qui contiennent plusieurs semences, aplaties d'un côté et arrondies de l'autre. On distingue deux espèces de nerprun : l'une à grosse baie, qui mûrit dès le mois de septembre; l'autre à petite baie, qui ne mûrit que dans l'arrière-saison, et qui, pour être employée en teinture, a besoin, dans les années peu chaudes, de supporter les premières gelées.

Ces diverses graines, dans leur maturité, paraissent noires; pour s'en servir il faut en extraire le jus. A ces fins on les traite comme la vendange ; on les met en cuve et on les laisse fermenter pour en détruire le mucilage; la fermentation achevée, on en extrait la liqueur au moyen d'une presse. Cette liqueur a l'odeur et toute la couleur des gros vins ; mais, appliquée sur la peau, elle affecte, en séchant, une couleur verte. La baie du gros nerprun se traite de même que la petite ; mais celle-ci, gardée quelque temps, ne donne qu'une teinte tirant sur le gros vert ou le gris, tandis que la petite est d'un vert épinard, sans éclat il est vrai, mais dont pourtant on s'est long-temps contenté dans la ganterie. Cette espèce de couleur était encore employée à Grenoble il y a peu de temps pour les teintures à la planche, et l'on s'en sert encore dans les couleurs fixes pour les teintes un peu foncées. On en fait aussi usage pour le plongé.

Le jus du nerprun rougit par les acides et brunit par le sulfate de fer; mais, dans ce dernier cas, il a la propriété de ne former aucun précipité. Cette particularité le rend propre à entrer comme dissolvant dans la composition de la tonne au noir pour le ramaillé ; composition dont nous aurons occasion de parler.

La conservation de cette liqueur exige qu'on lui donne pour demeure un lieu frais. Outre cette précaution, il y a des personnes qui y ajoutent une forte addition d'alun. Je pense que cette précaution est en pure perte, ou du moins je n'ai pas remarqué que ce moyen la préservât de la décomposition dans le temps des chaleurs, et comme cette substance ne s'y dissout pas facilement, en se précipitant au fond du tonneau, elle entraîne une partie des molécules colorantes en pure perte. Le mieux est donc de se contenter de tenir cette couleur dans un lieu très-frais.

CHAPITRE IX.

Du sureau et de l'hièble.

Le sureau à baie noire est connu de tout le monde, tant par ses fleurs odorantes, sudorifiques, que par ses jeunes bois remplis de moelle, dont les enfans se servent pour faire des pétards et des seringues; mais une plante de cette espèce, moins connue, bien qu'aussi abondante, est celle de l'hièble. Cette variété dans les sureaux est une plante vivace qui perd ses tiges chaque année. Elles se trouve communément dans les terres fraîchement remuées, sur les bords des carrières, des fossés, etc. Le sureau en arbrisseau a ses baies mûres avant celles de l'hièble. Dès qu'elles sont en maturité, ce qui arrive ordinairement en août, on les cueille et on les fait cuver comme il a été dit pour le nerprun : puis on en extrait le jus de la même manière encore.

Le suc du sureau est une liqueur en apparence vineuse, mais qui, appliquée sur la peau, donne une teinte grise assez agréable, et même vive lorsqu'elle est récemment obtenue. L'hièble, qui ne mûrit qu'un peu plus tard, est plus riche en couleur; celle-ci affecte la même teinte; on doit donc la préférer. Cette teinture est encore la seule employée lorsqu'on veut un gris déterminé, soit à la planche, soit au plongé. On peut en modifier les nuances au moyen de l'indigo, du violet et du rouge.

Le jus du sureau est foncé par les alcalis, qui le font tirer au bleu. Dans cet état, une petite addition d'acide lui fait reprendre son état primitif; une plus forte dose le rougit. Les dissolutions de fer le troublent et le brunissent.

La conservation de cette liqueur demande, comme celle du nerprun, un lieu frais, car elle est encore plus susceptible de se corrompre à la chaleur.

CHAPITRE X.

Du troène.

Le troène est un arbrisseau fort agréable dont on forme des haies et garnit les bosquets. En mai et juin il porte des fleurs blanches disposées à peu près comme les lilas. Ses rameaux sont droits, minces, très-flexibles, et se prêtent d'une manière agréable au mouvement des vents. Ses tiges se couronnent, en automne, de baies en grappes qui ont remplacé les fleurs. Ces baies résistent facilement aux hivers ordinaires; et, dans les temps de disette, elles servent de nourriture à certains oiseaux.

Ces fruits, cueillis après les premiers froids, sont recherchés pour colorer les vins. Il faut un été favorable dans le climat septentrional de la France pour que cette graine ait de la qualité. Naturellement sèche, on n'en obtient les parties colorantes qu'au moyen d'une coction et en mettant la graine sous presse : mais la liqueur obtenue par ce dernier moyen a besoin d'être filtrée ou au moins décantée.

Cette liqueur, employée comme teinture sur la peau, donne une teinte d'un gris vert d'eau, à peu près comme celle du gros nerprun. La décoction du troène verdit par les alcalis, brunit par le fer, et rougit par les acides. Cette teinture est peu en usage à Paris; ses baies n'y mûrissent que par un été long et chaud. Employé en petite dose, le troène facilite les teintes de beaux verts dans les couleurs fixes, où elles sont difficiles à obtenir.

CHAPITRE XI.

Des agarics, et entre autres du champignon dit *bolet* ou *gros sabot*.

L'AGARIC peut être considéré comme une plante parasite : c'est une espèce de tumeur qui se forme aux troncs des vieux arbres. Il y en a des variétés infinies. Ce sont ceux qui viennent sur les pommiers et les poiriers dont on fait le plus d'usage en teinture.

Cette espèce de plante est ordinairement de la forme d'un sabot de cheval. Elle est dure et fort pesante lorsqu'elle vient d'être cueillie : sa couleur doit être d'un brun foncé ; son intérieur fibreux est fortement inhérent ; son goût est astringent, je veux dire d'une âcreté amère assez forte.

C'est ordinairement en automne que l'on détache ces sortes de plantes, en même temps que l'on abat les fruits des arbres sur lesquels elles végètent. On les fait sécher, et dans cet état elles peuvent se conserver fort longtemps.

Ce n'est que depuis une vingtaine d'années que l'on fait usage de cette substance pour les couleurs dans la ganterie.

Pour en obtenir les parties colorantes, il convient de la briser en morceaux menus, et de la laisser tremper une journée avant de la faire bouillir. On doit lui faire subir deux ébullitions de deux heures chaque dans deux eaux différentes.

La décoction du champignon est d'un brun très-foncé, tirant sur la suie de cheminée. Dans le premier bain, vous obtenez une liqueur onctueuse qui annonce la présence de corps gras ou mucilagineux, ce qui la rend impropre à la teinture du glacé. Gardée quelques jours, la décoction du champignon prend une consistance huileuse qui nuit à son emploi.

Le champignon du noyer, dit *bolet*, a été analysé. Comme il est de l'espèce de ceux que l'on emploie en teinture, je vais faire connaître le résultat de ce travail, dans lequel malheureusement on n'a pas tenu compte de la matière colorante.

Sur 1260 pesant de ce champignon, on a obtenu :

	livres.	onc.
Eau de végétation ou autres............	1117	50
Fungine, matière de nature acide.....	95	69
Osmazome, matière colorée de nature animale..	12	»
Autre matière animalisée, sans nom..	18	»
Albumine, autre matière de nature animale..	7	20

	livres.	onc.
Fungate de potasse, autre acide uni à la potasse....................	6	»
Adipocire et matière huileuse........	2	31
Sucre de champignon..............	1	2
Phosphate de potasse..............	»	30
Perte dans l'opération.............	»	18
Poids égal........	1260	»

On peut remarquer que le radical, ou principal du champignon, consisté en une matière acide nommée *fungine*, qui le rend propre à dissoudre l'oxide de fer. Aussi m'a-t-on assuré qu'on en faisait usage dans quelques parties de l'Allemagne pour la composition de la tonne au noir.

A l'osmazome près, dans laquelle sont les parties colorantes, on voit que presque tout le reste consiste encore en matières animalisées, espèces de mucilages qui nuisent à l'application de la matière colorante, et que, pour dégager en partie de cette dernière, il faut filtrer.

Un procédé au moyen duquel on parviendrait à isoler à peu de frais la matière colorante du champignon, serait d'une grande utilité pour nos teinturiers. Je soumets ce problème à la science du chimiste.

Les acides et les alcalis n'agissent que d'une manière insensible sur la décoction du champignon. L'alun la rend un peu plus propre à être employée, en atténuant en quelque sorte ses molécules ; mais il reste toujours cette onctuosité qui la rend impropre à servir seule avec succès. C'est donc seulement lorsqu'elle est mêlée avec le tan et autres bois qu'on peut en faire usage dans la teinture des peaux ramaillées et sur chair, pour les teintes noisette, savoyard, marron, etc.

Il ne faut pas perdre de vue que cette substance, qui jouit de la propriété d'être insensible à l'action des acides, peut être mise dans le catalogue des couleurs à l'épreuve des piqûres, si toutefois on parvenait à en faire usage avec facilité.

CHAPITRE XII.

Du brou de noix.

———

Chacun a été à même de remarquer que la coque de la noix verte, une fois ouverte et exposée à l'air, se noircit : c'est cette même enveloppe que l'on nomme *brou de noix*. Le brou de noix enveloppe la coquille, comme celle-ci enveloppe le noyau.

Pour employer le brou de noix en teinture, il faut en avoir constamment d'une année à l'autre. A ces fins on remplit un tonneau de cette substance, prise lorsque les noix sont encore vertes, et on y fait entrer de l'eau de quoi la couvrir. Vous l'abandonnez dans cet état dans un lieu frais, jusqu'à l'année suivante pour vous en servir. Quelques livres d'alun par-dessus votre tonne en écarteront les insectes qui seraient disposés à y déposer leurs œufs, qui, eux-mêmes, engendreraient une vermine, et procureraient une mauvaise odeur.

Pour faire usage de cette teinture, vous en obtenez une décoction au moyen de quelques minutes d'ébullition. Cette décoction, très-brune en apparence, ne donne qu'une couleur fauve.

Le sulfate de fer la fonce sans produire de précipité. Comme outre cette propriété le brou de noix possède celle de dissoudre l'oxide de fer, il peut être employé concurremment avec l'écorce d'aune à la composition de la tonne au noir, pour la teinture des ramaillés.

La décoction du brou de noix convient à la teinture du sur-chair et des peaux passées à l'huile. Cependant elle n'est encore employée dans aucun atelier de teinturerie pour la ganterie. Ami de la peau, le brou de noix réussit parfaitement dans les deux genres de teinture dont je viens de parler, soit seul, soit mêlé avec le tan ou le champignon : comme cette substance est à fort bas prix, je ne saurais trop en recommander l'usage.

CHAPITRE XIII.

De la garance.

Cette substance, dont on fait un très-grand usage dans les teintures, surtout pour les toiles peintes et les draps pour la troupe, est à peine connue de nos teinturiers en peaux.

La garance est la racine desséchée d'une plante de ce nom, qui offre des variétés : elle est cultivée dans plusieurs de nos départemens, notamment dans ceux du Haut et Bas-Rhin. La plus estimée est désignée dans le commerce sous le nom de *garance d'Alsace* : la Zélande en fournit aussi qui ne lui cède rien en qualité.

La garance destinée aux teintures se trouve dans le commerce moulue. Celle qui est de premier choix s'appelle *garance robée* ; elle est de couleur rougeâtre foncée. Cette racine contient deux sortes de substances colorantes qui peuvent s'obtenir, savoir : l'une jaune, soluble dans l'eau chaude, par simple infusion ; la seconde, qui est rouge, en traitant par l'alun au moyen du feu. (Expérience de M. Mérimé.)

Les acides ont peu d'action sur la garance; les alcalis agissent sur elle d'une manière puissante suivant leurs propriétés générales avec les autres couleurs. La garance, telle qu'on la trouve dans le commerce, a la propriété d'attirer l'humidité et de s'altérer si elle n'est pas bien enveloppée. Elle contient une matière visqueuse qui la rend peu propre à la teinture des peaux. Sa décoction contient des molécules colorantes grossières, tenues en suspension par cette espèce de gomme; pour s'en servir il convient donc de la filtrer.

On tire un grand parti de cette substance dans les teintureries, au moyen de l'action des divers réactifs, et parce qu'on peut traiter à chaud les différentes étoffes sur lesquelles on applique cette teinture, ce qui n'est pas praticable avec les peaux. Combinée avec quelques graines, elle peut aider à de jolies nuances, telles que celles connues sous les noms de *vapeur* et *saumon*. Dans la préparation de la nuance dite *Suède*, cette teinte peut aussi être fort utile. Peu sensible aux acides, je réserve cette substance pour être mise dans le catalogue de celles qui peuvent résister à l'humidité plus ou moins long-temps sans se décomposer: nous aurons donc occasion d'en reparler.

CHAPITRE XIV.

De la cochenille et du kermès.

LA cochenille est un petit insecte de la grosseur d'une petite lentille, mais à peu près rond. Long-temps on a cru que cet insecte était une graine, mais enfin on s'est désabusé. On a reconnu son espèce, et les naturalistes l'ont rangé dans la classe des progalle-insectes. En effet, si vous mettez tremper dans l'eau quelques unes de ces prétendues graines, dès qu'elles se sont détendues, vous en distinguez, au moyen de la loupe, les yeux : avec plus d'attention on en distingue la bouche, les antennes et les attaches de leurs jambes, les jambes elles-mêmes étant pour la plupart détachées de leur corps : je dis donc que la cochenille est un insecte de la grosseur à peu près de nos fortes punaises, mais ayant le dos arrondi et de couleur cendrée.

La cochenille nous vient du Mexique : la meilleure espèce habite et vit sur un arbrisseau que l'on nomme *opuncia* ou *nopal*.

Cet insecte possède dans son intérieur une

substance de couleur pourpre que l'on peut conserver sans altération fort long-temps.

La décoction de cochenille prend la couleur de cette substance. Les molécules colorantes obtenues au premier coup de feu m'ont paru plus belles qu'après une heure d'ébullition. Cette remarque me porte à croire que la matière colorante étant fort soluble, se présente d'abord, et que plus tard les autres parties de l'insecte donnaient lieu à une matière grasse qui troublait le bain. Effectivement, en laissant refroidir cette décoction, on remarque une espèce de graisse, unie à d'autres matières qui y surnagent, et qui n'ont point l'œil agréable du reste du bain.

Les divers carbonates alcalins avivent cette couleur. Les acides la font tirer un peu au jaune. Le sel d'étain, mis dans le bain, lui donne un œil cramoisi. La potasse, mise en certaine quantité, épaissit la décoction de cochenille et en fait une espèce de savon animal qui la rend impropre à la teinture des peaux à la planche, tandis qu'au contraire une petite quantité d'acide, sans l'altérer, en facilite l'opération.

Cette belle teinture, que nous ne pourrions remplacer par aucune autre, fera partie de celles qui peuvent entrer en petite quantité dans les couleurs à l'épreuve de l'humidité.

Le kermès, qui est aussi un petit insecte de ce genre, et qui se trouve dans le midi de la France, peut fournir, par sa simple décoction, un rouge de sang qui peut aider à former des nuances plus convenables, combiné avec d'autres couleurs. J'en fais peu de cas, car on peut le remplacer avec économie par le café ou le tabac mêlé à la garance.

CHAPITRE XV.

De l'indigo.

L'INDIGO est une substance préparée et obtenue d'une plante connue sous le nom d'*anil* ou *indigo-fère*, qu'on peut cultiver dans la plupart des endroits chauds de l'Asie, de l'Amérique et de l'Afrique. Fort long-temps le midi de la France a été en possession d'une culture de ce genre, connue sous le nom de *pastel*, autre espèce de plante dont on retire aussi un indigo, c'est-à-dire une substance ayant les mêmes propriétés que l'anil. La culture de cette plante, ainsi que le travail que nécessite la préparation de sa couleur, étaient si avantageux au Languedoc, que le mot *coque* ou *cocagne*, qui exprime un des états de cette substance pendant le cours des manutentions qui ont lieu pour obtenir le bleu, avait donné lieu à un proverbe pour exprimer un pays heureux. C'est ainsi que l'on dit encore, en parlant d'un pays riche, qu'il est un *pays de Cocagne*.

La grande différence dans les prix entre l'indigo exotique et l'indigo indigène indique l'abandon forcé de la culture du pastel dans le midi de la France.

La préparation de l'indigo est une opération toute chimique et extrêmement longue. Par ce motif, je crois devoir la passer sous silence.

L'indigo se trouve tout préparé dans le commerce sous forme solide, en morceaux assez irréguliers. Cette marchandise varie beaucoup en qualité, son poids étant plus ou moins grand, sa nuance plus ou moins agréable. Les plus belles sortes se vendent sous le nom d'*indigo-flore* ou *de Guatimala*. Cette qualité surnage à l'eau, tandis que les autres s'y précipitent. Mais cet indice ne saurait suffire pour être sûr d'avoir un bel indigo ; ici, comme en tant d'autres circonstances, l'expérience ne peut être remplacée par de simples remarques.

Jusque-là nous avons vu que pour obtenir les molécules colorantes des diverses substances dont nous ferons emploi, au santal près, il a suffi d'une simple coction : il ne s'agit pas ici d'extraire, mais bien de dissoudre ces mêmes molécules, déjà extraites et réunies en corps ; car dans l'indigo tout est soluble et doit être considéré comme molécules colorantes.

L'indigo se dissout au moyen de l'acide sulfurique. Voici comment on procède :

Prenez une partie d'indigo bien pulvérisé, mêlez-la dans huit fois son poids de cet acide concentré, c'est-à-dire pesant 60 degrés. Il va résulter de ce mélange une légère fermentation en même temps qu'une chaleur douce. Cette chaleur doit être entretenue au moyen d'une cendre chaude, pendant vingt-quatre heures. Après ce laps de temps, ayant eu soin de bien mêler et remuer, l'indigo doit être dissous. Votre couleur, dans cet état, est une espèce de bouillie noirâtre qui ne peut se raffermir qu'en vieillissant.

On trouve chez les droguistes du bleu dans cet état, que l'on vend sous le nom de *bleu en liqueur*, mais il convient de savoir soi-même le mettre en dissolution pour être sûr de la qualité de son bleu.

Pour faire usage de cette couleur, vous devez au préalable extraire une grande partie de son acide ou au moins le neutraliser. Dans le premier cas, vous faites usage d'une terre calcaire; dans le second, vous employez un alcali. Pour la première opération, vous mêlez dans un vase de grande dimension la quantité d'indigo que vous voulez purger de son acide, et l'étendez d'environ huit fois son volume d'eau. Dans cet état vous prenez une pierre ou terre calcaire (chaux, craie, plâtre ou blanc), suivant la ressource; vous la broyez et la répandez par petites portions sur la couleur qui est au fond de votre vase : aussitôt une violente effervescence a lieu et boursouffle votre mélange. Vous remuez et ajoutez de nouveau de la terre : vous étendez le mélange d'une plus grande quantité d'eau, et y ajoutez de la terre jusqu'à ce qu'il n'y ait plus de saturation ni de gonflement. Après quelques heures, vous y ajoutez encore de l'eau et laissez reposer le tout au moins vingt-quatre heures ou plusieurs jours, ce qui serait encore mieux, avant de le décanter ou filtrer pour vous en servir. Le dépôt surchargé de matière colorante est susceptible d'être lavé et de servir pour les premières couches ou aux premiers bains, dans les opérations de teinture.

L'autre manière plus simple consiste à ajouter à l'indigo une certaine quantité d'un alcali quelconque pour neutraliser votre acide ; mais je n'en ai jamais eu un si bon résultat. On est plus exposé à rester en arrière de la saturation ou à la dépasser : dans l'un et l'autre cas, les peaux doivent perdre de leur douceur, ce que par-dessus tout il faut éviter. J'insiste donc pour l'emploi de la chaux ou de la craie, qui sont les plus convenables des pierres calcaires.

Le bleu ainsi préparé est susceptible d'être mêlé avec du jaune pour la composition du vert ; mais, autant que possible, il faut que

18

ce mélange ait lieu à chaud. Pour les sur-chairs et les ramaillés, les bois, le quercitron, comme les graines, réussissent ; mais pour les glacés, il ne faut employer que des décoctions de graines. Si vous avez besoin d'une teinte un peu foncée, il est urgent de prendre pour auxiliaire du petit nerprun.

Seul, l'indigo ne donne sur les peaux qu'un gris d'ardoise peu agréable et mal uni. Hors la formation des verts, il ne peut donc être employé, comme nous avons eu déjà occasion de le dire, que pour modifier les nuances de gris ou comme couleur ayant déjà fermenté, et par ce motif, étant propre aux nuances à l'abri des piqûres, en le combinant avec d'autres substances.

SECTION III.

CHAPITRE UNIQUE.

De quelques autres substances qui peuvent être employées en teinture, et notamment de celles qui peuvent donner des nuances fauves.

La plupart des végétaux, mais surtout les écorces d'arbres, sont susceptibles de donner des nuances tirant sur le jaune; les réactifs agissent sur leur décoction de la même manière que les faibles astringens. Nous mettrons en tête de ces mêmes végétaux le sumac, l'écorce du chêne et celle de l'aune; mais ces trois substances appartenant aux astringens, je ne les comprendrai ici que comme propres à fournir des couleurs fauves, c'est-à-dire que comme substances tinctoriales simples.

Les maroquiniers font un grand usage du vinettier, dit *épine-vinette*; je n'ai jamais eu occasion de m'en servir; je sais qu'il fait un assez beau jaune, et qu'entre leurs mains il réussit pour les verts.

Cet arbrisseau est connu par ses fruits dont on fait des confitures, autant que par ses fleurs sensitives. Dans les environs de Paris on évite sa culture, par l'opinion que l'on a que son voisinage est nuisible à la culture des céréales. Par cette raison, je n'ai pas eu occasion de m'en procurer dans les campagnes que j'ai habitées.

Dans certaine saison de l'année, on trouve dans les bois, les champs et les prairies, nombre de plantes propres à la teinture; il est bon de faire connaître celles qui peuvent procurer des jaunes plus ou moins beaux. Nous allons les passer en revue :

1° Le colchique, plante bulbeuse, de la famille des colchicacées, fort commune dans les prairies marécageuses; variété qui se distingue par ses feuilles semblables à celles du lis blanc; cette plante est fort remarquable encore parce qu'elle fleurit en septembre et ne porte graines qu'au printemps suivant. C'est dans ce dernier état, et vers la fin de mai ou dans les premiers jours de juin, qu'on doit la cueillir pour en obtenir sa couleur, au moyen d'une coction.

Sa décoction est d'un jaune fort agréable et vif; on l'emploie au plongé et lorsqu'elle est encore chaude.

Le colchique procure une des couleurs végétales les plus acides que je connaisse, et qui, par cette raison, résiste à l'humidité sans se piquer. J'ai plusieurs fois eu des peaux teintes avec cette substance, je les ai laissées moisir, en les exposant à l'humidité, sans y avoir pu distinguer une seule piqûre.

Si vous mettez sur votre langue un peu du suc de cette plante, et que vous le fassiez descendre jusqu'au palais, vous sentez une âcreté extraordinaire qui ne disparaît que difficilement. Cette substance, qui est un poison pour les chiens, en serait bien aussi un pour les hommes.

Cette plante est rarement désignée par son nom botanique: on la nomme, dans certaine localité, *chicotin*; elle pourrait bien être celle qui a donné lieu au proverbe qui fait exprimer ce mot pour désigner quelque chose de fort amer.

Le suc du colchique rougit la teinture du tournesol et même celle du bois d'Inde.

On a retiré de la racine du colchique un sel auquel on a donné, je ne sais pourquoi, le nom d'*alcali végétal*, son caractère étant acide, comme on vient de le voir.

2° La sarrette, que l'on trouve encore dans les prés, est une plante fort commune, qui peut aussi fournir un serin verdâtre en décoction; cette plante, à laquelle on attribue de grandes propriétés médicales, se trouve chez tous les herboristes.

3° La camomille, vulgairement nommée *œil de bœuf*, est une plante vivace, qui se trouve dans nos départemens méridionaux; elle peut aussi, au moyen d'une simple décoction, fournir un jaune assez joli.

4° Le fenu-grec porte une semence qui passe en médecine pour astringente, et qui, en décoction, fournit encore un petit jaune.

5° Le genêt des bois fournit encore un fort joli jaune : c'est la plante appelée *genestrolle* ou *genêt des teinturiers*, qui est une espèce de fourrage.

6° Les feuilles et l'écorce du saule donnent une couleur fauve agréable; sa décoction offre une odeur goûtée par beaucoup de personnes. C'est celle des peaux préparées pour la ganterie dans le nord de l'Europe, et qui sont connues dans le commerce sous le nom de *peaux de Suède* ou *de Danemarck*; mais cette odeur, obtenue de notre saule, est faible, comparativement à celle de l'écorce de l'arbre de même genre prise dans le nord. J'aurai occasion de traiter de nouveau cet article.

7° L'écorce du peuplier, celle du bouleau, donnent aussi des couleurs analogues à celles des astringens; cette dernière est même employée en Russie pour la préparation de certains cuirs. Enfin, une infinité d'autres substances, qui donnent des couleurs analogues, sont abondantes dans la nature.

Le coquelicot des champs, espèce de pavot, dont on admire la belle couleur, a été le sujet de quelques expériences de ma part; j'ai cueilli, à plusieurs reprises, des pétales de ces jolies fleurs; une simple infusion ou une décoction à l'eau n'a produit qu'une couleur grisâtre, assez terne; un alcali a fait passer cette décoction au gris noir; l'alcool a extrait de la pétale un lilas ou rose violacé faible.

Les acides ne procurent qu'un fauve jaune, de peu d'agrément. Au moyen d'un nitrate alcoolique, je suis parvenu à en obtenir un pourpre qui est à peu près la couleur même des pétales; mais toutes ces nuances sont extrêmement fugaces et ne sauraient, par cette raison, être employées en teinture. Le rouge, obtenu au moyen de l'alcool et de l'acide nitrique, est facilement détruit par la présence d'un alcali, qui le fait tourner au gris, tandis qu'un acide fait tourner au jaune le gris foncé, obtenu au moyen de l'alcali en liqueur; ces deux nuances peuvent donc être considérées comme des réactifs. C'est au moyen de cette même couleur pourpre que l'expérience dont j'ai parlé dans l'*Art du Mégissier* a été faite, pour reconnaître la présence des vapeurs ammoniacales qui se forment dans l'opération, dite de l'*échauffe*, dont j'ai rendu compte en parlant du confit. (Voy. l'*Art du Mégissier.*)

Employée comme rouge pour la toilette, cette préparation m'a paru pouvoir très-bien remplacer le vermillon dont on fait usage.

SECTION IV.

DES PRINCIPAUX ASTRINGENS ET DE LEURS PROPRIÉTÉS RESPECTIVES.

Nos savans ne sont pas d'accord sur la manière de définir et de désigner les diverses substances connues par la dénomination d'*astringent*. En médecine, on entend par astringent une substance acerbe, propre à resserrer et à diminuer la fréquence des évacuations; en chimie, nous entendons par ce mot tout corps qui, combiné avec une dissolution de fer, devient noirâtre ou au moins grisâtre; et la décoction d'une substance astringente est réputée bonne, en raison de ce qu'elle peut précipiter, dans une quantité déterminée, une plus grande quantité de ce métal. C'est au moyen de la combinaison de ces deux substances, que l'on peut arriver à la formation, soit du gris, soit du noir. Mais pour obtenir un beau noir, et surtout un noir durable, il est indispensable de connaître à fond la dose de chacun des ingrédiens qui doivent entrer dans sa composition, ainsi que leur qualité; dans cette vue, je donnerai une analyse de diverses expériences qui ont été faites avec les principales substances qui entrent dans la composition de cette couleur. Je vais au préalable les faire connaître, en les désignant par ordre de qualité.

CHAPITRE PREMIER.

De la noix de galle.

———

La noix de galle se trouve sur une espèce de chêne qui croît dans le Levant; elle est le résultat de la piqûre d'une petite mouche à quatre ailes, qui y dépose un œuf, dont le ver, en se nourrissant, élargit le trou et donne lieu à une extravasion du suc de la plante. C'est ainsi qu'au moyen de la sève qui s'y porte, il s'élève une protubérance arrondie, plus ou moins grosse, de couleur tantôt jaunâtre, tantôt grisâtre.

Le petit ver, qui se nourrit du suc qui y abonde, s'élève jusqu'au terme de sa métamorphose, époque à laquelle il en sort par un petit trou qu'il avait eu soin de se ménager.

Nous remarquons sur quelques feuilles de nos arbres forestiers, et en particulier sur notre chêne commun, assez souvent de petites excroissances de ce genre, que nous désignons sous le nom de *pomme de chêne;* dans le Piémont, il en est de fort grosses et solides, qui sont aussi des espèces de galles : on les désigne, dans le commerce, sous le nom de *gallon*. La noix de galle est donc le suc d'une espèce de chêne qui croît dans l'Asie mineure ; ou, autrement, le suc d'une plante astringente, une sorte d'astringent presque pur. En effet, la noix de galle est susceptible de se dissoudre presque en totalité au moyen d'ébullitions répétées ; cette substance astringente est éminemment la plus parfaite de toutes celles employées pour la teinture du noir.

La noix de galle est estimée en raison de ce qu'elle est pesante et de teinte foncée ; c'est ordinairement dans les plus petites que se trouvent réunies ces deux qualités ; il est fort commun d'en voir de cette espèce qui n'aient pas le volume d'une noisette ordinaire, tandis que les moins bonnes, que l'on désigne sous le nom de *galles blanches*, sont ordinairement de la grosseur de nos petites noix.

Les premières sortes se vendent sous le nom de *galle d'Alep* ou *galle noire* ; c'est cette dernière espèce que l'on emploie pour la préparation des beaux noirs, ainsi que dans la fabrication de la belle encre.

Il y a dans la noix de galle une substance visqueuse, qui, dans la formation du noir, facilite beaucoup la suspension des molécules; cette espèce de mucilage se prête beaucoup à la composition de l'encre.

Depuis long-temps, on avait remarqué que la décoction de la noix de galle avait la propriété de dissoudre l'oxide de fer (rouille); on avait même fait de l'encre fort belle et bonne au moyen de cette seule combinaison, c'est-à-dire au moyen de la dissolution directe de cet oxide par le gallate (infusion de la noix de galle) lui-même; cette circonstance devait faire soupçonner la présence d'un acide dans la noix de galle. Effectivement, un savant chimiste, M. Scheele, est parvenu à découvrir dans cette substance la présence de cet acide, et à en démontrer l'existence par sa cristallisation. Depuis ce temps, on a cru devoir distinguer deux substances bien distinctes dans le gallate, à savoir : l'acide gallique et le tannin; ce qui sera démontré.

A la suite de ce succès dans la connaissance analytique de la noix de galle, de nombreuses tentatives ont été faites sur le sumac et l'écorce de chêne, dans l'espoir d'y rencontrer aussi leur acide, mais sans succès. Ce résultat ne doit pas surprendre, car si quelque analogie existe dans ces diverses substances, certes, on est loin de pouvoir les comparer : voilà ce qui me porte à avancer cette assertion.

Dans une collection de quelques agens chimiques que j'avais réunis pour mon instruction, il se trouvait une décoction de noix de galle, une seconde de sumac et une troisième de tan, toutes les trois enfermées dans leurs flacons respectifs; ces mêmes flacons, conservés assez long-temps, furent enfin placés dans une pièce abandonnée. Le premier hiver qui me fit perdre par le froid toutes les liqueurs qui n'étaient ni acides ni spiritueuses, je vis disparaître ma décoction de sumac et celle de tan, dont les flacons furent brisés, tandis que celui du gallate résista et a résisté depuis plusieurs années à un froid de plus de 10 degrés. Ce n'est donc que par la présence d'une quantité assez considérable d'acide gallique que cette préservation a dû avoir lieu; mais cette circonstance a été accompagnée d'un autre fait assez remarquable : c'est que ce même gallate, après avoir subi ces diverses épreuves du froid, avait perdu sa propriété ordinaire. Il s'était opéré une décomposition qui avait donné lieu à un corps solide, resté au fond du vase, et à un liquide qui surnageait, et qui lui-même avait perdu sa propriété astringente, mais non son acidité. Je n'ai fait aucune expérience sur le précipité, qui probablement était un tannate; nous devons donc penser que si l'acide gallique existe dans les autres substances astringentes, il ne peut y être contenu qu'en très-petite quantité.

Il résulte des observations qui ont été faites, ainsi que des expériences sur les propriétés comparatives de la noix de galle avec d'autres astringens, expérience dont le cadre de cet ouvrage ne me permet de donner qu'une courte analyse, que cette première substance doit à la présence de son acide sa supériorité sur les autres astringens, ce qui va être rendu évident par les essais comparatifs de l'acide gallique avec le tannin, faits par l'habile chimiste que je viens de citer ; c'est lui qui va parler : « Le sulfate
« rouge de fer est précipité par le tannin en
« bleu un peu sale ; ce dépôt est abondant,
« grossier et noir quand il est sec ; si on lui
« compare le précipité que ce sulfate donne
« avec l'acide gallique, on voit qu'il diffère
« beaucoup, ce dernier étant d'une ténuité
« extrême et se soutenant long-temps dans
« l'eau ; ajoutons qu'il est avec cela parfaite-
« ment noir. Le gallate de fer est soluble
« dans les acides ; le tannate de fer s'y dé-
« compose ; il leur abandonne le fer, et la
« partie tannante s'y précipite. »

On voit donc, par ces divers résultats, qu'il y a beaucoup moins d'affinité entre l'alliance du fer et du tannin qu'entre le fer et l'acide gallique, et, par conséquent, que tout astringent, dépourvu de ce dernier, doit former un noir moins solide.

La décoction de la noix de galle, dans toutes les teintures noires, paraît donc indispensable pour donner de la solidité à cette couleur. Nous aurons occasion de donner plus de développemens à ce principe dans les théories applicables à la teinture du noir.

CHAPITRE II.

Du sumac.

Le sumac est un arbrisseau rameux, qui est originaire de la Syrie et de la Palestine; il y en a quelquefois de la hauteur de cinq à six pieds; il est commun dans nos bosquets; son écorce est garnie d'un duvet roussâtre; ses feuilles sont oblongues, velues, ailées, dentelées à leurs bords, d'un rouge assez semblable à celui du sorbier. Il croît entre les feuilles, aux sommets des branches, des fleurs ramassées en épi, denses et serrées, de couleur blanche.

Aux fleurs succèdent des baies presque ovales, membraneuses, verdâtres, renfermant une semence arrondie, en forme de petite lentille, de couleur rougeâtre. Le sumac est naturalisé dans nos climats; il croît dans les lieux secs et pierreux, sur les collines; il y en a aux environs de Montpellier; il en est aussi beaucoup en Espagne, notamment dans le territoire de Salamanque, où cet arbrisseau est cultivé avec autant de soins que la vigne, parce qu'il donne lieu à un commerce très-considérable.

On coupe chaque année les tiges du sumac au pied de sa racine, puis on les fait sécher pour les réduire en poudre fine. Le sumac est le tannin dont on se sert en France pour préparer les petits cuirs destinés à la maroquinerie, et que l'on trouve dans le commerce, sortant d'être préparé, sous le nom générique de *sumac*.

On cultive cet arbrisseau en Sicile, et cette dernière sorte est préférée à celles de nos provinces méridionales, celui-ci n'étant d'ailleurs vendu que sous le nom de *Rhedon*, qui est une espèce particulière.

Après la noix de galle, le sumac est la substance qui contient le plus de tannin; il est à fort bas prix dans le commerce. Le sumac peut être employé dans les teintures, soit pour les couleurs fauves, soit pour du gris, soit pour du noir; mais il convient toujours de le filtrer ou de le décanter avec soin.

Considéré comme astringent, nous aurons occasion d'en faire connaître les propriétés, en parlant des expériences qui ont eu lieu pour apprécier les principaux astringens, ainsi que dans la théorie du noir.

CHAPITRE III.

De l'écorce de chêne, ou tan.

Tout le monde connaît cette substance employée dans les tanneries; il s'en fait un très-grand commerce et une consommation énorme. L'écorce du chêne est retirée des jeunes branches de l'arbre de ce nom (*quercus robur*), si commun dans nos forêts, ou du moins ce sont les jeunes branches qui fournissent la meilleure qualité, la sève y étant plus abondante que dans les vieilles. Cette substance tient le quatrième rang parmi les astringens les plus employés.

Une discussion s'était élevée lorsque, dans le temps des guerres maritimes de la révolution, le campêche et la noix de galle étaient à des prix fort élevés dans le commerce, pour savoir si l'écorce du chêne pouvait remplacer, dans les teintures, la seconde de ces deux substances. Quelques teinturiers en chapeaux prétendirent en avoir obtenu de bons résultats; la noix de galle étant un produit exotique fort cher, dans des vues d'économie politique, il parut essentiel de s'assurer du fait. Dans ce but, l'académie nomma une commission, chargée de faire les expériences dont j'ai parlé, et que je vais faire connaître; expériences qui démontrent l'errement dans lequel étaient ceux qui avaient émis cette opinion.

Dans la chapellerie, la teinture, généralement mauvaise, est composée en principal avec le bois d'Inde, médiocre astringent, mais qui a l'avantage de favoriser l'opération par la couleur violette qui lui est propre, comme substance colorante. J'aurai occasion de m'étendre sur la propriété du bois d'Inde, qui d'ailleurs a fait partie du travail de nos académiciens, dont voici l'analyse :

Les commissaires nommés, Lavoisier, Berthollet, Vandermonde et Fourcroy, comparèrent, dans leurs expériences, la noix de galle, l'écorce de chêne, la râpure du chêne, prise à l'intérieur; la râpure du chêne, prise dans l'aubier; le bois de campèche et le sumac, pour déterminer la propriété du principe astringent contenu dans ces substances. Ils prirent successivement deux onces de chacune de ces substances qu'ils firent bouillir, pendant une demi-heure, dans trois litres d'eau; à cette première eau, ils en firent succéder une seconde qui subit une même ébullition, et ils continuèrent jusqu'à ce que ces substances parussent épuisées. Alors ils mêlèrent les décoctions qu'ils avaient obtenues, et firent usage d'une dissolution de fer claire, en déterminant bien exactement la proportion de l'eau et du sulfate; ils jugèrent de la quantité du principe astringent par la quantité du sulfate que chaque liqueur pouvait décomposer; et ensuite par le poids du principe noir, qui se précipitait plus ou moins promptement, en y ajoutant une quantité suffisante d'eau pour s'arrêter précisément au point où l'addition du sulfate de fer devient superflue. Il faut procéder très-lentement à la précipitation et verser sur la fin la dissolution du sulfate de fer, goutte à goutte, et s'arrêter au moment où une nouvelle addition n'augmente plus l'intensité de la couleur noire. Quand la liqueur est trop opaque, et qu'on ne peut plus distinguer le changement sur la couleur, on en étend une partie dans une petite quantité d'eau; on y ajoute, au bout d'un tube de verre, un peu de la dissolution de sulfate de fer, et on reconnaît par-là si on a atteint le point de saturation. Lorsqu'on veut ensuite faire déposer le précipité pour le recueillir, il faut étendre la liqueur de beaucoup d'eau.

L'opération que nous venons de décrire mérite une attention particulière, parce que c'est un moyen facile pour déterminer, dans les teintures, les justes proportions des astringens et des dissolutions de fer nécessaires pour la bonne composition de la teinture noire; mais il faut faire attention que les dissolutions doivent être très-oxidées pour produire le plus grand effet.[1] Quoique l'on n'ait pas eu égard à cette considération dans les opérations dont nous rapportons les résultats, elles n'en méritent pas moins de confiance, parce que c'est le même sulfate de fer qui a servi dans toutes les opérations.

Pour saturer la décoction de deux onces de noix de galle, il a fallu trois gros soixante et un grains de sulfate de fer; le précipité pesait sept gros et vingt-quatre grains.

La décoction de l'écorce de chêne était d'une couleur jaune fauve; une très-petite quantité de sulfate de fer lui donna une couleur rougeâtre sale; une addition plus considérable la fit passer au brun noir. Il fallut dix-huit grains de sulfate de fer pour saturer la décoction de deux onces de cette écorce; le précipité, rassemblé et séché, était en mo-

---

[1] Le sulfate de fer n'étant pas constamment le même dans le commerce, il me semble que MM. les académiciens auraient dû déterminer le degré d'oxidation de celui qu'ils ont employé dans leurs essais. Je dois le supposer de la première qualité, mais encore faut-il le dire. La même observation pourrait s'appliquer aux diverses qualités d'astringens.

lécules plus grossières et difficiles à diviser; elles pesaient vingt-deux grains.

Le liber de chêne présentait à peu près les mêmes résultats.

La décoction de la râpure du cœur du chêne exigea un gros vingt-quatre grains de sulfate et donna un gros vingt-quatre grains de précipité. La décoction de l'aubier ne produisit que très-peu de précipité.

La décoction de sumac prit une couleur rouge violet, au moyen d'un peu de dissolution de fer qu'on y ajouta et dont il fallut deux gros dix-huit grains. Le précipité ressemblait parfaitement à celui que donne la noix de galle; mais un accident survenu empêcha d'en connaître le résultat. Dans la proportion du sulfate de fer qu'il a fallu, je calcule que le précipité devait être de quatre gros et vingt-quatre grains.

Le campêche se colora en bleu de saphir par une légère addition de sulfate. En excédant le point de saturation, le bleu devint verdâtre et se ternit. La quantité nécessaire pour atteindre le point de saturation fut de deux gros et vingt-quatre grains. Ici on n'a point non plus tenu compte du précipité, qui devait être de quatre gros sept grains.

On fit ensuite des épreuves de teinture sur des échantillons de draps de laine; elles firent voir que les quantités d'astringent propres à donner à un poids égal de même drap une couleur noire de pareille intensité, étaient proportionnelles aux quantités de principe astringent qui avaient été déterminées par les expériences dans chaque espèce. Mais le noir qu'on obtint avec les diverses parties du chêne ne résista pas autant au débouilli que celui qu'on avait obtenu avec la noix de galle.

Il n'a point été fait mention de la différence comparative de la teinture du sumac, parce que la mission de nos savans était de reconnaître la propriété du chêne seulement; mais tout porte à croire que les résultats eussent été peu satisfaisans, bien que cette substance, comme on vient de le voir, contienne à peu près la moitié du tannin que comporte la noix de galle.

D'après ces diverses expériences, dont ci-joint le tableau, il est constant qu'aucune des substances astringentes employées dans la teinture ne peut être comparée à la noix de galle; que malgré mon observation, le sumac est celle qui en approche le plus; mais, vu la propriété tinctoriale du bois d'Inde, lorsque l'on ne tient pas à la solidité du noir, je dis que cette dernière substance est la plus économique, la plus amie de la peau, et par conséquent celle que l'on doit employer de préférence dans la ganterie.

Nous aurons cependant occasion de démontrer que cette substance ne doit point être employée seule dans cette teinture, pour qu'elle ait quelque perfection.

TABLEAU *des propriétés respectives des quatre principales substances astringentes.*

Quantités employées.	Espèces d'astringens.	Poids du sulfate.	Poids des précipités.
2 onces.	Noix de galle	3 gros 61 gr.	7 gros 24 gr.
» »	Sumac........	2 » 18 »	4 » 24 »
» »	Bois d'Inde.	2 » 12 »	4 » 7 »
» »	Tan.........	» » 18 »	» » 22 »

NOTIONS PRÉLIMINAIRES

ET OBSERVATIONS

POUR SERVIR D'INTRODUCTION A LA PRATIQUE

DANS LA COMPOSITION ET L'EMPLOI

DES COULEURS.

Si l'on voulait connaître la qualité d'une substance tinctoriale, du bois d'Inde, je suppose, il faudrait en retirer tout le principe colorant qu'il contient, le faire sécher et le peser. Pour atteindre ce résultat, on se servira de l'appareil suivant :

Une grande chaudière d'un carré long GF (*fig.* 1), surmontée d'un appareil évaporatoire ED, lui servant de couvercle, et fermant très-hermétiquement.

A cette chaudière faite pour recevoir de l'eau, se trouve adapté un appareil cylindrique CA, recouvert très-hermétiquement aussi en H. Ces deux espèces de vases communiquent ensemble, savoir : l'appareil GF par un tuyau traversant de bas en haut l'appareil cylindrique, et venant aboutir à H pour y jeter des vapeurs : plus par le conduit D descendant dans l'appareil évaporatoire E.

Dans l'appareil cylindrique se trouve une grille métallique sur laquelle repose le bois B. Au-dessous de cette grille est un faux fond en plan incliné, recevant la décoction qui s'opère et qui vient descendre en D.

Fonctions de l'appareil.

On met le feu dans la chaudière GF, contenant une eau quelconque. Une fois en ébullition, les vapeurs s'échappent par le tuyau de communication, et vont se répandre sur le bois et y opérer la décoction.

Les molécules colorantes traversent la grille avec l'eau qui les tient en dissolution, et arrivent sur le plateau de la chaudière évaporatoire par le conduit D, où elles sont condensées jusqu'à siccité.

Le feu est poussé jusqu'à épuisement des principes colorans.

Cette opération faite pour un bois, peut être appliquée aux graines et autres substances.

Il est des moyens d'économie d'une haute importance à Paris, et dont la négligence a perdu plus d'un établissement. Je veux parler de l'emploi de l'eau et du combustible.

L'eau de Seine, fort dispendieuse par le prix auquel elle y est vendue, est susceptible d'y être remplacée par celle du canal de l'Ourcq, généralement répandue par des fontaines où tout le monde peut puiser. Les plongés pour le glacé et les premières purges, pour le fixe même, peuvent sans inconvénient sensible être faits avec cette eau, qui chaque jour s'améliore et finira par être potable.

Quant au bois que l'on est dans l'usage d'employer, il est démontré que la houille procure sur ce premier combustible une économie de moitié; c'est-à-dire qu'avec la même somme d'argent, la houille, convenablement achetée, procure le double de calorique que le bois.

Au moyen d'un manteau de cheminée assez large pour recevoir les chaudières, on peut faire usage de ce combustible sans inconvénient.

Mais il est un autre moyen de tirer parti du calorique que l'on ne sait mettre en usage nulle part; c'est l'emploi de celui qui s'échappe par l'ébullition avec les vapeurs, comme on peut le remarquer.

Pour mettre à même d'apprécier le conseil que je vais donner, il est bon de dire, pour ceux qui l'ignorent, que, pour faire arriver à l'état d'ébullition un liquide ayant pour principal de l'eau, il faut que la chaleur soit élevée, le vase dans lequel il est étant découvert, à une température de 100 degrés centigrade à peu près : qu'arrivée à cette température la chaleur n'augmente plus, et que le surplus du calorique s'échappe par l'ébullition et va se perdre avec les vapeurs dans l'atmosphère. Cela posé, il est question de tirer parti de ce même calorique.

D'après les expériences qui ont été faites, on sait qu'un volume d'eau, réduit en vapeur, emporte avec lui en calorique de quoi élever à une température semblable à celle de l'eau bouillante près de cinq fois cette même quantité d'eau.

Ainsi, en recueillant l'eau qui s'évapore d'une chaudière contenant quarante litres, exposée pendant deux heures à la chaleur de l'ébulition, vous parviendriez à faire atteindre la chaleur de 100 degrés à un volume à peu près égal d'un liquide analogue, ce qui équivaut à dire que l'on parvient à faire bouillir deux fois la même quantité de liquide avec une quantité ordinaire de combustible donné. Pour faire l'application de cette propriété de l'eau mise en vapeur par le moyen de l'ébullition, voilà l'appareil dont il faut faire usage.

Faites adapter à la chaudière n° 2, dans

laquelle vous faites vos décoctions de couleurs, A, un couvercle fermant à peu près hermétiquement B; faite pratiquer à la partie supérieure de ce couvercle une ouverture ronde de deux pouces de diamètre C; adaptez à cette ouverture un tuyau courbé de manière à pouvoir le diriger dans le fond d'un baquet voisin DE. Dans cet état la vapeur et le calorique que vous laissez ordinairement perdre, viendront se combiner et se condenser avec le liquide du baquet jusqu'à la température d'eau bouillante, après quoi le liquide de votre baquet DE sera aussi en ébullition, et la déperdition de l'excès de calorique aura lieu.

Arrivés au point où nous en sommes, et avant que de passer aux diverses opérations de teinture, il sera bon de se rappeler ce qui a été exposé dans les chapitres précédens, et même dans ce qui a été dit dans l'*Art du Mégissier* qui s'y rattache. Car à tout considérer, les connaissances que nous venons de passer en revue sont celles seulement indispensables à un chef d'atelier; le surplus n'étant qu'un travail qui, s'il ne peut pas tout-à-fait être bien exécuté sans la connaissance des principes de l'art, du moins n'en nécessite pas toujours d'aussi étendues, lorsque celui qui opère est dirigé par un chef qui les possède. Avant donc de s'occuper de trituratiou, le contre-maître doit bien se pénétrer de son sujet, afin de marcher avec aplomb. Cependant, malgré cette connaissance théorique, à laquelle il convient d'ajouter une expérience personnelle, il ne faut pas apporter trop de confiance dans le résultat des opérations que nous allons entreprendre ; car, comme je l'ai déjà dit, la nature des peaux et la manière de les préparer sont variables : avec cela, il tient à si peu de chose qu'une couleur ou une opération de teinture soit manquée, qu'il est toujours prudent de s'assurer du résultat probable par un essai. Cette défiance de soi-même paraît indispensable pour les couleurs fixes, mais encore plus pour celles à l'abri de la piqûre.

Combien de fois n'ai-je pas vu des peaux, que l'on croyait convenablement préparées, se refuser à prendre la couleur, ou ne la prendre qu'inégalement; tandis que purgées de nouveau, ou avec un mordant plus fort, elles avaient parfaitement réussi ; dans d'autres circonstances, une couleur décomposée par l'emploi d'une eau que l'on n'avait pas étudiée, et qui était dure ; ailleurs une peau bien réussie en teinture séchée près d'un foyer alimenté par de la houille, et qui se chamarrait par l'effet d'un trop grand coup de feu, etc., etc.

Autant que je le pourrai, j'aurai soin de faire connaître dans chaque opération les cas fâcheux dans lesquels on peut tomber; mais je ne puis me flatter de les prévoir tous. Il est donc à propos, avant de bien connaître les élémens de son travail, d'avoir de la méfiance et de s'étudier.

SECTION V.

PREMIÈRE PARTIE.

Abrégé de la théorie pour la formation des nuances de toute espèce, au moyen des trois couleurs reconnues en physique pour appartenir à la lumière, savoir : le rouge, le jaune et le bleu.

On doit se rappeler que nous avons fait observer, en parlant des couleurs obtenues au moyen du prisme, que la théorie de la composition des nuances qui résultent de la combinaison des rayons solaires, ne pouvait être, en tous points, observée dans son application en teinture; par la raison, comme je l'ai déjà dit, que le noir ne peut pas plus être l'absence des couleurs que le blanc ne peut non plus résulter de la réunion de toutes. Mais nous allons voir que, suivant les règles de la teinture, comme d'après les lois de la physique, au moyen de la réunion de certaines substances en couleurs analogues à celles des rayons solaires, nous parvenons à un assez grand nombre de résultats semblables. Ainsi nous pourrons remarquer qu'avec des molécules colorantes qui, dans leur combinaison, n'éprouvent aucun changement chimique, nous obtenons les mêmes résultats qu'avec le prisme sur le spectre, au moyen des rayons correspondans de la lumière [1].

C'est ainsi qu'avec le jaune et le bleu on obtient des deux côtés la couleur verte; qu'une faible portion de rouge combinée avec ce même bleu nous donnera la nuance de l'indigo, et qu'en augmentant la dose nous arriverons au violet. La couleur de l'indigo, que quelques physiciens croient devoir admettre au nombre des couleurs primordiales, n'est donc qu'une couleur composée, comme on vient de le voir; aussi bien que l'orange, que nous verrons n'être que

---

[1] On appelle *spectre*, l'image colorée et oblongue que forment, sur la muraille d'une chambre obscure ou sur un tapis blanc, les rayons de la lumière rompus et écartés par le prisme.

Cette image se présente ainsi : le rouge, l'orange, le jaune, le vert, le bleu, l'indigo et le violet. En supposant cette image ronde, on verra que l'*orange* est formé de la réunion du rouge et du jaune; le *vert*, de celle du jaune et du bleu; l'*indigo*, de celle du bleu et du violet, et le *violet* lui-même, du rouge et de l'indigo; et par conséquent qu'il n'y a que trois couleurs primordiales.

le résultat de la combinaison de ce même rouge avec le jaune.

La cochenille combinée avec quelques mordans donne le bel écarlate ou couleur de feu que nous remarquons dans un beau crépuscule d'été ; si au lieu de rose foncé que me procure le fernambouc, j'avais le rouge du prisme, je parviendrais également à cette belle teinte par l'addition d'une petite quantité de jaune ; mais faute d'un rouge parfait, la combinaison de ces deux couleurs (le brésil et le jaune) ne me donne que l'orange.

Voilà donc des expériences en teinture qui prouvent que les règles de cet art ne sont pas en désaccord complet avec les lois de la physique.

Mais si, pour obtenir un vert qui est la première des nuances dont nous venons de faire essai, au moyen des substances qui ne changent point de nature dans leur combinaison, j'avais fait usage du chromate de plomb et de l'hydrocyanate de potasse et de fer, qui sont aussi deux fort belles couleurs en jaune et en bleu, je n'aurais pu obtenir un semblable résultat. De même, si avec cet hydrocyanate je voulais employer de la graine d'Avignon, j'y arriverais encore moins.

L'hydrocyanate de potasse, combiné avec

l'ammoniaque de cuivre, qui sont également du jaune et du bleu, loin de s'éclaircir, comme les rayons correspondans de la lumière, me donneraient une couleur brune, tirant sur le chocolat. Les lois de la physique ne sauraient donc se trouver en harmonie dans leur application aux règles de l'art de la teinture, que dans certains cas : les causes nous en paraissent démontrées.

En reprenant le cours de nos exemples pour la formation des nuances, je dirai que le bleu, le rouge et le jaune, qui sont les trois couleurs primordiales, loin de s'éclaircir et d'aller jusqu'au blanc, combinées ensemble, peuvent fournir à toutes les teintes brunes, depuis le noisette jusqu'au savoyard ; que le bleu et le rouge ensemble fournissent aux nuances violettes, pensées et lilas ; qu'au moyen du rouge et du jaune, je puis obtenir, depuis l'orange jusqu'aux teintes les plus pâles des nankins, chair et têtes de veau ; qu'au moyen du jaune et du bleu, je puis obtenir toutes les nuances de verts ; au moyen du gris on peut dévier de cette teinte pour passer aux verts d'eau, verts gris, verts cendrés, etc., etc.

De plus grandes difficultés s'élèvent pour les nuances fauves et grises ; ces dernières pourtant ne sont que des dégradations du noir. A défaut de pouvoir les obtenir au moyen de nos couleurs primitives (car le bleu mêlé au jaune et au rose ne serait que de peu de ressource), il faut avoir recours à des végétaux qui les procurent toutes faites, ou bien il faut faire usage des astringens et des réactifs.

L'infusion de la noix de galle, par exemple, qui seule fournit un fauve, au moyen d'une dissolution de fer pourra nous donner toutes les nuances de gris et jusqu'au noir. Le tan et l'écorce d'aune peuvent aussi y être employés. Avec ces mêmes substances et le brou de noix sans réactifs, on se procurera toutes les teintes fauves possibles.

Une dissolution de fer avec les bois jaunes ou les graines d'Avignon, vous donnera des olives; en ajoutant un peu de bois d'Inde, nous aurons les teintes en ce genre les plus foncées et jusqu'au gros vert. Enfin, si le campêche domine, vous aurez la tête de nègre. Pour les noisettes et marron, il suffira d'ajouter au jaune une petite partie de brésil et de campêche.

Telles sont à peu près toutes nos ressources, à nous qui ne pouvons faire usage des réactifs qu'avec ménagement, et n'employer, pour chaque teinture, qu'un petit nombre de substances, et une chaleur qui n'excède pas 25 degrés; mais il n'en est pas moins vrai qu'un teinturier dans toute autre partie que celle des peaux, lorsqu'il possède à fond la connaissance de son art, peut, au moyen des seules couleurs primitives, obtenir toutes les nuances qui lui sont demandées. Seulement il lui faut la facilité de pouvoir faire emploi de celles des substances qui se contrarient le moins par leurs combinaisons, comme de ceux des réactifs qui se prêtent le plus au but qu'il se propose : mais vouloir atteindre un but déterminé avec des moyens limités et difficultueux, lorsqu'on peut se mettre à son aise, serait ce qu'on peut appeler un tour de force dont personne ne se soucie.

SECONDE PARTIE.

De la classification des peaux destinées à la teinture.

La première et la plus importante des connaissances que doit posséder un teinturier en peaux pour la ganterie, est celle de la classification des peaux suivant leur nature, leur habillage, leur blancheur et les diverses défectuosités qu'elles peuvent avoir, afin de faire entrer chacune de ces sortes dans les couleurs qui leur sont propres; car il est bien entendu que telle tache déterminée ne disparaîtra en teinture qu'au moyen d'une couleur analogue, au moins aussi intense; ou bien d'une couleur d'un autre genre, plus foncée. Une tache de rouille, par exemple, ne pouvant conserver sa teinte avec la plupart des substances colorantes, ne pourra être classée que pour les couleurs grises et quelquefois le noir.

La nature de la peau, la manière dont elle est habillée, les défauts répandus sur sa fleur, la nature des substances tinctoriales employées, sont autant de raisons qui exigent impérieusement que les peaux aient d'avance une destination relative. C'est ainsi que, pour des couleurs demi-foncées, il faut une fleur parfaitement belle; et, comme les défauts les plus petits échappent à la vue la mieux exercée lorsque la peau est en blanc, que la peau, mise en couleur, ces mêmes défauts se développent, et quelquefois se trouvent assez apparens pour empêcher la peau d'être coupée sans perte pour le gantier, ce premier choix devient le plus difficile, en même temps que le plus important.

J'ai eu soin, en traitant de l'*Art du Mégissier*, de faire connaître les divers défauts qui peuvent se rencontrer dans les peaux, avant et après leur habillage; il est donc à propos de se reporter à ce chapitre si on éprouve quelques difficultés dans la classification dont je viens de parler, me bornant ici à celles des observations qui ne pouvaient faire partie de l'*Art du Mégissier*.

Pour les peaux sur-chair dont les défauts sont moins nombreux, trois classes nous suffisent; la première comprend celles qui sont rases, douces et sans taches; elles seront destinées aux couleurs les plus délicates et les plus vives, telles que gris perle, orange, vert-vert, etc. La seconde comprend les peaux moins douces; celles ayant de petites noisillures ou petites galles, de petites taches peu foncées: ce choix sera pour les petites couleurs cendrées, fauves, ocrées, etc., etc.

La troisième classe comprendra les peaux langues de chair, creuses, piquées de rivière et malpropres; ce choix sera pour les couleurs foncées, telles que marron, chocolat, olive, gros vert, gris deuil, etc.

Pour les peaux glacées, cinq classes sont nécessaires :

Les plus blanches, qui sont aussi les plus fines et les plus douces, seront destinées à être coupées dans cet état pour faire des gants blancs. Ce choix est ordinairement fait, au préalable, par le fabricant de gants. Il ne doit point être négligé; car, non seulement on fait une économie de couleur, mais, dans ce genre de ganterie, les peaux employées de la sorte donnent toujours une plus grande quantité de gants que si elles avaient été mises en couleur. Il est bien de faire connaître ici que la blancheur d'une peau peut être augmentée par son exposition à sec de quelques heures au soleil, et que, bien qu'on ne soit pas dans l'usage de le faire, ce moyen donne de la valeur à ce genre de ganterie.

La deuxième classe comprendra les peaux douces, sans taches ni défauts quelconques : ce choix sera celui des couleurs les plus difficiles; telles sont les teintes mi-foncées, soit au plongé, soit au fixe, soit à la planche.

La troisième comprendra les peaux ayant des ombres, de très-petites noisillures, de légers bas de fleur, mais sans tache marquante; celles n'ayant pas toute la douceur nécessaire pour le second choix. Ce choix, dans le plongé, sera pour les petites couleurs légères, telles que paille, rose, gris, chamois, tête de veau, etc.; et, dans les couleurs fixes, pour les couleurs nourries, telles que chocolat, raisin de Corinthe, olive, gris foncés, etc.

La quatrième comprendra les moins nettes de fleurs, ayant des taches de toute espèce, des fistules et autres défauts; tels que légers bas de fleur et petites noisillures. Ces peaux pourront être mise en gros vert, olive très-foncée, bronze, etc.

Enfin, la dernière comprendra les plus fortes taches, les grosses gales, les peaux les moins douces; en un mot les rebuts, pour être mises en noir.

Quelles que soient les nuances dans lesquelles les peaux doivent être mises, elles doivent, au préalable, subir une préparation avant d'être teintes. Cette préparation est *la purge :* elle doit faire partie de la teinture; nous allons nous en occuper.

SECTION VI.

DES DIVERSES OPÉRATIONS DE TEINTURE.

―――◆―――

CHAPITRE PREMIER.

De la purge des peaux.

―――

Les peaux, comme nous avons eu occasion de le faire observer dans l'*Art du Mégissier*, ne sont pas d'une contexture bien régulière. Le dos, la tête, les durillons des genoux, sont autant de parties beaucoup plus dures, moins poreuses et plus épaisses; on conçoit alors que si, dans cet état, on appliquait de la couleur également sur toute la surface d'une peau, elle devrait en être pénétrée inégalement, et par conséquent ne pas offrir dans toutes ses parties la même teinte. La purge des peaux a pour but principal de leur donner cette uniformité de propriété désirable pour leur faire recevoir également la couleur. Ce moyen n'est pas tout-à-fait complet, mais néanmoins il est le seul mis en usage pour la teinture des peaux sur-chair, parce que les irrégularités que je viens de signaler sont moins sensibles de ce côté de la peau que du côté de la fleur.

Pour purger des peaux on les met dans un baquet d'eau chaude, à un degré tel qu'on puisse y tenir la main sans en être nullement incommodé, en même temps qu'en quantité convenable pour pouvoir les y remuer avec quelque facilité. Dans cet état, un ouvrier, jambes nues, y entre, et, au moyen de ses deux pieds, il les foule plus ou moins long-temps, en raison de leur taille, de leur qualité, et du temps écoulé depuis leur habillage, autant qu'en raison de l'espèce de couleur que l'on a à faire (*fig.* 3). Le noir glacé, par exemple, ne veut point d'une purge avancée ou complète; il suffira, dans ce cas, que les peaux ne présentent nulle part de traces blanches, et qu'elles paraissent également imprégnées de leur eau. Une peau récemment habillée, s'abattant facilement, quelle que soit la couleur à laquelle on la destine, n'en demandera pas davantage non plus. Les peaux sur-chair ou celles destinées à la teinture des planches le seront un peu plus, sans l'être autant que celles destinées à être teintes par le procédé anglais. Dans ce dernier cas, une peau, pour être bien purgée, doit l'avoir été dans deux eaux différentes, et la valeur de deux bonnes heures en tout. Si elles avaient été travaillées à Milhaud, c'est-à-dire si elles contenaient de l'huile dans leur habillage, il serait bien de mettre dans la seconde eau un peu de sel de soude; environ quatre onces pour douze douzaines. Cette addition servirait à les purger de l'acide contenu dans l'alun, en même temps qu'à les disposer à prendre plus uniment la couleur.

Pour régulariser les effets de l'huile, si elle était trop tenace, ce qui arrive aux peaux de Milhaud déjà anciennes, on pourrait ajouter une légère dissolution de savon blanc. Cette addition d'ailleurs peut contribuer à donner aux couleurs de l'éclat. Mais alors il ne faudrait pas manquer l'opération de teinture, car des peaux manquées dans ce cas présentent beaucoup de difficultés à être reteintes, même en noir.

Une peau purgée à fond doit reprendre à peu près l'état où elle était lorsqu'elle est sortie du confit. (Voyez l'*Art du Mégissier*.) Alors, et pour lui redonner la nourriture qu'elle a perdue, si elle était destinée à être teinte au fixe, il faut ajouter, pour une grosse de peaux ordinaires, environ un cent de jaunes d'œufs et deux livres de farine, et pour tout autre procédé, moitié de ces quantités.

Pour cette opération vous délayez ces deux substances ensemble au moyen d'une portion de votre bain de purge. Vous retirez la presque totalité de celle dans laquelle vos peaux ont été purgées, et vous répandez dans le fond de votre baquet votre nourriture, de manière à ce qu'elle puisse bien également y être répartie. Pour la faire pénétrer dans le tissu de la peau, vous avez soin de les faire remuer et fouler de nouveau pendant un grand quart d'heure.

La purge, comme nous l'avons déjà dit, a pour but de procurer à la peau une égale disposition à recevoir les molécules colorantes en la ramollissant dans toutes ses parties également. Elle a encore pour les couleurs fixes celui d'en détacher autant que possible les acides sulfuriques et hydrochloriques qui entrent dans la composition de l'alun et du sel commun, qui font partie de l'habillage des peaux, comme on l'a vu.

Le sur-chair teint par l'ancien procédé devra être retiré du baquet, tordu et placé sur l'étendage pour y être séché, puis ouvert au palisson.

Les peaux destinées à être teintes sur les planches y seront placées et immédiatement étendues comme il sera dit.

CHAPITRE II.

Du parage des peaux.

Nous avons déjà eu occasion de dire que les peaux pour la ganterie étaient susceptibles d'être teintes, soit du côté de la chair, soit du côté de la fleur. Dans le premier cas, il faut, avant de les purger, leur faire subir une opération que l'on nomme *parage*. Cette opération consiste à enlever les grosses chairs au moyen d'un outil tranchant, afin de les rendre rases et unies. Cet outil est de forme circulaire; il est percé d'une grande ouverture dans son centre, ce qui lui a fait donner le nom de *lunette*. Il faut en outre un métier composé d'une pièce de bois d'environ cinq pieds de long sur trois à quatre pouces de large, et fort souvent même d'un simple morceau de chêne arrondi fixé horizontalement sur deux autres montans, à environ quatre pieds de hauteur. Les peaux sont fixées sur cette traverse par douzaine, par l'une de leurs extrémités, avec divers crochets en bois, y pesant fortement au moyen d'un poids fixé à leur extrémité inférieure. (Voyez la forme de ce crochet, *fig.* 4.)

Dans cet état, les peaux, d'abord suspendues de queue en tête, sont frottées l'une après l'autre avec un pain de blanc (terre calcaire), et renversées sur la traverse, au fur et à mesure de l'opération, de manière à donner à l'ouvrier la facilité de commencer le parage par la peau de dessous, qui, une fois garnie de blanc, se trouve par-dessus le dos des autres.

Le blanc, dont on frotte la peau, est destiné à donner plus de prise au tranchant de l'outil, et par conséquent à faciliter l'opération. Dans cet état l'ouvrier, placé en face de son métier, muni d'une large courroie à boucle, qui est fixée autour de son corps, en forme de ceinture, fait passer dans la boucle une des extrémités de la peau, qui, cette fois-ci, est la tête, et, au moyen de son ardillon, la pince : puis, en se reculant, il lui fait prendre une position demi-horizontale. Dans cet état, sa peau tendue dans son centre, et libre de ses deux mains, le pareur les passe dans l'ouverture de sa lunette, dont il applique le tranchant sur la peau, et, par ce moyen, de la force de ses deux bras, lorsque la peau est forte, par un mouvement de haut en bas, il descend les chairs les moins inhérentes jusqu'à ce que sa surface lui paraisse unie.

La douzaine de peaux, ainsi passée en revue dans un sens, doit être replacée sur le métier dans un autre, pour continuer jusqu'à ce que toutes les parties en aient été parfaitement rasées (*fig.* 5).

CHAPITRE III.

De la teinture des peaux sur-chair.

La teinture des peaux sur-chair, par l'ancien procédé, est celle qui s'accommode le mieux des diverses substances colorantes. Les graines, les bois, les écorces et les astringens de toute espèce réussissent également. La composition et l'application régulière de la teinte marron, au moyen du violet, du rouge et du jaune, est la seule, à ma connaissance, difficile à exécuter : aussi emploie-t-on depuis une vingtaine d'années, pour cette espèce de teinture en principal, la décoction de champignon qui déjà est d'une teinte marron. Je puis donc dire que la teinture des peaux sur-chair est la plus facile de toutes. A Grenoble, où l'on a l'habitude de teindre ces sortes de peaux à la planche, et dans ce cas les pores de la peau étant bouchés, il faut, comme on le verra, un choix particulier de substances colorantes. C'est donc du procédé employé à Paris que nous allons nous occuper; ce qui sera dit pour la teinture des peaux glacées à la planche, pouvant d'ailleurs être appliqué au sur-chair.

Lorsque les peaux ont été purgées, tordues et mises à l'étendage, comme nous l'avons indiqué, on les laisse sécher; puis on les ouvre au palisson, d'après les principes de l'*Art du Mégissier*: mais cette ouverture est beaucoup moins pénible que celle dont nous avons parlé, et ne demande pas autant de soins.

Dans cet état on doit en faire un choix pour les classer dans leur nuance respective, car alors les peaux que nous appelons *creuses* et *longues de chair* sont parfaitement distinguées. Arrivé à ce point, je suppose ma couleur préparée, il s'agit de teindre nos peaux.

A ces fins on les étend l'une après l'autre sur une table recouverte d'une nappe de plomb, et là, muni d'une brosse à longs poils que l'on a plongée dans la couleur, on lui en applique une couche sur toute la surface, et le plus uniment possible (*fig.* 6). Cette couche ainsi appliquée, on transporte sa peau sur un métier pour y être poncée.

Le métier à poncer est dans le genre de celui dont on se sert pour le parage; seulement, à sa traverse, est pratiquée une rainure, dans laquelle l'extrémité recourbée des crochets se trouve placée pour fixer les peaux.

Ces crochets ne diffèrent des autres qu'en ce qu'ils sont moins volumineux; ils sont comme eux tenus sur le métier au moyen d'un poids fixé à leur extrémité inférieure : ils doivent être, comme au parage, au nombre de trois ou quatre, suivant la taille des peaux.

La peau étant disposée sur son métier au moyen des crochets qui la fixent dans la rainure de la traverse, dans la même position que nous avons vu les peaux du pareur, l'ouvrier la saisit de la main gauche, et réserve sa droite pour faire usage de sa pierre ponce.

Le ponçage a lieu d'abord de queue en tête, puis de tête en queue, et enfin sur les travers, si la nature de la peau l'exige, pour que l'opération soit parfaite. Cette opération consiste dans un frottement de la pierre sur le corps de la peau, en appuyant le plus qu'on peut. (Voyez *fig.* 7.)

On a long-temps cru devoir se borner au simple parage pour mettre les peaux en teinture. L'idée de les raser au moyen d'une pierre ponce n'est venue que fort tard, et encore n'en fit-on les premiers essais qu'à sec : mais on s'aperçut bientôt que dans cet état, à mesure que l'on enlevait une chair il s'en produisait une autre; ce désagrément fit naître la pensée de mouiller au préalable sa peau au moyen d'une éponge trempée dans l'eau :

effectivement ce moyen produisit un bon effet; les chairs disparurent sans entraîner le désagrément de miner la peau et d'en voir, comme cela avait lieu à sec, de nouvelles reparaître. Pour utiliser le temps employé à donner cette couche d'eau, on substitua à ce liquide la couleur dont on devait teindre la peau. C'est ainsi que maintenant on dit : poncer en première couche. Mais, par ce moyen, on a le désagrément de faire traverser la couleur.

Il n'y a pas plus de trente ans que les premiers essais de ponçage ont eu lieu à Paris. Maintenant, il n'est pas de fabrique en France où cette opération ne soit usitée, et elle est d'une telle importance que celui qui voudrait s'en affranchir ne pourrait trouver le placement des gants.

Ma peau, poncée dans toutes ses parties, est de nouveau mise à l'étendage pour y sécher. L'étendage des peaux, en teinture, consiste en des barres de bois armées de clous à crochets et placées parallèlement dans une pièce quelconque, de manière à ce que les peaux, crochées en face les unes des autres, soient isolées d'environ deux à trois pouces. Les peaux, une fois sèches, sont ouvertes au palisson et remises sur la table pour recevoir une seconde couche de couleur; après cette couche, la peau est de nouveau mise au crochet. Si la couleur était assez nourrie à deux couches, on pourrait s'en tenir là; mais ordinairement on donne trois couches pour la ganterie soignée; c'est après sa troisième ouverture qu'on est à même d'en juger.

La différence de teindre, entre cette méthode et celle usitée à Grenoble, est particulièrement dans le nombre des ouvertures qui, à Paris, est de trois ou quatre, tandis qu'avec l'autre une seule suffit après que l'opération de teindre est finie. Outre cela, les peaux teintes sur les planches, lorsque les peaux y restent collées, en sortent très-propres, tandis que par la méthode parisienne elles sont parfois traversées de couleur et fort sales; mais ces désavantages sont rachetés par la souplesse de la peau et une plus grande latitude dans le choix des substances colorantes; ainsi, tout bien considéré, je pense que l'on doit donner la préférence au moyen que je viens de décrire. Je ferai connaître la manière de procéder à Grenoble, en parlant de la teinture des peaux glacées.

Les peaux sur-chair seraient susceptibles d'être teintes par le procédé anglais, mais comme ce mode serait un peu plus coûteux, d'une part, et que de l'autre le genre de ganterie provenant de ces peaux paraît délaissé de jour en jour, on ne s'en est pas occupé.

CHAPITRE IV.

De la teinture des peaux glacées, au plongé.

On est dans l'usage de ne teindre, par ce procédé, que des peaux glacées, et de ne s'en servir que pour obtenir des couleurs tendres; la cause en est facile à saisir : c'est que, d'après ce procédé, la peau teinte des deux côtés, étant susceptible de décharger en dedans, par la transpiration, les gants qui en proviendraient pourraient tacher les mains de ceux qui les portent; ce mode de teindre est le plus prompt et par conséquent le plus économique. Bien que facile, pour certaines nuances, il n'en offre pas moins des difficultés qui demandent et de l'expérience et des soins.

Le lilas, par exemple, lorsqu'on veut le faire au moyen du bois d'Inde pour principal, cette couleur étant extrêmement fugace demande que la peau soit, autant que possible, dégagée de l'acide sulfurique qui lui a été communiqué en mégie au moyen de l'alun; sans cette précaution, dans les peaux de Milhaud, qui sont fortement alunées, on voit en peu de temps la couleur rougir, pâlir et disparaître par place. Il est donc à propos de purger avec de la potasse les peaux de ce genre anciennement travaillées.

Toutes les couleurs où l'on est obligé de faire entrer diverses substances colorantes, autres que celles provenant des graines, demandent aussi des soins particuliers, par la difficulté qu'ont quelques unes de celles obtenues des bois de se combiner avec les autres, autant que par leur différence d'affinité pour la peau.

Les substances colorantes, qui conviennent le mieux à ce genre de teinture, sont donc les jus et les décoctions obtenus des graines de toutes les espèces; les bois, à l'exception du fernambouc, ne doivent y être employés que comme accessoires et en fort petites doses; et les astringens, tels que le tan, le sumac et l'écorce d'aune, pas du tout.

Nous avons vu dans la section où nous traitons des substances colorantes, quelles étaient leurs propriétés. La gaude, la graine d'Avignon, celles dites *de Valachie* et *d'Espagne*, le troène, le sureau ou l'hièble, le gros et le petit nerprun, sont les principales substances à employer, soit seules, soit combinées; le bois de fernambouc seul réussit assez bien, mais le bois d'Inde et les autres bois ne doivent être considérés que comme accessoires, et, encore une fois, le tan, le sumac et l'écorce d'aune doivent en être exclus.

Il est difficile d'assigner la cause de la difficulté de teindre uniment du côté de la fleur une peau mégissée au moyen des substances astringentes ; mais je crois devoir l'attribuer à l'alun, par la raison qu'une peau mégissée, qui n'a pas encore eu sa nourriture ; c'est-à-dire qu'une peau prise au sortir du confit, se teint d'une manière parfaitement régulière avec tous les astringens possibles, même le tan. Ce serait donc à la présence du fer, qui existe dans la plupart des aluns, que nous devrions attribuer cet effet. Voilà comment j'explique la chose : ce métal, ayant moins d'affinité pour l'alumine que pour la peau, se distribuerait dans son tissu avec irrégularité ; alors cette irrégularité devant entraîner celle des astringens, qui eux-mêmes ont plus d'affinité pour le fer que pour l'alun, il en résulterait des nuances ; en admettant cette théorie, la cause en serait toute trouvée. Mais ici il doit suffire de signaler les vices des substances, afin d'éviter de les mal employer ; en conséquence, je n'entreprendrai pas de donner plus de poids à mon opinion.

Avec ces diverses notions, nous allons passer à une opération de teinture :

Au moyen d'un baquet, de la grandeur de

la moitié d'une grande pipe d'eau de vie, et dans un bain composé de trois grands seaux d'eau douce, environ deux voies, un peu plus que tiède, je plongerai six douzaines de peaux de tailles ordinaires, que par avance on aura eu soin de bien développer une à une, en les tournant la fleur en dehors. Introduites dans ce bain, elles y seront remuées et foulées aux pieds pour être purgées à fond. Pour les couleurs faciles, la purge est achevée dès qu'il ne reste plus une tache blanche sur la peau, ce qui a déjà été indiqué au chapitre *purge*.

Pour abréger l'opération, on est dans l'usage de mettre dans ce premier bain une petite quantité de la couleur à laquelle on destine les peaux; mais pour des peaux que l'on soupçonnerait être chargées de beaucoup d'alun et contenir de l'huile, surtout s'il était question de faire une teinte difficile, il conviendrait de les purger à fond et d'en renouveler l'eau comme il a été dit.

La plupart de nos teinturiers sont loin d'avoir autant de soins : au contraire, par un besoin d'économie, loin de faire usage de deux eaux pour chaque bain de couleur, ils poursuivent une série de nuances en faisant constamment usage du même fond de bain. Dans ce cas, les couleurs en sont un peu plus ternes; mais en dédommagement, la nourriture des peaux qui restent dans le baquet d'une passe à l'autre, procure quelque économie dans les jaunes d'œufs qu'on leur donne à la fin de chaque opération.

Si on voulait faire une paille ou un serin vif, la gaude et la graine d'Avignon doivent être préférées à toutes les autres; mais s'il était question de faire un chamois, une couleur de chair, nankin et autres nuances mélangées, la graine de Valachie et celle dite *d'Espagne*, employées à chaud, pourraient convenir par économie.

La graine de Valachie avec le brésil donneront, comme nous l'avons déjà vu, suivant les doses, les nuances tirant sur la chair, le nankin. Si vous voulez mettre de la garance bien filtrée, vous aurez la couleur saumon.

En ajoutant au jaune et au rouge du gris, vous aurez la nuance abricot; une plus forte dose de cette dernière liqueur vous donnera café au lait, chocolat au lait et jusqu'au noisette.

Le seul brésil vous donnera du rose; l'hièble, du gris; le troène, du vert d'eau; les nerpruns, des verts que vous aviverez au moyen de l'indigo et du jaune.

Enfin, pour toutes les autres nuances, ce n'est qu'un jeu d'essai; le gris avec le brésil vous donneront du lilas, qu'au moyen du campêche vous pourrez varier de nuances;

si le rouge domine, vous aurez fleur de pêcher, etc., etc.

La teinture au plongé est une opération qui ne dure pas plus d'une heure. Vos peaux une fois purgées, vous y mettez la couleur par gradation, jusqu'à ce qu'elles soient arrivées à la teinte désirée; après quoi vous leur donnez quelques jaunes d'œufs pour remplacer ce qu'elles peuvent avoir perdu de nourriture, et au besoin un peu d'alun, dans un bain d'eau, pour les aviver.

Pour faire cette opération il faut être deux, afin que l'ouvrier qui est dans le baquet n'ait plus à en sortir que les peaux ne soient teintes.

Comme il ne faut pas craindre de se répéter, lorsqu'il est question de se rendre intelligible, je vais donner un exemple d'une couleur déterminée : supposons une nuance *abricot*. Les substances que l'on emploie pouvant varier beaucoup dans leurs qualités, les doses ne sauraient être rigoureusement prescrites. Il ne faut donc pas y apporter une haute importance.

Pour mes six douzaines de peaux, j'aurais mis dans un seau d'eau, pour faire bouillir pendant environ deux heures :

16 onces, graines d'Espagne;
2 *dito*, Brésil moulu;
16 *dito*, ou environ un demi-litre d'hièble.

L'opération de teinture, au plongé, est conduite par un contre-maître (*fig.* 8); le bain de couleur doit être assez volumineux pour que les peaux puissent s'y mouvoir à l'aise; sa chaleur ne doit pas excéder 25 degrés. Vos peaux, étant purgées, sont retirées de leur baquet, dans lequel on jette un premier tiers de la couleur préparée; on agite ce premier bain avant de teindre. Une grande dextérité est nécessaire pour placer les peaux dans le premier bain, afin qu'elles en reçoivent une impression bien uniforme; après les y avoir bien remuées, seulement avec les deux mains, l'ouvrier les foule avec ses pieds, jusqu'à ce que le bain soit épuisé de couleur : dix minutes peuvent suffire pour cette première immersion.

Pour la seconde, vous retirez encore vos peaux, et vous ajoutez à votre bain épuisé un second tiers de couleur, et après avoir remué et replacé vos peaux dans le baquet, vous les retournez avec les mêmes soins et les foulez de nouveau. Le troisième bain ne sera que la répétition du second, comme le second l'a été du premier.

Il est bon de remarquer ici que les peaux commençant à être saturées des parties colorantes, le dernier bain ne pourra s'épuiser entièrement, et que, sous ce rapport, son état ne pourra nous servir de gouverne, pour savoir si l'opération est achevée. L'expérience du contre-maître devra donc le guider pour savoir où elle se termine.

L'ensemble des trois opérations, y compris la purge, ne durera, dans les couleurs faciles, qu'une petite heure.

Si vos nuances n'avaient pas été fixées par avance, comme je l'ai indiqué, au moyen de la combinaison des diverses substances colorantes on aurait pu les diriger en faisant cette combinaison par l'emploi des diverses décoctions placées dans des vases différens; mais leur mélange fait au feu en vaut toujours mieux, et ce n'est que lorsque l'on a des nuances déterminées que l'on doit employer une autre manière.

Vos peaux, parvenues au degré d'intensité voulu, on retire du baquet la presque totalité du bain que, pour vous conformer à l'usage, vous mettez dans un vase, afin de vous en servir pour une couleur analogue; ensuite vous donnez à vos peaux teintes une nourriture propre à remplacer celle qu'elles viennent de perdre. Cette nourriture sera composée de vingt à vingt-cinq jaunes d'œufs, avec une petite poignée d'alun fondu, suivant ce que les peaux paraissent avoir souffert; le tout étendu d'environ un litre d'eau. Cette préparation étant disposée sera répandue sur les peaux dans le fond du baquet, et les peaux elles-mêmes seront foulées comme il a été dit pour la purge.

L'affinité de cette nourriture pour la peau est telle, qu'immédiatement après qu'elle y a pénétré, vous pouvez les tordre, soit à la main, soit à la bille; elles ne laisseront plus échapper qu'une simple eau, faiblement colorée.

La bille qui sert à tordre les peaux, est un morceau de bois de telle forme, que le milieu offre une courbure d'environ deux pouces de saillie, sur une ouverture d'au moins six d'un côté quelconque, tandis qu'à droite et à gauche, au côté opposé, il s'en rencontre une autre moitié moins grande, et enfin deux extrémités droites et allongées d'environ six pouces; le tout formant une longueur d'à peu près deux pieds (*fig.* 9).

Pour se servir de cet instrument, il faut avoir une grande perche, fixée horizontalement sur deux montans très-solides, ou autrement, scellée dans les murs, près de quelque encoignure ou angle rentrant, au lieu où l'on travaille. Au milieu de cette traverse se trouve une corde, de la longueur d'environ trois pieds, fixée par un nœud; au moyen de ces accessoires, on prend les peaux, en nombre proportionné à leur taille et à leur épaisseur, ce qui est déterminé par l'ouvrier; on les place au travers de cette perche, au lieu même où se trouve fixée la corde dont nous venons de parler. Puis, les rapprochant les unes près des autres, et les entourant de cette même corde, on s'empare de la bille pour placer les peaux dans l'ouverture du centre que nous avons fait connaître. Dans cet état, l'ouvrier, qui tient assujettie dans sa main gauche l'extrémité de la corde, y vient aussi placer l'extrémité inférieure de la bille, à laquelle il vient de donner une position verticale, de manière que deux des trois ouvertures de la bille se trouvent occupées par les peaux. C'est ainsi qu'il fait passer, par un mouvement de droite à gauche, la partie supérieure de sa bille derrière la traverse, qui elle-même l'y tient fortement fixée, au moyen d'un mouvement que fait la main gauche, qui tient assujettie l'autre extrémité. Déjà une pression assez forte fait sortir l'humidité des peaux; puis, en continuant, avec la main droite, de diriger la partie supérieure de la bille de gauche à droite, de derrière qu'était placée la partie supérieure, l'ouvrier la fait revenir s'appuyer sur la partie apparente de la traverse, vers sa tête. Par cette position, la corde dans un sens la traverse dans un autre, entrelaçant la bille et entravant sa marche; celle-ci est obligée de presser fortement les peaux en tous sens et de les égoutter, avec une puissance que le poignet de l'homme le plus fort n'égalerait pas. Ce mouvement progressif du haut en bas, se continuant à mesure que l'on peut faire repasser la bille de devant derrière et de derrière devant, les peaux en sont de plus en plus égouttées.

Les peaux, ainsi tordues dans un sens, sont changées de position, pour recommencer le mouvement de torsion, jusqu'à ce qu'elles soient entièrement égouttées. (Voy. *fig.* 10.)

Au sortir de la bille, les peaux sont ouvertes et secouées soigneusement, pour être placées à l'étendage.

L'étendage est composée de grandes tringles de bois, garnies de clous à crochets; nous l'avons déjà fait connaître [1]. C'est à ces mêmes clous que l'on suspend les peaux, par les plus extrêmes parties des pates de derrière; il est urgent d'avoir un temps sec pour faire sécher, car les couleurs qui languissent au crochet perdent de leur éclat et quelque-

---

[1] Nos clous, ordinairement, ont le désagrément de tacher chaque partie de peau qui les touche, ce qui fait une perte pour le fabricant. Le cuivre produirait encore le même effet. Si des clous en argent pouvaient être en sûreté dans une fabrique, le petit capital qui y serait employé porterait bien son intérêt.

fois se nuancent. Il est donc à propos que les peaux soient placées dans un lieu fort aéré ou chaud, ou l'un et l'autre à la fois, comme cela peut se rencontrer dans les beaux jours d'été; mais dans tous les cas, il est une précaution à prendre pour éviter cet inconvénient, c'est de ne mettre la nourriture dans les peaux qu'au moyen d'un bain fort clair de couleur, et de les laver en quelque sorte. C'est pour cela seulement que je recommande de ne mettre que de l'eau pour délayer les œufs ; cette précaution est très-importante pour les couleurs foncées.

CHAPITRE V.

De la teinture à la planche des peaux glacées.

GRENOBLE est depuis long-temps en possession exclusive de ce mode de teinture; les planches dont on y fait usage, et ce sont les seule convenables, sont en bois de noyer; ce bois, qui est susceptible d'un beau poli, n'offre d'autre irrégularité que celle de ses nœuds, que l'on remplit de ciment pour unir le plateau. Les planches de cette espèce, dont on fait usage dans cette fabrique, ont environ huit pieds de hauteur, sur deux pieds et jusqu'à deux pieds et demi de large. De telles pièces de menuiserie, dans les pays où le noyer ne se plaît pas, autant que dans le Dauphiné, sont d'un prix fort élevé, ce qui est un des premiers obstacles à leur emploi en nombre de lieux; mais comme ce mode de teinture est convenable, sous le rapport de l'économie, la dépense primitive ne devrait pas être une considération assez puissante pour empêcher de s'en servir. Cependant, jusqu'à ce jour, cette manière de teindre ne s'est pas propagée ; il faut donc admettre d'autres raisons. Effectivement, le défaut d'expérience, partout ailleurs qu'à Grenoble, a fait rencontrer beaucoup d'autres motifs qui ont rendu inutiles beaucoup de tentatives.

Le besoin d'un local vaste et bien aéré étant nécessaire à Paris, où les loyers sont fort chers, y est une difficulté. La manière de s'y prendre, pour faire tenir les peaux collées sur les planches, manière dont on a fait un mystère jusqu'à ce jour; plus, la connaissance des substances tinctoriales, convenables pour ce mode de teinture, voilà les principales raisons qui se sont opposées à la propagation de cette manière d'opérer pour teindre les peaux glacées. Si on ajoute à cela la difficulté de trouver un homme disposé à manœuvrer toute une journée de semblables pièces de bois, qui pèsent de soixante à quatre-vingts livres, on aura une idée des diverses causes qui ont empêché les autres fabriques de France de faire emploi de ce mode de teinture.

Mais ce qui est bon sous le rapport de l'économie, en fait d'art mécanique, doit prévaloir; ainsi, ce mode de teinture, qui n'appartient encore qu'à une fabrique, doit se propager ; et Milhaud qui, par ses ressources, est appelé à devenir la seconde fabrique de France, ne peut rester long-temps sans adopter cette méthode. Il suffira de faire connaître les moyens employés à Grenoble, pour faire considérer comme vaincus tous les obstacles qui, jusqu'à ce jour, se sont opposés partout ailleurs à sa propagation [1].

Nous avons dit qu'à Grenoble les plateaux dont on se servait étaient de la hauteur d'environ huit pieds; ils ont tous huit pieds et demi; j'ajouterai qu'ils ont environ neuf lignes d'épaisseur; qu'ils sont polis avec soin et garnis à leurs extrémités d'un tasseau régnant dans toute leur largeur et d'environ un pouce et demi d'équarrissage. Ces tasseaux servent à maintenir les planches dans leur entier, à les préserver en cas de chute, et à les tenir isolées les unes des autres lorsqu'on les rassemble, afin de laisser à l'air une libre circulation, pour faciliter, soit la sèche des planches, soit celle des peaux; enfin pour éviter le frottement des peaux, lorsqu'elles y sont collées, ce qui pourrait les endommager et les décoller. C'est surtout par cette dernière considération que ces planches doivent être exactement de la même longueur.

---

[1] Depuis que ce chapitre a été écrit, ce mode de teinture s'est effectivement introduit à Milhaud; mais celui dit procédé *anglais* a en grande partie remplacé à Grenoble l'usage des planches.

Les planches de huit à neuf pieds étant fort difficiles à remuer, il serait facile de s'en procurer n'ayant que cinq pieds seulement ; alors, au lieu de contenir trois à quatre peaux dans leur longeur, elles n'en contiendraient que deux ou trois. Dans ce cas, l'ouvrier le moins fort, une femme même, pourrait les faire mouvoir, et je me serais affranchi de deux des difficultés dont nous avons parlé.

Une planche neuve, pour être propre à la teinture, doit subir une préparation préalable. Il faut la purger de sa sève, qui est de nature acide, au moyen d'un séjour dans une eau alcaline, dans quelque mare, dans un étang ; sans cette précaution, cette sève serait pompée par les premières peaux que vous y colleriez et les dénaturerait totalement. Il faut à ces sortes de planches environ quinze jours, dans un temps chaud, pour être dégorgées. Cette première opération faite, on les fait sécher à fond et on leur donne une nourriture onctueuse, telles que jaunes d'œufs ou quelque décoction mucilagineuse, de graines de lin, par exemple ; en ajoutant l'une et l'autre de ces substances dans une quantité d'eau douce, la préparation n'en serait que meilleure. C'est seulement après cette seconde opération que l'on peut se servir de ses planches. Nous avons dit que de grandes planches pouvaient, sur leurs deux revers, contenir six peaux de tailles ordinaires et jusqu'à huit des petites; en admettant le premier nombre, il faut donc vingt-quatre planches pour teindre à la fois une grosse de peaux.

Nos planches étant disposées et nos peaux purgées comme il a été dit, l'ouvrier les saisit une à une et les place sur deux tréteaux, éloignées à des distances convenables, pour que les tasseaux seuls portent. C'est encore dégouttante de son eau de purge, et tout-à-fait trempée, que la peau est placée sur la planche pour y être étendue et fixée dans la position que l'on croit la plus convenable. C'est en voulant les tordre au préalable que, dans les divers essais qui ont été faits à Paris, la peau ne pouvant rester colorée, on a long-temps cru qu'il y avait un moyen particulier de les fixer avec perfection.

La peau doit être parfaitement étirée en tous sens au moyen d'une planchette; cette opération doit être soignée; autrement le moindre pli, la moindre quantité de cuir mal étendu formeraient un défaut en teinture.

La planchette est une petite planche ou un morceau de cormier d'environ quatre pouces de long sur trois de large, un peu arrondie et affilée d'un côté, de telle sorte que, dans le mouvement fait par l'ouvrier, la peau offre, dans le frottement de la planchette, une faible résistance; il faut que toutes les parties de la peau soient étendues, de manière qu'elle présente la surface la plus large possible. On voit que, pour y parvenir, le mouvement doit être dirigé du centre aux extrémités (*fig.* 11).

Dans cet état, la peau se trouvant appliquée sur le plateau, à peu près avec autant de perfection qu'une feuille d'étain l'est sur le dos d'une glace, vous avez soin d'y passer une brosse à longs poils pour la ressuyer parfaitement et en détacher jusqu'aux moindres ordures qui pourraient y adhérer.

L'opération étant achevée, et les deux côtés de la planche étant garnis, on prend une seconde planche et ainsi de suite, jusqu'à ce que toutes les peaux purgées soient établies.

Les planches successivement exposées dans un lieu convenable à la sèche, nous allons nous occuper de la composition des couleurs dans lesquelles nos peaux doivent être mises, et nous ferons en sorte de les employer immédiatement; car il est essentiel de ne les pas laisser vieillir plus de deux jours : lorsqu'il fait chaud, les nuances s'altèrent et changent d'une manière sensible, même en un seul jour.

Nos peaux, une fois bien sèches, si vous

en détachez une, elle vous présentera l'aspect d'une feuille de parchemin; dans cet état, les parties les plus poreuses de la peau, ayant reçu plus de nourriture, celle-ci ne présente plus dans toute sa surface qu'une contexture également serrée. C'est ainsi que le tissu de la peau, égalisé, offre une disposition régulière à recevoir les molécules colorantes, et que ses pores, en quelque sorte bouchés, ne permettent à ces mêmes molécules de ne s'attacher qu'à la seule superficie de la fleur; c'est pour cela que dans ce mode de teinture il ne doit être employé que des substances teignantes, dont les molécules sont les plus atténuées et dont l'affinité pour la peau est fort grande.

Nous avons déjà eu occasion de remarquer que dans les substances tinctoriales les propriétés varient beaucoup; les unes sont douces et ont leurs molécules extrêmement atténuées, les autres sont mucilagineuses; quelques autres sont visqueuses; un certain nombre ont des molécules grossières et ne peuvent pénétrer que certaines parties de la peau; d'autres sont acides, etc., etc.

Dans la première catégorie se trouvent placées les graines de toute espèce, que nous avons qualifiées de *substances douces et amies de la peau*. Effectivement, elles sont pour elle une nourriture salutaire qui la pénètrent avec la plus grande facilité ; aussi est-ce celles que nous choisissons pour la teinture des peaux à la planche ; car celles qui sont mucilagineuses, comme celles qui sont visqueuses, laisseraient, dès la première couche, un enduit croûteux qui pour les autres couches, quelles qu'elles fussent, serait un obstacle intercalé entre elles et la peau et les empêcheraient de pénétrer ; comme celles à molécules grossières, par leur poussière, produiraient à peu près le même effet.

Cependant certains bois, qui se trouvent dans cette dernière catégorie, nous seront d'un emploi indispensable pour certaines nuances. En conséquence, et afin d'éviter autant que possible leur inconvénient, je recommanderai de ne faire emploi, pour les décoctions de ce genre, que de bois hachés ou varlopés et non moulus. C'est du fernambouc et du campêche seuls dont il est question.

Voilà, en conséquence, quels seront les élémens des couleurs propres à ce genre de teinture :

1° La graine d'Avignon, pour les plus belles nuances de jaune ou d'orange ; celle dite *de Valachie*, pour les autres nuances mélangées ;

2° La graine de troène, celle de l'hièble et du sureau, pour les gris et vert d'eau ;

3° Le bois de Brésil ou de Fernambouc, haché ou varlopé, pour le rose;

4° Le bois d'Inde ou campêche, pour les teintes violettes les plus foncées, également varlopé.

Cette dernière substance, dans tous les cas, ne doit être considérée que comme accessoire et non comme principal dans une couleur quelconque; c'est ainsi que, pour un violet, j'aurai d'abord soin de donner une couche de gris foncé (hièble), et ne me servirai de campêche que pour couvrir et arriver à la teinte désirée.

On voit que les substances tinctoriales, propres à être employées dans ce procédé, sont en petit nombre; mais ne perdons pas de vue que nous avons à peu près les trois couleurs primordiales: le jaune, le violet, pour le bleu; le rose, pour le rouge et avec cela les gris. Les verts, lorsque nous en voudrons, se trouveront tout composés, au moyen de nos deux qualités de nerprun; dans la nécessité, une petite quantité d'indigo et la graine jaune nous serviraient pour les nuances qui les nécessiteraient.

Avec la graine d'Avignon, j'aurai le jaune paille, serin et citron; avec le secours du rose, j'aurai les oranges et le danois; les nuances chamois et nankin se composeront comme au plongé, et alors, par économie, nous aurons recours à la graine de Valachie qui est moins chère : du nankin au noisette il n'y a qu'une petite différence que l'on obtient au moyen d'un peu de gris ; on arrive jusqu'au marron avec le secours du bois d'Inde.

Si je veux des olives, je ferai donner, pour première couche, un mordant composé d'acétate de fer ou de cuivre, bien nourri ; ensuite une couche de graine de Valachie, mêlée d'une portion de bois d'Inde, en proportion de ce que je désirerai que ma teinte soit foncée ; ces couches seront alternées au moins six fois, c'est-à-dire qu'il en sera donné trois de mordant et autant de couleur ; la graine d'Avignon, le rouge et le gris peuvent aussi fournir des nuances olives, préférables pour la fixité. Ensuite, pour arriver au vert dragon, je mettrai une addition de nerprun, en même temps qu'une addition de bois d'Inde ; la tête de nègre, et même la teinte du noir, s'obtiendraient en diminuant la dose de la graine et en augmentant celle du bois d'Inde seulement. Nous aurons plus tard occasion de démontrer que, pour ces deux nuances, le procédé anglais est préférable.

La graine d'Avignon, le brésil, le gris et le bois d'Inde, combinés en certaines proportions, me procureront depuis la noisette jusqu'aux nuances marrons les plus foncées. Tout ce que l'on pourrait exiger maintenant n'est qu'affaire de combinaison et de goût, dont chacun est plus ou moins capable.

Cette théorie, sur la composition des diverses nuances nous dispensera de nous occuper ultérieurement de cette préparation, pour passer à leur application sur les peaux. Je me bornerai donc à dire que ma couleur, une fois préparée, doit être placée dans un vase, en forme de sébile (on se sert ordinairement d'une gamelle de terre), à côté de l'ouvrier qui doit opérer, afin qu'il puisse y tremper avec facilité les poils de la brosse qui doit lui servir à l'appliquer. Je n'ai pas besoin de dire que les peaux doivent se trouver dans la même position, par rapport à l'ouvrier, que lorsqu'il les a étendues et collées (Voy. *fig.* 12).

Bien que l'opération d'appliquer la couleur demande quelques soins, elle n'en est pas moins à la portée de quiconque a des yeux, des bras et le moindre jugement. Il est essentiel, pour la première couche, d'abord que les peaux soient parfaitement sèches; ensuite d'en détacher toutes les petites ordures qui auraient pu s'y attacher : avec le plat de la main au moyen du frottement, on peut les sentir si on ne les aperçoit pas, et alors on les détache avec l'ongle. Sans cette précaution, chaque petit morceau d'un corps étranger quelconque, par son adhérence à la peau, y préparerait une tache blanche qui se manifesterait lors de l'ouverture.

Un ouvrier, un peu fort et adroit à manier les planches, peut facilement purger, étendre et teindre à deux couches une grosse de peaux en deux jours, surtout lorsqu'il est favorisé par le temps pour la sèche.

Les couleurs ordinaires sont parfaitement nourries au moyen de trois couches; mais celles qui exigent l'emploi d'un mordant, comme nous l'avons déjà dit, en demandent un plus grand nombre.

Par le procédé ancien, les peaux, une fois teintes, sont enlevées de dessus les planches pour être mises dans un lieu humide et ensuite ouvertes au palisson. Cette ouverture est prompte et facile, les peaux étant déjà fort tendues en tous sens; mais pour donner à la couleur la fixité qu'elle n'a jamais eue à Grenoble, il convient de lui donner une couche d'une préparation faite au moyen d'environ poids égal d'alcali volatil, à 22 degrés et d'acide nitrique, à 36, étendus d'un volume égal d'eau à peu près; mais en tous cas, de manière à ce que le tout ne puisse rougir la teinture de tournesol, c'est-à-dire qu'elle soit un peu alcaline. Sans cette préparation, la moindre goutte d'eau ordinaire, mais surtout les gouttes de pluie, forment tache; maintenant on est affranchi de ce désagrément; mais le mordant n'ayant pas été fixé sur la peau primitivement, la fixité de cette teinture est encore inférieure à celle obtenue par le procédé anglais, et en cela il est bon que le coupeur de gants en soit prévenu d'avance.

En ne s'écartant point des règles données pour ce mode de teinture, on peut en regarder la réussite comme infaillible. Ainsi, vu l'économie et la propreté dans laquelle se conservent les peaux, les avantages qu'on y trouve doivent le faire rechercher pour toutes les ganteries ordinaires d'agneau.

Mais le procédé anglais, ayant l'avantage d'offrir plus d'éclat et de solidité dans les nuances, malgré son prix élevé, doit être préféré pour la ganterie en chevreau [1].

Lorsque les planches sont libres, il convient de les faire laver au moyen d'un acide quelconque à bas prix : je me sers moi de l'acide hydrochlorique étendu de 40 à 50 fois

---

[1] J'ai essayé de donner de l'éclat aux couleurs à la planche, au moyen d'un lustre composé de gomme adragant dissoute dans une lessive alcaline, et mêlée avec du savon. Il serait possible d'en obtenir de bons résultats. Je n'y ai pas mis assez de persévérance. Il conviendrait d'en faire des essais sur les peaux ouvertes, ce que je n'ai pas fait.

son volume d'eau. Lorsque quelques cavités se présentent, il convient, après avoir passé à l'acide et avant de laver à grande eau, d'y introduire une petite quantité de chaux fusée pour neutraliser l'acide qu'elle pourrait contenir, car sans cette précaution on est exposé à avoir des peaux, une fois mises en couleur, tachées de rouge.

Il ne faut pas oublier non plus, de loin à loin, d'enduire ses planches d'une décoction de graine de lin ; d'une part, pour que les peaux soient mieux collées, et de l'autre pour que les planches ne les altèrent pas.

CHAPITRE VI.

De la teinture des peaux au moyen du procédé anglais, ou des couleurs dites *fixes*.

UNE des connaissances élémentaires tout-à-fait indispensables à l'ouvrier qui veut se livrer à la teinture des peaux, d'après le procédé anglais, est celle des réactifs ou agens qui y sont employés, et dont j'ai fait connaître les principales propriétés sous les noms d'*acides* et d'*alcalis*. On a dû remarquer que ces diverses substances, employées seules, vu leur propriété corrosive, ne peuvent l'être qu'avec un grand ménagement : mais on a dû voir en outre que ces deux corps combinés entre eux, en certaines proportions, cessaient de jouir de leurs propriétés respectives et devenaient une substance appelée *neutre*. C'est sur cette dernière propriété qu'est fondé l'emploi que nous allons en faire, et le rôle important que nous lui faisons jouer.

Une table représentant les quantités respectives d'alcali et d'acide nécessaires pour former une propriété neutre, serait agréable à consulter pour régler les doses de ces diverses substances lorsqu'on les emploie, soit en première, soit en dernière couche pour ce genre de teinture ; mais, comme joint à ce que ce travail me ferait sortir du cadre que je me suis tracé, je pourrais faire commettre quelque erreur, vu les grandes variétés dans la propriété des ingrédiens, j'ai préféré mettre chaque ouvrier à même de faire des essais applicables aux substances qu'il aura sous la main ainsi qu'à ses besoins : cette faculté pourra résulter d'une seule expérience; je vais la faire connaître :

De l'union d'un acide et d'un alcali, avons-nous dit, il résulte un corps appelé neutre. Prenez un morceau de potasse caustique et une petite quantité d'acide sulfurique : on est bien convaincu que chacune de ces substances, prise isolément et appliquée sur une peau teinte, non seulement en détruirait la couleur, mais la corroderait; ou, comme on dit vulgairement, la brûlerait. L'effet produit serait semblable à celui de l'eau bouillante dans laquelle cette peau aurait été trempée. Nous allons voir comment nous pouvons arriver à l'emploi de ces deux substances sans avoir à craindre un semblable résultat.

Prenons une once de notre potasse, et plaçons-la dans le fond d'un vase : j'y ajoute quelques gouttes d'acide ; aussitôt il s'établit un bouillonnement et un dégagement de gaz, que l'on nomme *effervescence*. Cet effet est le résultat de la pénétration et de la combinaison réciproque de ces deux substances, effet que l'on désigne par le nom de *saturation*. Cette première portion d'acide étant saturée, l'effervescence cesse; j'ajoute de nouveau de l'acide, et l'effet se reproduit : enfin j'en ajoute jusqu'à ce qu'il n'y ait plus de dégagement : c'est alors seulement qu'il y a saturation réciproque et complète, et que le corps composé est un corps neutre, qui peut s'appliquer sur la peau sans danger. Par ce moyen on peut avoir une idée de ce qu'il faut d'acide pour neutraliser une quantité donnée d'un alcali quelconque; car cette expérience faite avec de la potasse caustique, peut se faire avec un autre alcali, soit en sel, soit en liqueur, aussi bien qu'avec un autre acide, comme on l'a vu pour ma préparation pour les peaux à la planche.

Il résulte donc de cette théorie l'explication d'un phénomène qui a eu lieu par l'emploi alternatif de substances corrodantes dans ce mode de teinture, sans que les peaux en soient nullement altérées. Ce fait une fois établi, on évitera d'employer pour mordant des alcalis trop violens sans leurs correctifs, comme cela arrive à beaucoup de praticiens.

Une autre raison encore de neutraliser les alcalis employés dans la composition de ce que l'on nomme mordant ou première couche est, qu'outre l'altération qui en résulterait pour la peau après qu'elle est sèche, une des propriétés de certains alcalis (entre autre la potasse employée par quelques teinturiers) étant d'attirer l'humidité de l'air, cette espèce d'alcali pouvant faciliter la piqûre des peaux et des gants, se trouve doublement nuisible.

La troisième couche corrective de la première doit donc être acidulée en raison de la qualité et quantité des alcalis employés dans la première. Ce principe ne me paraît connu ni observé par un seul ouvrier. Aussi la plupart de nos praticiens, incertains sur la meilleure manière de préparer leur mordant, dans la crainte d'altérer leurs peaux, restent en arrière de leurs besoins.

L'urine qu'ils emploient, ainsi que les doses des autres alcalis qui doivent faire partie de cette préparation, sont presque toujours trop faibles, ce qui rend longue et incertaine leur opération de teinture.

Faute de connaître l'utilité de l'emploi du sulfate de zinc qui leur avait été indiqué dans le principe pour troisième couche, la plupart de nos teinturiers l'ont supprimé. C'est ainsi que la recette anglaise, fondée sur la science du chimiste, a dégénéré, et que les couleurs ont perdu de leur éclat, de leur fixité, et sont devenues plus susceptibles de se piquer, défaut que n'ont pas les teintures anglaises, ni nos bronzes ou nos noirs, comme on peut le remarquer. Ce résultat est dû à la présence de l'acide contenu dans le sulfate de fer qui y est employé en place de zinc [1].

Le grand mystère que font nos teinturiers pour la préparation de leur mordant m'empêche de pouvoir indiquer ce que, généralement parlant, il entre dans cette composition : seulement on sait que l'urine en forme le principal, et qu'elle est prise au hasard et partout où elle se trouve : cependant on a le préjugé de croire que l'on doit éviter celle du sexe féminin. C'est une erreur; cette urine n'en vaut pas moins que toute autre, et elle peut également être employée dès qu'elle a été gardée quelque temps.

Les urines mauvaises sont toutes celles récemment obtenues : dans ce cas elles sont fort souvent acides, mais jamais elles ne sont alcalinées ou assez ammoniacales pour être

---

[1] J'ai vu des gants bronzes anglais, résistant au climat de la Hollande depuis plus de vingt ans sans se piquer; ils avaient été altérés, il est vrai, par la présence des alcalis et des acides : ils étaient fort secs; mais je n'en ai pas moins constaté le fait pour en tirer la conséquence qu'il était possible de préserver les autres couleurs. Je ferai connaitre mes essais en ce genre.

employées : elles sont tout au plus une espèce de corps neutre ; ce n'est qu'en vieillissant qu'elles acquièrent leur propriété. Aussi nos ouvriers, faute de cette instruction, font souvent de graves erreurs par l'effet des irrégularités qui ont lieu dans la force de leur mordant. Dans le but de les leur éviter, je vais indiquer le moyen de reconnaître la propriété caractéristique de cette substance.

Placée en petite quantité sur un papier teint en rose avec le pétale du coquelicot, ou sur un papier de tournesol rougi par un acide, elle doit faire tourner cette couleur au gris ; si elle ne lui donne qu'une teinte pâle, elle est neutre ; si le rose tourne au jaune, il y a acidité.

Pour préparer ce que l'on appelle *une première* avec une urine convenable, il faut ajouter dans un litre de celle-ci environ deux onces de sel de soude et deux grands verres à liqueur d'alcali volatil. On pourrait faire tiédir son urine pour y faire dissoudre son sel ; mais il faut attendre que le tout soit froid pour y ajouter l'alcali.

C'est particulièrement à la présence de cette dernière substance qu'est due l'imperméabilité de la peau pour les molécules colorantes. C'est à l'affinité de celles-ci pour les ammoniaques que ce phénomène doit être attribué. Ainsi, votre première couche étant appliquée, la couleur s'y décompose : les seules parties colorantes y sont retenues; leur dissolvant (l'eau) les abandonne et s'échappe seul au-dessous de la peau. Pour que l'opération soit complète, il faut donc qu'il y ait d'une part affinité, et de l'autre proportions convenables entre les substances.

A défaut de troisième couche, comme l'indique le procédé anglais, il convient de laver les peaux une fois teintes, avec une eau acidulée; l'eau de puits dont on fait usage à Paris, et qui l'est au moyen du sulfate de chaux, est susceptible de l'être davantage : on devrait y ajouter de l'acide sans atteindre le point où elle pourrait altérer les couleurs. Cette petite quantité d'acide ajoutée aurait la triple propriété, savoir : de neutraliser les alcalis composant la première, de procurer à la couleur plus d'éclat et plus de solidité, car cet acide ferait ici la fonction de celui qui tient en dissolution le fer que vous employez pour précipiter en noir, en bronze et autres les nuances que nous appelons *tournées*.

De toutes les compositions qui peuvent se faire pour préparer ce que nous nommons *la première couche*, rien ne saurait remplacer une vieille urine. Cette espèce d'alcali, devenu doux, et en quelque sorte huileux, comme on l'a vu au chapitre des alcalis, n'a plus besoin que d'une très-faible dose d'ammoniaque et de soude pour être le meilleur mordant. Si les immondices de Montfaucon n'étaient pas si exposées à être inondées, en même temps que si puantes, je conseillerais d'en faire usage. C'est là qu'on serait sûr d'avoir une très-bonne première, car, après les pluies les plus abondantes, elles ont encore de la qualité [1].

Nous sommes circonscrits, pour ce mode de teinture, dans un nombre assez borné de substances colorantes; car, après le bois jaune, le campêche et le fernambouc, qui entrent en principal dans la plupart des compositions que l'on fait en ce genre, le fustet, l'écorce d'aune, le troène, et quelques autres substances que nous aurons occasion de voir, ne sont considérés que comme accessoires. Encore le fernambouc, comme nous le verrons, est-il moins propre à y entrer, vu son peu d'affinité pour les alcalis. Il faudrait donc pouvoir, au moyen des deux premières substances, obtenir toutes les nuances dont on a besoin, ce qui n'est pas possible. Les graines ont cela de commun aussi avec le rouge du

[1] J'ai vu sur le sol de l'emplacement où se prépare la poudrette, après une dessiccation complète des matières par l'air et la chaleur, des fragmens d'ammoniaque cristallisée et une grande partie de ce sol brillant par la présence de ce sel sous un beau ciel.

Brésil, que leurs molécules colorantes ne sauraient abandonner l'eau en faveur des alcalis, et que, placées seules sur la peau, après qu'elle a reçu sa première couche, elles la pénètrent de part en part. De là ce que nous appelons des *couleurs traversées*.

Nous avons vu qu'il était encore hors de nos connaissances d'apprécier les causes des différences d'affinité dans les substances colorantes ; nous ne pouvons donc que nous borner à les étudier, afin de ne faire usage que de celles qui conviennent le mieux.

Cependant, le rouge étant indispensable pour obtenir certaines nuances, et le bois de Brésil ne présentant pas pour les alcalis cette affinité nécessaire pour la décomposition complète de ses décoctions, j'ai cherché à le remplacer au moyen de la garance, de l'orseille et du santal. Cette dernière substance, qui convient le mieux, offre un désagrément : c'est de ne céder que fort peu de ses molécules colorantes à l'eau simple ; il faut avoir recours à l'alcool ou aux alcalis pour en obtenir un plus grande nombre ; mais l'emploi de la soude, je suppose, n'étant pas dispendieux, on peut en faire usage. Ainsi, suivant la nuance que vous avez à faire, l'emploi du brésil n'est pas indispensable partout où il faut du rouge. On peut donc s'affranchir de l'emploi de cette substance, au moins en grand, dans les nuances où on la faisait entrer pour principal. Mais, dans tous les cas, il est bon de dire que l'emploi du santal exige de très-belles peaux.

En se bornant à l'emploi des substances dont je viens de parler, on aurait de la peine à obtenir toutes les nuances désirables : on pourra donc faire usage, comme accessoire, de l'indigo, de l'écorce d'aune, du fustet, du quercitron, du sumac, et de quelques graines même, mais en petite quantité. Nous aurons occasion de revenir sur l'emploi de ces diverses substances.

L'opération dite *de la purge*, que nous avons fait connaître, est, pour les couleurs fixes, une opération très-importante : nous nous sommes déjà étendu sur cet article ; le but qu'on se propose, comme nous l'avons vu, est particulièrement de ramollir la fleur dans toutes ses parties, afin qu'elle soit disposée à recevoir bien également la couleur ; cependant, quoi que l'on fasse, on a toujours une plus grande difficulté à pénétrer les parties les plus épaisses, telles que les pates et la tête. On remarque même que la partie droite d'une peau de chevreau et d'agneau, comme chez les autres animaux, étant constamment plus grande, est aussi d'un tissu plus serré et plus dur, et demande quelques soins de plus que la gauche pour être également pénétrée.

Nos peaux étant purgées, sont prises une à une dans leur eau de purge, et tordues à moitié, puis ouvertes et placées sur la table où elles doivent être teintes.

Cette table, recouverte d'une nappe de plomb, doit s'élever dans son centre de manière à faciliter l'écoulement des eaux en tous sens. Elle est assez ordinairement garnie sur les bords d'un relief servant à conduire les eaux par une gouttière dans un grand vase (*fig.* 13). La peau doit y être établie avec soin au moyen d'une planchette et de la manière dont il a été dit pour la teinture à la planche. Dans cet état, et muni d'une brosse à longs poils, l'ouvrier lui applique une couche de la composition alcaline que nous venons de faire connaître.

Votre première couche étant appliquée bien également :

Au moyen du fustet ou du bois jaune seul vous aurez une couleur jaune, mais peu agréable s'il n'est pas de premier choix : ajoutez-y un peu de rouge, vous le ferez arriver au chamois; en augmentant la dose du rouge et y ajoutant un peu de graine dite d'Avignon, on aura la couleur orange. En forçant avec le rouge et en ajoutant un peu de violet, vous aurez des noisette et marron.

On sait que le bois jaune est précipité en olive par le sulfate de fer. Le bois d'Inde l'est en gris foncé : ces deux substances réunies forment des olives plus foncées encore. L'écorce d'aune et le sumac vous donneront des gris clairs et foncés de diverses nuances; un peu de bois jaune du santal, du brésil et du bois d'Inde donneront des nuances depuis le marron jusqu'au chocolat.

Pour obtenir un beau vert-chou, mettez $5/6$ bois jaune, $1/6$ bois d'Inde, et ajoutez à la décoction de ces deux bois une petite quantité de troène, le tout précipité sur la peau par le sulfate ou l'acétate de cuivre.

Une des couleurs difficiles dans le procédé anglais est le vert décidé, ou vert-vert, parce qu'il faut dévier de la marche ordinaire, vu l'emploi de l'indigo pour la composition de ces sortes de nuances.

On se rappelle que cette dernière substance a été dissoute au moyen de l'acide sulfurique; on doit facilement comprendre que cette couleur, faite au moyen de sa combinaison avec un jaune quelconque pour obtenir notre vert, serait décomposée par les alcalis qui entrent dans notre première couche, en s'emparant de ce même acide; il faut donc avoir recours à une autre composition. L'alun alors peut remplacer notre mordant ammoniacal et alcalin dont on fait usage pour toutes les autres substances. Ainsi, avec ce mordant et un vert composé au moyen d'un bois jaune et de l'indigo, vous pourrez obtenir les nuances de verts que vous désirerez. Mais ce moyen étant lent, nos teinturiers préfèrent l'emploi du bois jaune mêlé au troène, qui, là, fait fonction de bleu; et comme outre cela nous avons vu que les alcalis précipitaient le troène en vert, notre mordant alcalin fera ici fonction double; c'est-à-dire qu'il agira comme mordant et comme réactif.

Au moyen de ces diverses notions, nous pouvons maintenant passer à une opération de teinture. Prenons un marron foncé : pour une grosse de peaux ordinaires en chevreaux, nous mettrons dans environ 25 litres d'eau :

Bois jaune ou fustet..... 8 kilo. environ 16 livres.
Campèche............. 4 hecto. *dito* 13 onces.
Fernambouc........... 2 *dito* *dito* 7 *dito*.
Santal, en décoction à part. 4 *dito* *dito* 14 *dito*.

Le tout réduit aux deux tiers, au moyen de deux heures d'ébullition.

La couleur retirée du feu sera passée au travers d'une toile ou d'un tamis, et les bois, remis sur le feu avec une nouvelle eau, donneront lieu à un fond de bain pour une couleur analogue.

Il est bon, outre cette couleur ainsi préparée, d'avoir à part une petite provision de décoction de bois de Brésil et de violet pour corriger la nuance au besoin, car on peut avoir une teinte déterminée à faire, ou deux nuances à obtenir dans une grosse de peaux, et, par ce moyen, vous êtes à même d'y satisfaire.

Nous avons vu ce qu'on entend par *première couche*; nous pouvons disposer la peau sur la table et l'y appliquer.

Il s'agit maintenant, si notre couleur est froide, de faire un essai de teinture sur une peau, de la faire sécher et de l'ouvrir entièrement. Si la couleur n'avait pas pris uniment on en chercherait la cause, soit dans la purge, soit dans le mordant, soit dans la manière d'opérer. Si la couleur avait traversé, on pourrait ajouter à son mordant une petite quantité d'alcali, et faire sécher d'une manière plus prompte. Si votre nuance ne vous paraissait point assez nourrie ou foncée, vous pourriez avoir recours à une addition de bois d'Inde; si, au contraire, elle avait besoin d'être rougie, vous y ajouteriez un peu de fernambouc. Enfin, ce n'est qu'après avoir fait un essai bien complet que vous pourrez avoir de l'assurance et marcher sans courir la chance de recommencer votre opération; car, encore une fois, il faut étudier les peaux que l'on a à teindre et les ingrédiens que vous employez.

Il est bon de faire observer que les couleurs ont besoin d'être employées dans le plus bref délai possible, car, lorsqu'il fait chaud surtout, chaque jour donne à nos décoctions une teinte particulière. En général les nuances perdent de leur force et de leur éclat en vieillissant. On ne saurait non plus recommander trop une règle rigoureuse de propreté, d'ordre et de régularité dans tout ce qui appartient à la manutention. La toile ou le tamis destiné à passer la couleur, le vase dans lequel on doit la mettre, la brosse dont on doit faire usage, la table surtout sur laquelle on teint, ne sauraient être nettoyés trop scrupuleusement. Sans une attention minutieuse sur tous ces points, vous aurez le désagrément d'avoir des peaux teintes de diverses nuances, bien qu'avec la même couleur, ce qui est fort préjudiciable. C'est assez des désagrémens qui résultent de la nature des peaux, de la différence de leur taille et de leur habillage, auxquels on ne peut remédier.

Nous avons vu la manière de disposer une peau sur la table pour recevoir la couleur : cette couleur est appliquée au moyen d'une brosse, comme on en a usé pour la teinture à la planche. La quantité dont on doit en imprégner la peau est proportionnée à sa force et à sa taille, en même temps qu'à l'intensité de la couleur. Trois brossées de couleur plus ou moins fortes suffisent ordinairement ; votre peau étant convenablement saturée de mordant et de couleur, il faudra la laisser reposer quelques instans avant de lui appliquer la troisième couche. Ce temps sert à augmenter l'intimité des alcalis avec les molécules colorantes.

Afin d'utiliser ce laps de temps, on a l'habitude de donner à l'ouvrier deux tables, de manière que dans l'intervalle il puisse disposer une seconde peau en lui donnant son mordant et même sa couleur : après ce laps de temps il revient à sa première pour l'achever au moyen de la troisième couche. Avant de faire cette dernière opération, vous avez soin de passer votre brosse sur la superficie de votre peau teinte, afin que, pour l'essayer en quelque sorte, la couche que vous allez donner produise le plus d'effet possible en se combinant avec les alcalis.

Votre dernière couche doit être une couche d'eau acidulée. On emploie assez généralement une dissolution de sulfate de zinc (couperose blanche), dont la cristallisation doit contribuer, comme les autres sulfates, à donner quelque brillant à la peau, et qui, comme on l'a vu, n'agit d'aucune manière sur les substances colorantes. Environ une demi-livre de ce sel, fondu dans deux litres d'eau, suffit à une grosse de peaux. Si votre couleur devait être précipitée par un réactif;

du sulfate de fer, je suppose, notre but serait rempli au moyen de l'acide sulfurique qui tient ce métal en dissolution.

Cette dernière couche doit être appliquée avec le même soin que les autres. Votre peau ainsi préparée, doit encore être exposée à l'air avant que d'être lavée et égouttée. Dans cet intervalle, si votre nuance a été précipitée (tournée), l'oxide du métal, saturant l'oxigène de l'air, se fortifie dans sa propriété en s'oxidant davantage. C'est ainsi que les nuances susceptibles d'être changées par l'application d'un oxide, en deviennent plus foncées. Après ce laps de temps, on lave sa peau sur place au moyen d'une petite quantité d'eau qu'on y jette : on la retourne, la fleur en dessous, et on l'égoutte au moyen d'une étire de corroyeur[1] (*fig.* 13).

Votre peau, ainsi essuyée de sa grande eau, n'a plus besoin que d'être séchée. Pour cette opération, une exposition au soleil, du côté de la chair, est fort convenable ; mais, au défaut, un vent sec ou un bon feu peut le remplacer. On a fait la remarque que la

---

[1] Quelques teinturiers enlèvent leurs peaux de la table en les pliant de tête en queue, chair contre chair, et dans cet état ils les plongent dans un baquet d'eau propre, puis ils les tordent; mais par ce moyen les peaux sont susceptibles de s'épetiller.

chaleur obtenue au moyen de la houille faisait prédominer quelques unes des substances qui entrent dans la composition des bains de teinture, entre autres le brésil, et les graines qui, ayant plus d'affinité pour l'eau que pour les alcalis, se jettent dans les lieux les plus humides. Ce n'est pas à la nature de ce combustible, comme on le croit communément, que l'on doit attribuer cet effet, mais bien à la très-vive chaleur qu'il procure, qui, elle-même, en chassant l'humidité sur un seul point, cause la décomposition de la couleur. J'ai, moi, obtenu le même résultat au moyen d'une très-forte chaleur en ne brûlant que du bois.

Vos peaux, une fois séchées, sont placées dans un lieu humide pour être ouvertes au palisson.

CHAPITRE VII.

Des divers procédés usités primitivement à Paris pour la teinture des peaux propres à la ganterie.

Il y a une quarantaine d'années la ganterie à Paris, se trouvait concentrée dans quatre à cinq maisons qui en faisaient le commerce. On trouvait dans ces divers magasins des gants de Niort, de Grenoble, de Vendôme, de Chaumont, de Blois et de Sablé. Deux seules de ces maisons y faisaient établir quelques gants de castor. Ce castor n'était autre chose que des moutons chamoisés et quelques jeunes chèvres ramaillées. Un peu plus tard il se forma quelques autres établissemens en ce genre, où l'on essaya de fabriquer quelques peaux d'agneaux et de chevreaux, également passées à l'huile, que l'on se bornait à faire parer, et quelquefois même à mettre en teinture telles qu'elles sortaient des mains du chamoiseur. Ces sortes de peaux, aussi simplement préparées, ne pouvaient faire que des gants très-imparfaits; mais, faute de mieux, le fabricant contentait l'acheteur. Voilà ce qu'on nomme *le bon vieux temps* dans les arts industriels! Cependant en Angleterre il se faisait une ganterie en ce genre, avec un cuir beaucoup supérieur ; mais elle était maltraitée par la coupe et la couture.

Une telle ganterie ne pouvait satisfaire tous les goûts, et celle des diverses fabriques de provinces dont j'ai parlé, étant également fort imparfaite, nos nouvelles maisons ne tardèrent pas à faire fabriquer des gants avec des peaux passées en mégie, qui, pour la plupart, étaient des gants sur-chair. Alors non plus, on ne faisait que parer les peaux avant de les mettre en couleur. Après que les peaux avaient été purgées et ouvertes, on les plaçait une à une sur le métier du ponceur que nous avons fait connaître, et là, au moyen d'une éponge et non d'une brosse, on leur donnait deux à trois couches de couleur, selon le besoin. La plupart de ces peaux, faute de ponçage, avaient une longue chair.

C'est à Paris, comme nous l'avons dit, que les premiers essais de ponçage ont eu lieu, et l'on tira un tel avantage de cette manière d'unir la chair, que c'est à cette découverte que sont dus les accroissemens rapides de cette branche d'industrie dans cette ville. Les gants fabriqués d'après ce procédé parurent tellement supérieurs à ce qu'on y avait fait jusque-là, que leur facile débit y attira un grand nombre d'ouvriers en divers genres qui y introduisirent la fabrication de toutes les autres ganteries. Depuis ce temps, les progrès y ont constamment été tels que, de nos jours, cette fabrique rivalise avec toutes les autres et leur sert en quelque sorte de type pour le perfectionnement.

Cependant, dès le moment où elle a cherché à fabriquer le gant glacé, jusqu'au temps où le procédé anglais a pu y être connu, cette partie de la ganterie y a constamment été tenue dans une espèce de réserve digne de remarque, et cela par le défaut de connaissances propres à obtenir des couleurs foncées avec économie et perfection, comme à Grenoble; en un mot, faute de savoir, comme en cette ville, faire usage de planches pour ce genre de teinture.

À cette époque le teinturier appliquait sa couleur sur la peau au moyen d'une éponge, comme nous l'avons déjà dit : plus tard on fit essai de la brosse; mais on ne parvint jamais, soit au métier, soit sur une table, à obtenir des nuances foncées, unies et propres. Elles étaient généralement ternes, nuancées et pénétrées de part en part. Enfin, ce mode de teinture, faute d'être aidé des connaissances de la chimie, y fut constamment si imparfait, qu'au moment où le procédé anglais y fut introduit, la plus grande partie des fabricans, pour avoir des couleurs foncées, envoyaient teindre leurs peaux à Grenoble.

SECTION VII.

DE LA TEINTURE DES PEAUX PASSÉES EN CHAMOIS, ET NOTAMMENT DE CELLE DES RAMAILLÉS, DITS CASTORS.

INTRODUCTION.

Le chamois est une espèce de chèvre qui habite les montagnes. On en trouve dans celles de la Suisse et dans toute la chaîne des Alpes, ce qui lui a fait donner le surnom de *chèvre des Alpes*.

La peau de cet animal, préparée, est fort meolleuse et très-souple; elle surpasse en ce genre le daim le plus beau; mais son tissu, moins serré, n'est pas si agréable à l'œil. La peau de chamois d'ailleurs est ordinairement remplie de défauts du côté du ramaillé, surtout de piqûres de la mouche appelées *taon*, ce qui empêche d'en faire usage pour culotte et pantalon, et même pour gants d'un certain prix.

Cette espèce de peau paraît être la plus anciennement mise en œuvre par les chamoiseurs, ce qui peut faire penser que cet animal était beaucoup plus commun autrefois que de nos jours. Elle a donné lieu, comme on le voit, à l'étymologie du nom qui qualifie l'art au moyen duquel elle a pu être employée pour les usages domestiques : c'est ainsi que l'expression *chamois* s'applique à toutes les peaux passées à l'huile, lorsqu'elles ne sont pas susceptibles de l'opération du ramaillage, car, dans ce dernier cas, on leur donne le nom de *ramaillé*, ou au moins, de *chamois ramaillé*. C'est ainsi que, par analogie, on nomme encore *chamoiseur* l'ouvrier qui prépare une peau de mouton en ce genre ; de même aussi, par allusion, on nomme *castor* les peaux les plus douces passées à l'huile, comme se rapprochant de la douceur du poil de cet animal, car la peau du castor, proprement dite, n'est susceptible d'aucune préparation dans les arts, et n'y est considérée que comme gélatine.

La peau dite de *chamois* n'est, en général, qu'une peau de mouton travaillée par le chamoiseur. Cette peau est susceptible d'être employée en ganterie, soit du côté de la chair, soit du côté où était implantée la laine. Dans ce dernier cas, c'est ce que nous appelons du *ramaillé*, comme nous venons de le dire. La ganterie, faite avec les peaux de cette qualité, est moins estimée que celle qui est faite avec la peau du daim ; mais elle est fort chaude, et parfois plus souple que cette dernière espèce.

Les autres sortes de peaux susceptibles d'être passées en chamois et ramaillées, sont les jeunes chèvres, les chevreaux et les agneaux. Ces deux dernières espèces donnent matière à une ganterie douce, chaude et fort agréable à l'œil.

On entend par *ramaillé* une peau à laquelle on a enlevé, dans le cours du travail du chamoiseur, la fleur et jusqu'à la partie que l'on nomme *arrière-fleur*, tissu de l'épiderme, qui est la portion du cuir dans laquelle est implanté le poil ou la laine. Ce sont de ces deux sortes de peaux dont nous allons nous occuper dans les chapitres suivans, pour les mettre, soit en blanc, soit en ocré, soit en couleur.

CHAPITRE PREMIER.

Du blanchiment des peaux passées à l'huile, chamois et ramaillé.

Quelle que soit la destination d'une peau pour la ganterie, il faut qu'elle soit préalablement purgée de son huile, blanchie et poncée.

Pour purger une grosse de peaux de taille ordinaire, vous faites fondre deux livres de potasse dans environ trente litres d'eau douce et à chaud. La chaleur de ce bain doit être élevée à 25 degrés. Dans cette lessive vous mettez vos peaux bien ouvertes, et les y faites fouler aux pieds pendant une bonne heure consécutive, en ayant soin de les remuer de temps en temps pour qu'elles se dégorgent également. Dans cette opération, la potasse s'empare de l'huile dont elle a été imprégnée, soit au foulon, soit au moyen de l'échauffe, et qui, n'est qu'une espèce de savon ammoniacal, auquel on donne le nom de *dégras* à sa sortie de la peau, et dont nous ferons usage dans le cours du blanchiment.

Vos peaux ayant été purgées, vous les sortez, par quatre à six à la fois, suivant leur taille, pour être tordues à la bille comme il a été dit. C'est particulièrement le dégras sortant de la torse que l'on aura soin de se réserver. Vos peaux étant tordues, sont ouvertes et secouées, placées sur un tréteau, et de là, encore toutes mouillées, transportées sur un pré pour y être exposées au soleil du côté qui est destiné à être poncé, c'est-à-dire du côté de la fleur, si ce sont des ramaillés, ou du côté de la chair, si ce ne sont que des chamois.

Le pré doit être, autant que possible, humide et bien exposé; mais, n'ayant qu'une herbe courte, sur un sol régulier. La peau doit y être établie de manière à ce que toutes les parties bien ouvertes puissent recevoir également l'impression de la lumière, et ne laisser au vent que le moins de prise possible.

Le blanchiment de la peau, comme celui de la toile, paraît être le résultat de la décomposition de l'eau par les rayons solaires. Dans ce travail de la nature, l'hydrogène qui entre dans la composition de l'eau, volatilisé par la chaleur et saturé par l'oxigène de l'air, laissant prédominer l'oxigène qui entre aussi dans la composition de ce liquide, lui donne la force, par sa propriété décolorante, de faire disparaître jusqu'aux dernières traces de la teinte jaune qui appartenait à l'huile. C'est ainsi que petit à petit nous voyons prédominer le blanc du tissu de la peau [1]. Au moyen de cette théorie l'on peut expliquer la différence qui se fait remarquer entre le blanc, obtenu au moyen d'une eau terrestre quelconque, et celui de la rosée, les vapeurs aqueuses condensées dans l'atmosphère contenant beaucoup plus d'oxigène. C'est encore ainsi que j'expliquerai l'action funeste des eaux pluviales sur la peau lorsqu'on a le malheur de les laisser mouiller de la sorte trop fortement, car l'oxigène que l'on a long-temps considéré comme le principe de tous les acides, aurait la propriété de corroder la peau comme celle de consumer certains métaux.

On voit donc qu'il est avantageux de pouvoir faire passer la nuit aux peaux sur le pré où on les expose, car non seulement l'opération en est plus prompte, mais on gagne le temps de les abreuver, de les enlever et de les remettre sur le pré, ce qui est presque tout le travail de l'opération du blanchiment.

---

[1] D'après la théorie établie, l'oxigène ne ferait que rendre solubles les matières colorantes ; mais les peaux se blanchissant parfaitement sans avoir recours à une immersion dans un liquide quelconque, je ne puis partager cette opinion.

La saison la plus convenable pour faire blanchir les peaux est le milieu du printemps et la fin de l'été, ces deux époques permettant aux peaux de séjourner sans être desséchées, et les rosées étant plus abondantes et en même temps plus chargées d'oxigène.

Quarante-huit heures de séjour sur le pré, par une saison favorable, ou deux mouillages artificiels, peuvent suffire à la peau pour recevoir un premier coup de ponce.

Nota. Je crois devoir ne pas négliger de faire connaître une circonstance fâcheuse dont on est toujours victime sans expérience.

Lorsqu'on a fait faucher son pré, il faut toujours attendre au moins ving-quatre heures avant que d'y remettre des peaux. Sans cette précaution, le jus de la plupart des plantes qui suinte de la partie coupée forme à la peau une infinité de trous, et quelquefois la sillonne d'une quantité de veines qui lui font perdre toute sa consistance; ce qui peut être la cause d'une perte énorme, car les peaux ne sont plus bonnes à rien.

CHAPITRE II.

Du ponçage.

Le *ponçage* a lieu sur un métier dans le genre de celui que nous avons fait connaître pour parer les peaux mégissées, mais il doit être moins élevé.

On place les peaux par douzaine sur la traverse du métier, de la même manière que pour le parage; on commence par celle de dessus, en rejetant sur le dos des crochets au fur et à mesure celles que l'on a poncées.

Cette opération est une des plus importantes, en même temps que la plus pénible de la teinture.

La pierre dont on se sert pour poncer les peaux en mégie est une ponce grise et légère; celle dont on fait usage pour le ramaillé est de l'espèce appelée *blanche*, mais également la plus légère, cette qualité ayant une contexture plus régulière. Lorsqu'on n'en trouve pas d'un volume assez gros, de bonne qualité, l'ouvrier en fait une réunion de plusieurs morceaux et les fixe sur une planchette, au moyen de la colophane, et donne à ce tout une forme à sa convenance, qu'il garnit d'une large courroie assujettie avec quelques clous, ce qui sert à la fixer à son poignet.

L'action de la ponce sur les corps, on le sait, a pour but de les polir; c'est au moyen d'un mouvement appuyé de cette pierre sur la peau sèche que l'on obtient ce résultat. La peau ramaillée est ici, comme la peau mégissée, tenue par la main gauche de l'ouvrier, tandis que de toute sa force, au moyen de sa droite, il fait aller sa pierre en tous sens (*fig.* 14).

Un sable de grès, placé entre la peau et la pierre, facilite l'opération du ponçage, en aidant à briser et à détacher tous les petits duvets; le ponçage doit avoir lieu sur la peau en tous sens, comme on l'a dit pour les peaux sur chair; mais ce genre-ci est beaucoup plus laborieux.

Trois douzaines de peaux suffisent fort souvent à la journée d'un ouvrier. Lorsque l'opération est achevée, avec toute la perfection possible, les peaux sont de nouveau mouillées et remises sur le pré, soit pour en achever le blanchiment, soit pour en recommencer le ponçage. Dans le premier cas, il faut mêler à son eau une portion de dégras, afin de rendre aux peaux la souplesse qu'elles ont dû perdre, soit à la purge, soit sur le pré. Dans ce second cas, au contraire, le ponçage se faisant mieux sur une peau desséchée, on aura soin de la faire souffrir jusqu'à ce qu'elle soit parfaitement rasée.

Si vos peaux étaient destinées à faire des gants blancs, il leur faudrait donner, à défaut de saison favorable et de rosées, encore huit à dix mouillages dans lesquels on alternerait l'eau simple et l'eau de dégras, afin de les maintenir dans leur douceur naturelle. Si, au contraire, ces peaux devaient être mises en apprêt jaune ou en toute autre nuance, trois à quatre mouillages, après leur ponçage définitif, seraient suffisant. Nous allons nous occuper de chacune de ces opérations.

CHAPITRE III.

De la préparation des peaux dites *de chamois* et ramaillées pour la ganterie blanche, vulgairement nommée *castor*.

Le gant de castor blanc est un gant d'uniforme dans plusieurs armes ; il est généralement porté dans certaines contrées, et notamment dans le nord de l'Europe [1]. Les peaux qui servent à faire cette espèce de ganterie ne reçoivent ordinairement d'autre apprêt qu'un blanc obtenu sur le pré, au moyen de la décomposition de l'eau par les rayons solaires ; le degré de blancheur convenable n'est souvent obtenu qu'au moyen de dix à douze expositions successives. Cependant il arrive qu'avec de petites peaux bien purgées, et par un temps convenable, quatre à cinq mouillages après leur ponçage peuvent suffire.

Dans les temps peu favorables au blanchiment, mais pour les peaux destinées à rester

---

[1] Ce que j'écrivais en 1828 n'est plus exact en 1854.

en blanc seulement, on pourrait faire usage de très-légères dissolutions de lessive, obtenue au moyen de potasse blanche, alternées avec quelques autres bains légèrement acidulés par le chlore ou l'acide sulfurique. Dans tous les cas, on est dans l'usage de mêler, dans le dernier mouillage qu'on leur donne, une petite quantité de blanc calcaire; on pourrait y ajouter une petite quantité d'indigo; moi, j'y ai ajouté avec succès une petite quantité d'amidon ou de farine, pour empêcher la terre de faire poussière quand la peau est sèche.

Au sortir de ce bain, et lorsque les peaux ont été bien également imprégnées, on les remet encore sur le pré pour y être séchées à fond et recevoir de nouveau un léger coup de ponce, pour en relever le duvet que nous nommons *la frise*, et ainsi rendre à la peau toute la douceur dont elle est susceptible. C'est dans cet état, remises en douzaine fleur contre fleur, que les peaux sont livrées à la ganterie.

CHAPITRE IV.

De l'apprêt jaune, ou de la couleur dite *ocrée*.

Le gant ocré est aussi un gant d'uniforme, mais il se porte plus généralement en grosse ganterie, telle qu'en daim, façon de daim et chamois; la plus grande partie de ces sortes de gants se fait à Niort, où, par conséquent, on est en possession des moyens de préparer ces sortes de peaux; mais leur apprêt, quoique beau, y est généralement mauvais, et, par cette raison, je crois devoir passer sous silence les moyens qu'on y emploie; je me bornerai à faire connaître ceux usités à Paris.

Vos peaux, quelles qu'elles soient, daim ramaillé ou chamois, après avoir été soigneusement poncées, doivent être remises dans une eau de dégras, pour y recevoir une nouvelle nourriture et reprendre leur première douceur; puis remises sur le pré pour y recevoir deux blancs. Arrivées à ce point, si vos peaux sont assez propres, vous pouvez les mettre en apprêt. L'ocre dont on se sert est une terre ferrugineuse, d'une teinte foncée, dont les peintres en bâtiment font un grand usage, et qui est connue de tout le monde; on doit en rechercher la plus fine et la moins foncée. La teinte de cette espèce de terre n'est pourtant pas celle qui convient en gants; on la rend plus agréable en atténuant son jaune foncé, au moyen d'une terre blanche et d'une petite quantité de stil de grain.

Le stil de grain n'est ordinairement que la partie colorante d'une graine, connue dans le commerce sous le nom de *graine de Perse*, précipitée au moyen de l'alun et de la potasse. La terreblanche dont on fait usage est celle connue sous le nom de *blanc d'Espagne;* on la trouve abondamment dans des carrières, à Sèvres et à Meudon, près Paris; dans une infinité d'autres lieux, en France, et notamment dans la partie de la Champagne-Pouilleuse, où elle se trouve en couches horizontales; ce qui cause la stérilité de cette contrée. C'est sans doute l'expression de *Champagne*, changée en celle d'*Espagne*, avec intention dans le commerce, qui a fait prévaloir ce dernier mot. Ces trois substances réunies en proportions convenables pour la teinte que l'on veut obtenir, forment le fond de cet apprêt.

Votre couleur étant disposée, vous la délayez dans une quantité d'eau proportionnée à la taille et à la quantité des peaux que vous avez à apprêter. La qualité et quantité des ingrédiens, comme la quantité d'eau que vous emploierez, seront elles-mêmes en raison du mode de teinture que vous allez employer.

Quoi qu'il en soit, ce bain ne saurait être considéré comme une couleur en teinture, car le seul stil de grain est de nature à mériter ce nom, étant le seul des ingrédiens qui laisse en combinaison ses molécules dans le bain; les terres, au contraire, qui en forment le principal, n'étant que mêlées, s'en séparent et se précipitent au fond du bain; aussi, pour en faire usage, convient-il de le remuer à chaque fois qu'on veut y plonger la brosse ou les peaux. Il faut donc ajouter à ce mélange une petite quantité d'amidon, pour faciliter la suspension des molécules les plus légères, et en dernier lieu, pour éviter la trop grande poussière que ces sortes d'apprêts donnent à sec.

Je suppose notre couleur disposée pour être placée sur les peaux, au moyen d'une brosse, comme on en use pour les autres; l'opération alors en a déjà été décrite. Mais si au contraire on devait opérer dans un baquet, au moyen du plongé, alors il nous faudrait le double de terre et de stil de grain, et au moins dix fois plus d'eau.

Dans ce dernier cas, il suffit de plonger les peaux dans le baquet où une partie de la préparation a été mise, et de les remuer avec les bras, à deux, au fur et à mesure qu'un troisième verse le reste de la couleur. Si l'on opérait en grand ou avec de fortes peaux, comme à Niort, on pourrait faire usage d'un moulin à coudrement (*fig.* 15).

Cette manière d'opérer, qui jusqu'à ce jour n'a été employée que dans ma fabrique, me paraît préférable en ce qu'elle est abrégée; ensuite en ce que, par ce moyen, les peaux, ne recevant que les parties les plus atténuées des terres, ces dernières se fixant plus intimement dans leurs pores, sont moins sujettes à décharger.

Votre opération de teinture étant achevée, vous retirez vos peaux une à une, sans les tordre, et les faites égoutter en les mettant à plat sur un chevalet, avant de les porter à l'étendage.

Vos peaux, une fois sèches, sont ouvertes au palisson pour recevoir un petit coup de ponce, comme on en a usé pour les ramaillés blancs.

On est dans l'usage, lorsque l'apprêt a été appliqué au moyen de la brosse, de secouer les peaux avant de les poncer, pour en faire sortir le gros de la poussière; mais par ce moyen cette précaution est inutile.

On sait qu'une fois sèches, les peaux sont ouvertes et poncées, comme il a été dit pour les peaux blanches; elles sont également pliées pour être livrées par paquet de douze.

CHAPITRE V.

De la teinture des peaux passées à l'huile, ramaillées ou chamois.

La teinture des peaux ramaillées a toujours été regardée comme difficile; non qu'elle le soit réellement, mais parce qu'elle nécessite un concours de connaissances et un accessoire de choses qui ne peuvent être que le résultat d'une étude spéciale et d'une position étudiée.

Le choix des eaux qui doivent y être employées est une des premières conditions pour la réussite dans ce genre de teinture. J'ai fait connaître assez en détail les moyens de distinguer celles qui sont les plus propres au choix que nous avons à faire : ce sont les eaux douces. J'aurai ultérieurement occasion de faire connaître les cas fâcheux qui résultent de l'emploi des eaux dures.

Il convient d'avoir, comme on l'a vu, la jouissance d'un pré pour le blanchiment des peaux. La purge, qui a été traitée dans les chapitres précédens, ainsi que le ponçage, sont encore ici des connaissances sous-entendues, et dont nous devons tenir compte avant que de passer aux opérations de teinture.

Nous sommes donc censés avoir nos peaux poncées et toutes préparées pour la teinture.

La manière de teindre ces sortes de peaux n'a rien de commun avec celle usitée pour les peaux en mégie.

Nous avons dit que ces sortes de peaux, suivant leur grandeur et leur nature, étaient susceptibles d'être poncées deux fois. Après leur ponçage définitif, elles ont été remises sur le pré, afin que les peaux ne présentent aucune irrégularité dans leur blancheur.

Pour atteindre ce but, il a donc été très-important d'étendre avec précaution les peaux dans toute leur largeur, afin de ne leur laisser aucun pli. Quelques soins pourtant que l'on ait eus, les peaux peuvent avoir des irrégularités de blancheur, et comme avec cela elles sont susceptibles d'un choix, comme les peaux blanches mégissées, pour être placées dans leurs couleurs respectives, nous serons obligés de les passer en revue pour en faire un choix; mais ce choix est à peu près en sens inverse des autres. C'est ainsi que les peaux les plus franches, les plus régulières et les mieux ramaillées seront placées dans les nuances foncées, tandis que celles qui sont de mauvaise nature et mal ramaillées seront placées dans les nuances claires. Le jaune et le blanc, dont nous avons déjà parlé, par exemple, pourraient recevoir les plus inférieures : telles seraient les galles, les noisillures et les peaux sans frise ou irrégulièrement ramaillées. Ce n'est qu'après avoir procédé à cette classification que l'on peut s'occuper de la teinture.

Nous avons déjà eu occasion de faire savoir que les astringens étaient propres à la teinture des peaux ramaillées et chamoisées ; les liqueurs exprimées des baies du sureau, du troène, de l'hièble et des nerpruns, peuvent aussi y être employées; le tan, le brou de noix, le champignon et l'écorce d'aune peuvent être considérés comme les principaux agens de cette teinture; le bois d'Inde, le fernambouc, le quercitron et la graine de Valachie, n'y sont employés que comme accessoires; le bois d'Inde surtout, en décoction fraîchement obtenue, est très-susceptible de nuancer les peaux. Par habitude, on est encore dans l'usage, dans ces sortes de teintures, de ne faire les verts qu'au moyen du jus de nerprun ; mais on en modifie les nuances au moyen du vert composé. Il serait mieux de ne faire usage que du quercitron et du bleu; les nuances en seraient plus vives.

Les verts d'eau s'obtiennent en ajoutant au nerprun, soit du sureau, soit de l'hièble ; au moyen de ces deux substances, les gris de diverses nuances se trouvent tout formés ; mais il en coûte moins de faire usage de la décoction de l'écorce d'aune, au moyen d'une dissolution de fer employée pour mordant. Le bois d'Inde, le tan et le sumac peuvent aussi y être employés pour aider à foncer les nuances ; l'indigo peut servir à les varier.

Les couleurs fauves s'obtiennent au moyen du brou de noix, soit seul, soit mêlé avec le tan et le champignon ; les nuances marrons, au moyen du tan, du champignon, du brésil et du campêche ; on peut les varier avec le quercitron, et, en forçant au bois de Campêche, arriver jusqu'au chocolat.

Le quercitron et la graine de Valachie, mêlés avec un peu de violet, au moyen d'une dissolution de fer ou du vert-de-gris, vous donneront les différentes teintes d'olives ; en forçant avec le bois d'Inde, et en ajoutant du jus de nerprun, vous aurez des verts foncés ; enfin, en diminuant les doses des jaunes, et en y ajoutant une décoction de tan, vous aurez tête de nègre.

Nous allons donner un exemple, pour les opérations de teinture, en choisissant une des teintes les plus difficiles, en même temps que des plus coûteuses ; celle du vert dragon :

L'opération de teinture, pour le ramaillé, se fait dans un baquet, comme on en use pour le plongé des peaux glacées ; mais celle dont nous allons nous occuper, étant beaucoup plus longue et demandant beaucoup plus de soins, le baquet doit être placé sur un trépied, à hauteur convenable, pour éviter le plus possible de fatiguer les ouvriers qui s'y livrent. Cette opération a besoin du concours de trois personnes à la fois : l'une est chargée de préparer les bains de couleur et les divers ingrédiens, les deux autres du travail manuel. Le premier ouvrier, s'il n'est le chef de l'atelier, peut porter le nom d'*appareilleur*; c'est sur lui que doit rouler l'ensemble de l'opération (*fig.* 16).

Pour teindre six douzaines de peaux, on aura à disposer, savoir :

Un demi-kilog. couperose verte, en dissolution, dans environ deux litres d'eau chaude ;

La décoction d'environ six kilog. de quercitron ;

Celle de deux kilog. bois d'Inde ;

Celle d'un demi-kilog. de graine de Valachie.

J'aurai en outre deux litres de bon nerprun en réserve. Ces différentes décoctions n'ont pas besoin d'être bien chargées; la teinture du ramaillé ne devant commencer que dans un très-faible bain, pour se fortifier à force de travail, et en augmentant par gradation l'intensité de la chaleur, au fur et à mesure que l'on renouvelle les bains.

Le bois d'Inde, haché ou varlopé, aura besoin de deux heures d'ébullition, et il sera bon d'en obtenir la décoction deux ou trois jours à l'avance. Le quercitron sera suffisamment épuisé au bout d'une grande heure; la graine ne le sera qu'en deux; après cette première cuite, placée avec le bain du quercitron, elle rendra le surplus par un rebouillage. Enfin, ce rebouillage de tous les marcs réunis pourra servir à commencer l'opération de teinture.

PREMIÈRE OPÉRATION.

Mouiller les peaux.

Mouiller les peaux, c'est les fouler un instant dans une eau tiède et propre, afin de les disposer à recevoir facilement et également les autres bains. Cette espèce de peau est extrêmement poreuse; aussi se trouve-t-elle imbibée, en un instant, de part en part et en tous sens.

DEUXIÈME OPÉRATION.

Donner le mordant.

Nous savons ce qu'on entend par *mordant*, en teinture, et nous avons vu que l'alun tenait le premier rang en ce genre ; mais dans la couleur que nous avons à faire, l'alun est remplacé par un sel métallique (sulfate de fer) qui en tient lieu ; l'alun serait donc un double emploi. J'en fais ici la remarque, parce que quelques teinturiers font cette faute, ne connaissant pas la nature du sulfate de fer.

Dans un bain, un peu plus que tiède, et d'une eau douce, je jette à peu près le tiers de ma couperose (sulfate de fer) fondue, et j'agite mon bain pour combiner le tout. Ce bain doit être assez fort pour y pouvoir remuer les peaux à l'aise.

Avant que d'être placées dans leur mordant, les peaux sont préalablement ouvertes une à une, en forme de capuchon, le côté poncé en l'air (*fig.* 17). Dans cet état, elles sont jetées toutes ensembles dans le bain et remuées avec dextérité, afin qu'elles reçoivent bien uniment la dissolution de fer. Dès qu'elles paraissent avoir été également mouillées de leur mordant, les deux ouvriers les y foulent au moyen de leurs poignets, en leur imprimant un mouvement de rotation, tantôt dans un sens, tantôt dans un autre. L'affinité extrême de l'oxide de fer, pour la peau, demande une grande promptitude dans les mouvemens ; car c'est de la manière dont se distribue ce métal, dans les diverses parties de la peau, que dépend aussi celui de la distribution des molécules colorantes. Il ne faut qu'un grand quart d'heure pour qu'au moyen de cette affinité la dissolution de fer soit totalement épuisée.

On peut s'en convaincre au moyen du goût ; l'eau ne devant plus être sensiblement acidulée.

Après avoir épuisé le mordant, vous retirez vos peaux et jetez votre fond de bain ; vos peaux, hors du bain, doivent être tordues et disposées, comme il a été dit, pour entrer dans le bain du mordant.

TROISIÈME OPÉRATION.

Premier bain de teinture.

Votre mordant ayant été épuisé, vous tordez et ouvrez vos peaux, et remplacez votre bain par un volume égal d'eau, dans laquelle vous mettez une légère portion de votre couleur, dite *rebouillage*. Vos peaux saisies dans les bras par les ouvriers, sont jetées avec précaution dans ce premier bain de couleur, et remuées avec les mêmes soins que pour le mordant; lorsqu'elles paraissent également imprégnées, vos deux ouvriers leur impriment un mouvement de rotation, comme il a été indiqué, soit à droite, soit à gauche, en les foulant de nouveau. Ce mouvement a pour but de faire sortir l'eau; c'est-à-dire la portion du bain qui a été décomposée par le mordant, en y pénétrant, au moyen de sa plus grande affinité pour les parties colorantes que celles-ci n'en ont pour l'eau (*fig.* 18). C'est au moyen de cette pression réitérée que l'on parvient à épuiser le bain de teinture en faveur de la peau: on doit juger des soins et du temps qu'il faut pour que cette fixation s'opère avec une égale répartition! On ne peut donner moins de six bains alternatifs, et quelquefois huit, pour arriver au point de saturation nécessaire; et pour chacun des bains au moins une demi-heure.

Notre premier bain de couleur étant épuisé, nous allons encore une fois retirer nos peaux, les tordre, les ouvrir et les disposer, comme il a été fait pour recevoir le second bain.

QUATRIÈME OPÉRATION.

Deuxième bain de couleur.

Sans vous défaire de la totalité de votre fond de bain de couleur, vous y réunissez le reste de votre rebouillage, et une portion proportionnelle de chacune des autres décoctions disposées pour votre teinture, et vous mêlez bien le tout avant d'y descendre vos peaux.

Une fois remises dans le baquet, vos peaux sont remuées avec les mêmes précautions que d'habitude; au bout d'un quart d'heure elles doivent commencer à prendre une teinte régulière, s'annonçant sous des auspices quelconques; dès ce moment on peut saisir les proportions qui conviendront le mieux dans le premier bain, pour obtenir le ton de couleur désiré. Le bois d'Inde et le nerprun doivent être les deux agens destinés à vous faire atteindre votre but : le premier, pour augmenter l'intensité de la couleur, le second, pour lui donner l'œil vert qui doit caractériser votre nuance.

Je suppose mon deuxième bain de teinture épuisé, l'appareilleur en fait retirer les peaux pour leur donner un second mordant.

CINQUIÈME OPÉRATION.

Second mordant.

Mon baquet vidé, j'y mets de nouveau une quantité d'eau chaude et le deuxième tiers de mon mordant. Mes peaux encore une fois disposées comme on sait, y sont rejetées, remuées et foulées; après un bon quart d'heure seulement, on les en retire pour les tordre, les ouvrir, etc. Vous substituez à votre bain de sulfate de fer épuisé, un bain de couleur disposé suivant l'idée de l'appareilleur. Ici point d'autre règle que celle de l'expérience et de la sagacité; la qualité, l'intensité des drogues, et l'idée que l'on s'était faite de la teinte, doivent seules servir de guide.

SIXIÈME OPÉRATION.

Troisième bain de couleur.

On ne peut que se répéter pour la conduite à tenir dans cette sixième opération: plonger, remuer, fouler, et faire tourner jusqu'à ce que le bain soit épuisé. Dans ce bain on peut commencer à déterminer la teinte; si elle ne se caractérisait pas, ce serait le cas d'user d'une scrupuleuse attention pour juger de ceux des ingrédiens qui manquent pour l'emploi du dernier bain de couleur. C'est de l'expérience et de l'habileté de l'appareilleur qu'il dépend fort souvent, de terminer ici l'opération de teinture, ou de la prolonger au moyen de l'emploi du reste du mordant et d'un nouveau bain de couleur. C'est surtout vers la fin de l'opération que doit être employé le nerprun pour détruire le fond grisâtre du bois d'Inde. Cette substance étant d'ailleurs la plus chère, il convient de ne pas la prodiguer dans les premiers bains. Il nous reste donc encore un tiers de notre mordant ; peut-être autant de bains de couleurs, et notre dose entière de nerprun.

Dans l'hypothèse où notre opération de teinture serait finie ici, par l'emploi de notre nerprun, nous aurions après ce bain, à sortir les peaux pour les faire simplement égoutter et les mettre dans un bain de mordant composé seulement de deux onces d'acétate de cuivre, afin de fixer le plus possible la couleur sans altérer la nuance ; à ces fins il suffirait de remuer soigneusement vos peaux dans ce mordant et de les en sortir sans les fouler, pour les disposer à recevoir une nourriture.

SEPTIÈME ET DERNIÈRE OPÉRATION DE TEINTURE.

Mettre en nourriture.

Les peaux étant fixées dans leur couleur, on leur prépare une nourriture consistant en cinquante jaunes d'œufs et environ huit onces d'alun fondu ; le tout délayé dans la valeur de deux litres d'eau tiède [1].

Vos peaux replacées seules dans le baquet, y seront étendues dans le fond pour recevoir cette sauce que vous aurez soin de faire répandre en tous sens ; vous les remuerez de manière à ce qu'elles en prennent, autant que possible, la même quantité, et les foulerez ensuite aux pieds ou à la main, comme vous voudrez. Lorsque cette nourriture aura disparu, vos peaux pourront être retirées et tordues à la bille, puis secouées et disposées à plat sur un tréteau, pour de là être placées à l'étendage pour y sécher.

Vos peaux une fois sèches sont ouvertes

---

[1] Si l'on voulait donner à cette couleur plus de solidité pour résister à la piqûre, on pourrait ajouter un quart de litre de la préparation nitro-ammoniacale dont j'ai parlé, et que je ferai connaître plus amplement en parlant des couleurs à l'abri de cette avarie.

et passées à la trimbale, si elles sont grandes et fortes ; ou simplement au palisson.

La trimbale est un morceau de fer d'environ un pouce de diamètre ; d'abord rond et ensuite tordu à chaud, en spirale, et courbé à peu près en demi-cercle, de manière à présenter des canelures aiguës. Ce fer ainsi disposé doit être scellé dans le mur à peu près à la hauteur de cinq pieds, de manière à offrir l'ouverture de son demi-cercle ouverte et libre. On voit, par la conformation de cet instrument, qu'il présente dans toute sa surface des aspérités aiguës, mais non coupantes (*fig.* 19).

Pour s'en servir l'ouvrier prend les peaux par deux, quatre ou six à la fois, suivant leur volume ; il les tord et les met à cheval dans leur longueur, sur l'un des points de ce demi-cercle ; puis les saisissant aux deux extrémités, avec chacune de ses mains, il les fait voyager sur ces mêmes aspérités, en les y appuyant fortement, jusqu'à ce que chacune des parties ait été ramollie ou que leur nerf ait été brisé, comme disent nos ouvriers.

Cette façon n'est point encore la dernière ; les peaux sortant du fer sont placées sur une table et brossées du côté de la fleur, si ce sont des ramailles, ou de celui de la chair, si ce sont des chamois. Cette dernière opération a pour but de faire tomber une infinité de petits duvets détachés de la peau, et de leur faire perdre les plis qui résultent de l'opération du fer. Elle remplace le léger coup de ponce que l'on donne aux ramaillés jaunes et blancs que nous avons fait connaître, et qui avait pour but de relever ce que nous avons appelé *la frise de la peau* (*fig.* 20).

Dans cet état les peaux sont pliées comme il a été dit, fleur contre fleur, et mises en paquet de douze pour être livrées au fabricant de gants.

A Chaumont on fait une ganterie avec des petits moutons chamoisés que l'on teint avec beaucoup moins de soin. A peine ces peaux sont-elles purgées et à moitié blanches, on y applique la couleur au moyen d'une brosse, comme on en use sur le surchair. Le ponçage s'y donne également mouillé lorsque les peaux ont reçu une première couche de couleur. Mais ces gants n'ont ni la souplesse ni le moelleux de nos gants de castor ; aussi n'ont-ils cours dans le commerce qu'à des prix fort inférieurs.

Lorsqu'il est question de teindre des peaux de daim ou de grands moutons, comme pour la ganterie de Niort, tout ce que j'ai indiqué pour les peaux ordinaires peut leur être applicable ; il suffit d'observer des proportions relatives à leur volume. C'est ainsi que deux seules douzaines de peaux de daims peuvent absorber et au-delà tout ce que nous avons employé d'ingrédiens pour six douzaines de peaux ordinaires, et qu'il ne faudrait pas moins de temps pour les mettre en couleur.

Niort envoie à Paris la plupart de ses peaux pour y être teintes. Dans cette fabrique, l'art du teinturier en peau n'y est encore que très-peu avancé. J'aurai occasion de revenir sur ce sujet, que j'ai traité dans un Mémoire adressé à la société d'encouragement.

SECTION VIII.

DES DIVERSES MANIÈRES DE TEINDRE EN NOIR.
THÉORIE DE LA TEINTURE NOIRE.

Il y a peu de substances simples propres à procurer du noir en teinture ; et le prix élevé de celles qui sont connues empêche d'en faire usage. Mais comme au moyen de combinaisons chimiques on obtient ce résultat à peu de frais, nous ne nous occuperons que de ces mêmes combinaisons.

Le noir, comme nous l'avons déjà dit, est le résultat de la réunion de l'oxide de fer avec un ou plusieurs astringens. Nous avons déjà vu, par diverses expériences rapportées, quel rang on devait assigner aux diverses substances employées dans cette espèce de teinture, et désignées sous le nom d'*astringens*. La noix de galle, dont on a obtenu un sel ayant toutes les qualités des acides, et dont on soupçonnait depuis long-temps la présence par la propriété qu'a sa décoction de dissoudre le fer ; la noix de galle dont les molécules, beaucoup plus fines que celles de tout autre astringent, sont tenues en suspension par une substance visqueuse qui lui est propre; la noix de galle, dis-je, est évidemment le meilleur des astringens; aussi est-on dans l'usage de prendre cette substance pour type de comparaison lorsqu'il est question de connaître la valeur des autres astringens, et de se servir de son nom lorsqu'on emploie toute autre préparation analogue, en y sous-entendant, en quelque sorte, sa présence. C'est ainsi que l'on appelle *engallage* toute combinaison astringente destinée à être précipitée par une dissolution de fer quelconque, pour en obtenir du noir.

Le sumac qui, comme on l'a vu, ne contient pas moitié autant d'astringent que la noix de galle, et dont les molécules sont beaucoup plus grossières, n'en tient pas moins le second rang.

Le bois d'Inde qui, d'après les essais rapportés, n'occupe que le troisième rang, n'en figure pas moins comme agent principal dans la plupart des engallages. Cette préférence lui est donnée à cause de sa propriété tinctoriale autant que pour son bas prix. Mais cette préférence ne doit lui appartenir que pour la composition des engallages destinés aux teintures noires qui n'ont pas besoin d'une grande solidité.

Les diverses parties du chêne, et notamment la jeune écorce qui se vend sous le nom de *tan*, et qui vient en quatrième ligne, a le désagrément de faire un gros volume et de ne présenter que des molécules grossières. Ces motifs la font assez généralement exclure dans toutes les occasions.

La connaissance de la formation du noir résulte de celle des quantités de principes astringens qui doivent être combinées avec une quantité déterminée d'oxide de fer. Cette combinaison doit se régler au moyen de la connaissance que nous avons acquise de la qualité des divers astringens qui peuvent y être employés. La beauté et la bonté d'un noir dépendent essentiellement d'une juste application de nos connaissances en ce genre. Je vais faire connaître les divers inconvéniens qui peuvent avoir lieu en s'écartant de ces mêmes proportions.

Si, dans le noir, l'engallage domine, comme cela arrive lorsque l'on a fait usage d'une trop faible dissolution de fer par l'acide acétique, qui est employé dans la teinture du ramaillé, la couleur non seulement n'est point aussi belle, mais en vieillissant elle tourne au fauve. Si au lieu d'acétate, vous avez employé du sulfate de fer, ce dernier oxide au moyen de son dissolvant, surtout si le principal de l'engallage est en bois d'Inde, attaquera votre partie colorante et la fera tourner au rouge. On voit donc que pour le ramaillé, où l'usage des alcalis n'est point encore introduit, il est tout-à-fait indispensable de n'employer qu'une dissolution de fer par l'acide acétique, ou celle provenant de la composition dite *de la tonne au noir*, et de ne pas s'écarter des proportions. Ainsi le principal de notre engallage étant le bois d'Inde, comme on le verra pour la formation de notre noir sur le ramaillé, il ne faut pas craindre de mettre couche pour couche d'engallage et de la composition de notre tonne au noir ; car jamais ces sortes de dissolutions ne sont chargées au-delà de deux degrés ou deux degrés et demi au plus.

Cette théorie est assez généralement observée par quelques praticiens qui, pourtant, n'ont pour guide que leur propre expérience ou des recettes de tradition ; aussi fait-on, en quelques lieux, ce genre de noir très-bien. Mais, faute de cette théorie, combien d'ouvriers se traînent dans de mauvaises ornières ! que de leçons fâcheuses ne reçoivent-ils pas pour en sortir et gagner une meilleure voie !.... Les améliorations ne s'introduisent que de loin à loin là où la science n'est que tradition ; la raison en est toute simple : celui qui possède quelque connaissance profitable s'arrange de manière à ne la cultiver que pour lui. C'est là un des préjudices causés à l'industrie par l'isolement et l'abandon dans lesquels sont laissées les classes industrielles de la part de l'autorité.

Pour compléter autant que possible la somme des connaissances préliminaires dont nous avons besoin, et avant de faire connaître les divers procédés employés dans la teinture noire des peaux douces, je vais donner communication du Mémoire dont j'ai parlé, adressé à la société d'encouragement, et qui a été fait dans l'espoir de résoudre une question ainsi posée par cette société : *Trouver par un nouveau procédé le moyen de teindre en noir, avec perfection, les chapeaux de feutre.*

Ce chapitre pourra tenir lieu de manuel pour les teinturiers en chapeaux, manuel qui, je crois, manque aussi à la collection encyclopédique.

MÉMOIRE

A MESSIEURS LES MEMBRES DE LA SOCIÉTÉ
D'ENCOURAGEMENT, ETC. ETC. ETC.

De tous les arts manufacturiers, l'art de la teinture est sans doute celui qui est le plus indispensablement lié à la science du chimiste. Sans elle le manipulateur ne saurait se rendre raison de la plupart des phénomènes qui ont lieu dans les opérations auxquelles il se livre, ni en tirer parti ; mais malheureusement le plus grand nombre de ceux qui s'occupent de ce genre d'industrie n'ont point acquis les connaissances préliminaires propres à les guider. La chimie, comme toutes les autres sciences, a son langage propre, son vocabulaire particulier que nous ne rencontrons que rarement dans nos ateliers. C'est par cette raison que, malgré les efforts de nos savans modernes, notamment les Chaptal, les Berthollet, les Chevreul, etc., pour étendre et faciliter l'étude de cette science; malgré vos continuelles libéralités pour agrandir le domaine de toutes les connaissances industrielles, nous voyons la plupart de nos ouvriers teinturiers se livrer à des opérations toutes routinières, et que les conseils les plus efficaces ne sauraient leur faire abandonner.

L'art du teinturier, cet art en quelque sorte implanté en France par le grand Colbert, en faisant acheter chez les étrangers les meilleures recettes de teinture alors connues, et en les prescrivant comme règles dans nos ateliers; cet art, sans lequel nos toiles peintes, nos draps et la plupart de nos tissus n'auraient que peu de valeur, et seraient sans importance dans le commerce; cet art, dis-je, appliqué à la chapellerie, s'est maintenu, jusqu'à présent, à peu près tel qu'il était lorsque Colbert l'introduisit.

Les défauts généralement reprochés aux teintures noires des chapeaux proviennent moins encore de la nature des drogues qui y sont employées que de la manière dont on les emploie. La formation de cette teinture dans la chaudière, par le moyen du principe astringent du campêche et de la noix de galle avec les dissolutions métalliques, est cause d'une perte très-considérable de temps et de matières colorantes, en même temps qu'elle ne donne que de mauvais résultats. Cela est facile à démontrer.

Prenez une décoction de campêche et une

petite quantité de celle de noix de galle, agens qui entrent ordinairement dans la composition de ce genre de teinture, et qui y composent ce que nous appelons *l'engallage;* la couleur est d'un violet fauve. Si on y ajoute une goutte de dissolution de fer et d'acétate de cuivre (vert de gris), comme on en use dans cette teinture, au même instant ce mélange prend une teinte noire assez foncée; alors il s'opère une décomposition, les acides sulfurique et acétique abandonnent leurs oxides de fer et de cuivre qu'ils tiennent en dissolution; il se forme aussitôt un gallate de fer et de cuivre qui se précipite dans la liqueur qui surnage, et qui devient d'autant plus claire que le principe astringent a reçu une plus grande quantité de dissolution métallique. Dans cet état, le noir n'est qu'une espèce de boue formée par le gallate de fer et de cuivre, peu propre à la teinture des chapeaux, et qui ne serait nullement susceptible de teindre en noir un autre corps d'un tissu plus serré. Cependant c'est avec cette même matière qu'opèrent la plupart des teinturiers en chapeaux; aussi ils ne parviennent à la fixer sur le feutre qu'à force de temps, de matières et de soins. Ils sont obligés de donner aux chapeaux, huit, dix, et quelquefois jusqu'à douze et quatorze bains successifs, dans une température de

70 à 80°. Dans l'intervalle de chaque bain les chapeaux sont exposés à l'air pour y voir les oxides se fortifier, ce qu'on nomme *donner un évent*. A chacune de ces opérations la chaudière est surchargée des mêmes ingrédiens, et surtout de couperose verte (sulfate de fer), qui ne font qu'augmenter le précipité. C'est ce précipité ou dépôt, espèce de boue dont nous avons parlé, qui lui-même, rejeté par l'ébullition, finit par se répandre sur le tissu feutre, et le garnit enfin de molécules noires, matière insoluble, sans affinité, et par conséquent ne pouvant se combiner intimement avec le feutre. Par cette raison aussi ils ne peuvent soutenir un lavage jusqu'à eau claire ; opération pourtant fort essentielle pour toute couleur de ce genre, et qui, soutenu avec efficacité, ne fournit qu'un léger indice de la perfection de ce genre de teinture. Aussi ne fait-on jamais subir aux chapeaux qu'un lavage très-léger. De là le défaut reproché à cette espèce de teinture, de décharger, malgré l'apprêt ou espèce de colle dont on les enduit, et qui sert pourtant efficacement à retenir cette poussière noire que les bains successifs y ont fait entrer.

Un autre inconvénient du procédé généralement en usage aujourd'hui, est la teinte rougeâtre qui se manifeste spontanément, et quelquefois promptement, sur la calotte des chapeaux. M. Berthollet a cru que cet effet avait pour cause seulement un excès d'oxide de fer. Nous ne partageons pas entièrement sa manière de voir sur ce point ; car, s'il en était ainsi, il suffirait, comme il l'a avancé, de renouveler la portion d'engallage détruite pour rétablir la teinture noire, ou de diminuer la dose des oxides en teinture, pour que ce défaut n'eût pas lieu, tandis que, ni l'un ni l'autre de ces moyens, d'après ma propre expérience, n'ont pu réussir [1]. D'après mon opinion, c'est à la présence de l'acide sulfurique qu'il faut attribuer ce défaut généralement remarqué, non seulement dans la teinture des chapeaux, mais dans la plupart des teintures où le bois d'Inde entre pour principal. A l'appui de cette opinion, je parlerai d'une peau de chamois teinte en noir, au moyen de la couperose verte et un engallage dans le genre de celui que j'ai fait connaître ; cette peau, au bout de quelques semaines, est devenue rouge par place, et, après quelques mois, la teinte noire en a totalement disparu.

[1] Cette assertion ne doit point détruire l'idée de l'excès du sulfate employé par les teinturiers en chapeaux : au contraire, je l'ai constaté, comme on le verra plus tard.

Pour chercher à rétablir la couleur primitive de cette peau, vainement a-t-on essayé d'y appliquer de nouvelles couches d'engallage : la couleur rougeâtre primitive a constamment prédominé, et après un certain laps de temps le nouvel engallage a été détruit comme le premier. C'est donc évidemment à la présence de l'acide sulfurique que nous devons attribuer cette tendance au rouge dans toutes les couleurs noires où l'emploi du sulfate de fer a lieu avec excès, comme dans la teinture des chapeaux.

Le nitrate de mercure, employé dans la chapellerie pour l'opération que l'on nomme *secrétage*, ayant pour but de disposer les poils à feutrer, peut contribuer à ce défaut : cette nouvelle opinion semble acquérir un grand degré de certitude lorsqu'on remarque que les feutres de même espèce, mais sortis de fabriques différentes, ne conservent pas leur noir également, bien qu'ayant été produit par la même teinture. J'en ai vu qui avait rougi dans le magasin du marchand, tandis que la teinte d'autres chapeaux sortis de la même chaudière, exposés au soleil, n'était pas encore sensiblement altérée.

D'après cet exposé, on voit que la manière généralement adoptée pour la teinture des chapeaux est essentiellement vicieuse, jugée d'après les principes de la chimie aussi bien que par le résultat de l'expérience; de plus, qu'elle entraîne beaucoup de longueurs en même temps qu'elle est dispendieuse par l'emploi superflu d'une quantité d'ingrédiens dont une partie se trouve perdue.

Après avoir signalé les vices du procédé que l'on emploie pour la teinture noire des chapeaux, je crois devoir en indiquer un autre qui me paraît de beaucoup préférable:

Diminuer la quantité des drogues qui entrent dans la composition des bains de teinture, en procédant de manière à perdre moins de molécules colorantes; ce qui s'obtient en formant le noir sur l'objet même qu'on veut teindre au lieu de le former dans la chaudière;

Obtenir une économie de main d'œuvre et de combustible, en diminuant le nombre des évens ainsi que celui des bains;

Procurer une plus grande fixité à la teinture en substituant l'acétate au sulfate de fer, en faisant usage d'un lustre dont il sera parlé ci-après; et enfin, en indiquant aussi les espèces et les proportions des ingrédiens dont on doit composer son engallage,

Tels sont, Messieurs, les avantages que doit procurer à la chapellerie l'adoption d'un nouveau procédé de teinture noire basé sur des essais qui ont été faits, en trop petit nombre sans doute, mais dont je ne vais pas moins avoir l'honneur de vous faire connaître les résultats : essais qu'il conviendrait de renouveler dans un atelier où tout serait mieux approprié pour résoudre ce problème.

Bien que la raison démontre et que l'expérience constate qu'une même couleur, pour être fixée sur des matières différentes, nécessite des modifications plus ou moins considérables, cette même expérience nous a prouvé aussi que pour la teinture des chapeaux on peut, sans inconvéniens, employer une méthode uniforme, quoique le feutre soit souvent composé de diverses espèces de poils et quelquefois même de laine seule : aussi voyons-nous les teinturiers en chapeaux suivre tous une recette à peu près semblable pour la composition de leur noir. La réussite dans cette circonstance peut s'expliquer par la conformité de nature dans les diverses substances employées au feutrage, qui sont toutes animales.

Voilà quelle est à peu près, la recette employée dans les ateliers de teinture pour la chapellerie.

Pour un feutre :

Bois de campêche.................. 8 onces.
Galles........................... » $1/2$ dito.
Sulfate de fer.................... 1 $1/2$
Acétate de cuivre................. » $1/2$ [1].

[1] D'après les proportions indiquées par nos aca-

A ces divers ingrédiens, quelques praticiens moins routiniers ajoutent une légère dose de gomme ; quelques autres, une petite quantité d'arsenic, etc. etc. ; mais ces sortes d'additions ne sont encore faites que sous le voile du mystère.

La base de leur teinture, comme on le voit, est le bois d'Inde. Je vais démontrer que pourtant cette substance ne doit être employée dans les bonnes teintures que comme accessoire et non comme principal ; il me suffira de faire connaître les divers essais qui ont eu lieu en employant successivement seules pour engallage chacune des diverses substances astringentes propres à la formation du noir.

Avec la simple noix de galle et l'acétate de fer, marquant à peu près deux degrés à l'aréomètre, j'ai obtenu le noir présenté sous l'échantillon n° 1. Le feutre est resté plongé à la température de l'eau bouillante, deux heures dans le premier bain (l'engalle), et une heure seulement dans le second (l'acétate de fer) [1].

démiciens du principe astringent contenu dans chaque substance, il suffisait de 1 once 1 gros et 10 grains de sulfate de fer ou d'acétate de cuivre : il y a donc un excès de près de 7 gros non seulement en pure perte, mais nuisible à la solidité du noir, comme on le verra.

[1] Ces deux intervalles n'étaient pas assez considé-

J'ai obtenu le n° 2 au moyen d'un engallage avec une partie de noix de galle et trois de sumac; la dissolution de fer était la même que pour le n° 1. Mais, par précaution, vu l'infériorité du sumac, j'ai cru devoir prolonger d'une heure la durée de l'opération.

En employant pour engallage la seule écorce de chêne, M. Tard, fabricant de chapeaux, a obtenu un noir qui, après quelques jours d'oxidation en divers évens, m'a paru assez beau; mais ce résultat n'a été obtenu qu'avec la perte de temps ordinaire et l'emploi de la dissolution de fer par la couperose verte.

Quant à l'emploi du bois d'Inde seul, les résultats en sont connus par le produit de la teinture des chapeaux communs, dans laquelle, par économie, on ne fait pas entrer de noix de galle.

Il résulte de ces diverses expériences que la noix de galle donne le plus beau noir, que le sumac et le chêne donnent un noir grisâtre, tirant sur l'ardoise; que le bois d'Inde,

---

rables pour obtenir une combinaison assez complète du principe astringent avec le feutre, et de ce principe avec l'oxide de fer. Le noir obtenu, qui m'a paru beau étant humide, ne l'était pas une fois sec. Je n'ai pas eu le loisir de répéter l'opération que d'ailleurs on m'avait promis de renouveler pour moi; ce que l'on n'a pas fait.

au contraire, produit une teinte cuivrée, tirant sur le bleu, dont les teinturiers se plaignent, et qui, d'après leur recette, est encore augmentée par l'emploi du vert de gris et du sulfate de fer (couperose) qui contient de l'alumine; substance que, d'après ma propre expérience, j'ai reconnu s'opposer à la formation du beau noir.

Il faut donc conclure que le mélange des diverses substances astringentes est utile à la composition d'un bon engallage, et que chaque teinturier doit opérer suivant son expérience et son goût pour arriver à la nuance la plus goûté; qu'il convient d'éviter, dans tous les cas, l'emploi du sulfate de fer du commerce. Aussi, c'est d'après ces observations que j'ai procédé à la teinture du chapeau ci-joint, que j'ai l'honneur de vous présenter comme échantillon.

L'engallage qui a servi à sa teinture était ainsi composé :

Noix de galle...	2 onces.
Bois d'inde...	4 *dito*.
Sumac...	2
Quercitron...	» 1/2

Cette dernière substance est un faible astringent qui ne procure, par sa combinaison avec le fer, qu'un olive : mais, en cela, je l'estime propre à corriger le fond désagréable des teintes qui résultent du sumac et du bois d'Inde.

Il est bon de faire observer que le bain de la noix de galle doit être obtenu à part, cette décoction devant se faire dans plusieurs eaux et au moyen de quatre à cinq heures d'ébullition. On devrait donc d'abord faire bouillir sa noix de galle pilée deux à trois heures, et ensuite réunir ce premier bain et son marc avec les autres substances, avant qu'elles aient été au feu, celles-ci étant suffisamment épuisées après deux heures.

Dans mon engallage, ainsi préparé, j'ai plongé mon chapeau dans un petit chaudron, et l'y ai laissé exposé à la température de l'eau bouillante environ quatre heures. Retiré de l'engallage, je l'ai laissé sécher pour le mettre ensuite dans un bain d'acétate de fer semblable à celui des échantillons n°s 1 et 2.

La chaleur de ce bain a successivement été élevée jusqu'à la température de l'eau bouillante, comme celle de son engallage, et, après deux heures, le feutre en a été retiré, m'ayant paru parfaitement noir.

Je crois devoir faire encore une observation; c'est qu'une dissolution de fer quelconque ne doit pas séjourner long-temps exposée au contact de l'air libre dans un vase très-évasé, tels que baquet, gamelle, etc., car j'ai vu en une seule nuit une dissolution concentrée de sulfate de fer s'affaiblir par l'effet d'un précipité, à un tel point que l'ouvrier, sans en connaître la cause, s'est trouvé impuissant pour continuer une opération de teinture commencée la veille avec la même dissolution.

Après mon opération de teinture, mon engallage était loin d'être épuisé : aussi, dans la recette applicable à la teinture de 200 chapeaux dont je vais donner le détail, n'indiquerai-je pas les mêmes proportions pour les ingrédiens.

Indépendamment de cette économie dans la composition de l'engallage, on pourrait encore en obtenir une autre en faisant adopter l'usage d'introduire dans la chaudière de la foule une certaine quantité de sumac : en agissant de la sorte, je pense que l'on obtiendrait aussi un noir plus solide : alors on devrait commencer par le bain de mordant qui, dans ce cas, se trouverait fixé entre deux engallages [1].

Il serait à désirer qu'un fabricant voulût faire ces essais en même temps, et qu'on en

[1] L'emploi de cet astringent dans la chaudière des fabricans de chapeaux pour la foule pourrait peut-être remplacer le sel de tartre qui y est employé, et dont l'acide tartrique qu'il contient peut aussi être une des causes de la destruction du noir sur les chapeaux.

fit connaître les résultats. M. Tard m'a promis une satisfaction en ce genre ; j'espère pouvoir vous la communiquer [1].

Le chapeau que je présente, après avoir été lavé et tordu à eau claire, a été plongé dans une dissolution de savon surchargée d'une petite quantité d'huile d'olive, espèce de lustre que je crois propre à fixer le noir en même temps qu'à en augmenter l'intensité.

Après avoir fait connaître le résultat de mes essais en petit, il me paraît convenable de déterminer une manière d'opérer en grand suivant ce même procédé. Je suppose une chaudière de deux cents chapeaux ; mon engallage sera composé de la manière suivante :

Noix de galle......	10 kilog.	valeur	30 f.	» c.
Bois d'Inde........	25 *dito*	*dito*	10	»
Sumac de Sicile....	10 *dito*	*dito*	5	»
Quercitron........	2 *dito*	*dito*	»	80
Valeur totale...............			45 f.	80 c.

On remarquera que je n'ai point fait entrer d'écorce de chêne dans la composition de l'engallage ; c'est que cette substance occuperait trop d'espace dans la chaudière,

---

[1] Le principe : *toute découverte utile est bonne à garder*, m'a empêché d'obtenir la satisfaction que j'espérais : cependant le secours que je faisais espérer paraît indispensable pour résoudre cette question.

tandis que le sumac, qui n'a pas cet inconvénient, le remplace très-efficacement avec moindre quantité. Si cette considération pouvait ne pas avoir le même poids aux yeux de quelques praticiens, on pourrait remplacer cet astringent par une quantité de tan proportionnée.

Le bain d'engallage ainsi préparé, tout en laissant les ingrédiens au fond de la chaudière, on aura soin d'y placer un faux-fond en bois, à claire-voie, sur lequel on disposerait une rangée de chapeaux; puis un autre faux-fond et une autre rangée de chapeaux, et ainsi de suite, en ayant soin de les baigner au fur et à mesure, avec l'engallage qu'on aurait dû en retirer par un robinet à ces fins pratiqué, et dont, en dernier lieu, on aura une réserve pour remplacer ce qui se perdra par l'évaporation dans l'intervalle de l'opération.

Je crois devoir passer sous silence la manière d'opérer pour le second bain, que l'on peut nommer le *bain du noir* : On observera les mêmes précautions que pour le bain d'engallage. Celui-ci ayant été soigné, il sera facile de saisir le point où le noir sera parfait. D'ailleurs les chapeaux pouvant sans inconvénient passer la nuit dans ce second bain, il serait bien même d'attendre ce laps de temps avant de les retirer. Il suffira qu'ils aient tous été bien également imprégnés d'engallage et de mordant pour que l'on soit certain d'un succès complet.

Pour estimer la valeur totale de l'opération, on sait que la dépense pour l'engallage a été de.................... 45 f. 80 c.

En y ajoutant :
La valeur de l'acétate de fer.   10 f. » c.
Le combustible..............   20   »
Huit journées d'ouvrier....   20   »
Valeur du lustre...........   4   20

Nous aurons un total de.... 100 f. » c.

En comparant cette dépense à celle qu'exige la recette actuellement en usage pour teindre la même quantité de chapeaux, on verra qu'elle est à peu près la moitié de celle-ci. Quant au temps employé, le nouveau procédé présente sur l'ancien un avantage de $2/3$. Je laisse aux économistes l'appréciation de ce dernier avantage; mais ici le but que nous nous proposons étant moins l'économie que la perfection dans ce genre de teinture, dans le cas où, par une simple opération, on n'aurait pas atteint le degré d'intensité désirable pour le noir, on pourrait la renouveler sans outre-passer les bornes des dépenses faites par le procédé ordinaire.

CHAPITRE PREMIER.

De la teinture du noir glacé sur les planches.

Nous avons vu la manière de purger et celle de coller les peaux sur les planches; nous allons en mettre en noir :

Pour une grosse de peaux (douze douzaines), prenez :

Graine de Valachie................	1 kilog.
Sumac dont la décoction sera filtrée ; également......................	1 *dito*.
Campêche varlopé.................	5 *dito*.

le tout placé deux grandes heures sur le feu, dans deux grands seaux d'eau (environ vingt litres), que vous laisserez réduire à moitié.

Vos peaux étant disposées, vous leur donnerez successivement deux couches de votre engallage, bien déposé ou filtré. Vos peaux ainsi teintes et bien séchées, vous leur donnerez une couche d'acétate de fer tirant au moins deux degrés. Vos peaux par cette troisième couche doivent prendre une teinte de tête de nègre. Mais cette teinte n'est point assez foncée pour parvenir au noir au moyen du lustre; il faut arriver à la teinte noire. Il conviendra de leur donner encore alternativement deux couches d'engallage et deux couches de mordant. Arrivées à ce point seulement, vos peaux étant bien sèches, vous pouvez les laver avec une brosse, en ouvrir d'abord une et reconnaître leur état. Au besoin elles recevraient encore une couche de simple bois d'Inde pour les achever. Cette dernière teinte, comme nous l'avons dit, placée sur un autre fond, procure au noir un œil agréable.

Dans tous les cas, malgré ce que nous avons dit de la noix de galle, on ne doit pas l'employer pour ce genre de teinture, et cela parce qu'au moyen de sa viscosité elle formerait, dès la première couche, un enduit croûteux qui intercepterait pour le reste du temps le passage à toutes les autres.

Votre couleur, arrivée au degré d'intensité désirable pour être portée au noir, vous faites ouvrir vos peaux et les faites ensuite tamponner; c'est-à-dire vous faites frotter la fleur avec un morceau de lainage pour en détacher la poussière noire avant que d'y appliquer le lustre. Il est même à propos de renouveler cette opération après qu'elles sont lustrées.

Ce qu'on appelle *lustre*, par rapport au

noir sur la peau, n'est ordinairement que l'application d'un corps gras sur cette teinture qui, dans le fait, une fois ouverte, sans le lustre, n'est encore qu'une couleur tête de nègre ou un gris ardoise foncé, suivant la composition de l'engallage.

L'huile d'olive fine forme la base de tous les lustres que nous employons pour nos peaux. Lorsque notre couleur tête de nègre est très-foncée, une simple dissolution de savon suffit; autrement, pour faire cette dissolution, vous ajoutez à votre savon coupé en menus morceaux une petite quantité d'huile d'olive que vous faites dissoudre sur un feu modéré. Lorsque votre mélange est devenu pâte, vous y ajoutez de l'eau de citerne, si vous en avez, ou, à défaut, de l'eau douce, par gradation, en augmentant le mélange, jusqu'à concurrence de ce que l'on croit avoir besoin pour donner une couche aux peaux. Une livre de savon blanc et deux onces d'huile peuvent suffire pour lustrer une grosse des plus grandes peaux.

Quelques personnes ajoutent à ce lustre deux jaunes d'œufs bien frais, du sucre candi et une petite quantité de gomme. Tout cela ne peut aider qu'à donner plus de brillant à la peau. Si ces peaux avaient besoin de quelque adoucissant, une ou deux onces de saindoux ajoutées avec l'huile remplaceront efficacement la gomme, le sucre, etc. Une décoction de graine de lin peut aussi entrer dans la composition de votre lustre. Avant que le procédé anglais fût connu, ces sortes de peaux étaient lustrées par une légère quantité d'huile seule, appliquée au moyen d'un tampon, ce qui rendait les peaux grasses et leur procurait une odeur désagréable en vieillissant. Au milieu de toutes ces données incertaines, je conseille la composition suivante :

Pour six douzaines de peaux prenez :

Savon 8 onces, saindoux 2 onces, que vous faites dissoudre avec deux onces de sel de soude pour en faire un savon auquel vous ajoutez la décoction de quatre onces de graines de lin, dans une quantité d'eau suffisante. Si on veut donner de la solidité à ce noir, il faut y ajouter de la préparation chimique, dite *nitro-alcaline*, environ un verre ordinaire ; elle pourra se placer sans inconvénient dans le lustre à froid.

Le noir recevant assez généralement les peaux les moins belles et souvent les moins douces, il convient, avant de les lustrer, de ne les ouvrir que fort sèches et le plus péniblement possible sur le palisson, afin d'en bien briser le nerf, comme disent nos ouvriers. Cette opération pourra être recommencée avec le même soin après les avoir lustrées.

CHAPITRE II.

Du noir glacé, au moyen du procédé anglais, dit *couleur fixe*.

Nous avons vu la manière de disposer nos peaux à recevoir la couleur par ce procédé; on se rappellera que pour le noir la peau ne doit pas être purgée à fond comme pour les autres couleurs; nous allons donc passer à la préparation qui, pour le noir, se compose d'une première couche d'alcali, comme on en use pour les autres nuances; d'un engallage et d'une dissolution de sulfate de fer pour le précipiter en gris foncé, que fort improprement nous appelons *noir*.

Pour six douzaines de petites peaux, mettez dans trois seaux d'eau (environ trente litres), pour laisser réduire à moitié, au moyen de deux heures d'ébullition :

Bois d'Inde moulu............	6 kilo.	12 livres.
Bois jaune *dito*............	2 *dito*.	4 *dito*.
Graine de Valachie..........	1 hecto.	3 ½ onc.
Noix de galle en poudre......	1 *dito*.	3 ½ *dito*.
Sumac....................	2 *dito*.	7 *dito*.

Votre engallage étant préparé, ne perdons

pas de vue que le marc de la couleur peut donner lieu à un second rebouillage qui équivaudra à au moins un sixième de nos ingrédiens dans une autre opération de teinture.

Votre couleur étant à se refroidir, et vos peaux purgées comme il a été indiqué, vous vous occupez de la composition de votre mordant, dit *première couche*. A ces fins, prenez environ trois litres de vieille urine, trois onces sel de soude, et combinez le tout à chaud; ensuite, et au moment de vous servir de votre préparation, ajoutez-y environ un décilitre d'alcali volatil, deux grands verres à liqueur.

Au moyen de la composition de cette liqueur, appliquée comme il a été dit en première couche sur la peau, l'engallage y paraîtra d'une teinte bleue foncée, à peu près prune de monsieur.

Nous avons fait connaître la manière de mettre en couleur; nous pouvons donc passer sous silence cette opération, ainsi que celle de l'ouverture.

Pour la formation de votre noir, vous avez une dissolution d'environ un kilo (un huitième à peu près du poids de nos astringens) de sulfate de fer, que vous faites fondre dans environ trois litres d'eau quelconque[1].

[1] Depuis quelque temps (1832) on se plaît à remplacer le sulfate par un acétate de fer désigné dans le commerce sous le nom de *pyrolignite*. Dans la

Votre couleur étant précipitée, il sera bien de laisser la peau exposée au contact de l'air quelques minutes : au moyen de ce laps de temps l'oxide métallique se saturant de l'oxigène contenu dans l'air atmosphérique, se fortifie dans son oxidation, et la combinaison des molécules teignantes en devient plus intime avec la peau.

Le noir a besoin d'être lavé avec encore plus de soin que les autres couleurs : ce que nous avons prescrit en ce genre doit donc être appliqué à cette teinture, en usant d'une eau propre quelconque. Vos peaux, une fois ouvertes, sont disposées à recevoir leur lustre : celui que j'ai fait connaître dans le chapitre précédent est parfaitement convenable.

Une fois lustrées, ouvertes et sèches, vos peaux peuvent recevoir un coup de tampon. Cette opération sert à faire ressortir le brillant du lustre et à faire disparaître les plis de la peau.

supposition de l'emploi de ce genre de dissolution de fer, il convient de diminuer la dose de l'alcali volatil dans la première couche; car cet acide ne suffirait pas pour le neutraliser, ou il faudrait en mettre en surabondance.

CHAPITRE III.

De la teinture noire sur les peaux ramaillées et les chamois.

Les peaux passées à l'huile ne peuvent être teintes par le même procédé que ceux employés pour les peaux mégissées; à moins que ce ne soient de très-forts moutons ou des veaux qui alors ne sont pas destinés à la ganterie, ce qui n'est point de mon sujet. Il nous faut employer, pour les peaux dites de *castor*, une dissolution de fer par l'acide acétique ou autres acides végétaux; les acides minéraux ayant le défaut de détruire l'engallage. Ce fait me paraît suffisamment établi par le Mémoire que j'ai présenté à la Société d'encouragement.

La dissolution de fer dont on fait usage pour la teinture de ces sortes de peaux est obtenue au moyen d'une préparation faite dans un grand tonneau que l'on nomme *la tonne au noir*. La composition de cette tonne, dans la plupart des ateliers, est un secret, et son auteur a toujours soin, lorsqu'il y procède, de se tenir à l'écart des ouvriers. Les diverses recettes que je me suis procurées dans la ganterie et autres teintureries comportent une infinité de substances non seulement inutiles, mais dont quelques unes sont nuisibles. Pour cette préparation il suffirait d'avoir de la vieille ferraille bien oxidée (rouillée) et dont on ferait dissoudre l'oxide au moyen d'un vinaigre quelconque, soit à chaud si l'on était pressé, soit à froid si on ne l'était pas, pour obtenir à peu près le même résultat. Mais comme la préparation de cette tonne est en usage dans les ateliers, et qu'elle est peu coûteuse, je vais en faire connaître la composition :

Dans une grande pipe d'eau-de-vie ou une grande tonne quelconque, placée de champ et ouverte dans sa partie supérieure, mettez un faux fond à claire-voie, que vous isolerez du fond même d'environ six pouces. Sur ce faux fond, placez une couche de vieille ferraille de toute espèce, ou, à défaut, de la tournure de fer que vous acheterez. Sur cette couche de ferraille bien rouillée établissez une couche de jeune écorce d'aune que vous mêlerez avec quelques broux de noix et quelques baies de nerprun, si vous en avez. Plus, par-dessus cette couche, une seconde couche de ferraille : après celle-ci, recommencez une nouvelle couche d'écorce, de baies et de broux, et allez ainsi de suite, en alternant ces deux espèces de couches, jusqu'à la hauteur à peu près de la tonne. Votre tonne ainsi disposée, vous la remplirez de quelque liqueur acide, telle que vinaigre, vieille bière, cidre aigri ou jus exprimé de fruits non encore mûrs, tels que poires, pommes, verjus, etc. Ce premier liquide est ordinairement mis à chaud, et au fur et à mesure que l'on forme ses couches; car on n'a pas toujours de suite une assez grande quantité de toutes ces sortes de boissons, encore moins d'une seule, bien qu'on puisse les étendre d'eau. Quoi qu'il en soit, votre ferraille et vos dissolvans ainsi disposés, vous abandonnez le tout à lui-même, en ayant soin seulement, de loin à loin, de soutirer une partie du liquide qui est au fond, au moyen d'une broche que vous y avez placée. Ce mouvement, que l'on imprime au liquide par ce moyen, doit produire un bon effet.

Quelques personnes ajoutent à cette composition du vert-de-gris, qui ne peut faire de mal, car il peut aider à la dissolution de l'oxide de fer et le remplacer en partie; mais d'autres y font entrer de la graine de fenugrec, de celle de psyllium, de coloquinte, de cumin, de l'agaric et même du tan, comme astringens; du sel ammoniac, du sel marin, de la litharge, de l'antimoine, de la mine de plomb, de l'orpiment et du muriate de mercure, comme mordans. La plupart de ces ingrédiens, non seulement me paraissent inutiles, mais quelques uns se nuisent entre eux : les substances alcalines se neutralisent par les acides ; les astringens, formant des combinaisons avec les mordans, produisent des précipités en pure perte ; je pense donc qu'il est mieux de s'en tenir à la plus simple composition. Si j'ai admis, dans cette composition, le brou de noix et la baie du gros nerprun, c'est, comme nous l'avons déjà fait remarquer, que ces deux substances ne forment pas de précipité par leur combinaison avec l'oxide de fer. Quant à l'écorce d'aune, ses molécules colorantes, extrêmement atténuées, ne peuvent donner lieu qu'à très-peu de précipité, et cet inconvénient se trouve largement compensé par sa propriété, comme celle du brou de noix, de dissoudre l'oxide de fer.

La composition de la tonne au noir se borne, chez moi, à une seule et forte couche d'écorce d'aune et de la tournure de fer, placée sur un faux fond, mis à six pouces de distance seulement de l'entrée de la tonne, mais assez serrée pour que le liquide ne puisse le traverser que difficilement.

Par ce moyen, mon fer étant toujours très-oxidé par le contact de l'air et la chute des rosées (car je laisse ma tonne à la belle étoile), je n'ai qu'à la tenir submergée de temps à autre, par le dissolvant, ou à remplir mon tonneau de liquide; dans cet état, mon oxide s'y combine petit à petit. Cette manière me dispense de renouveler mon brevet (*fig.* 20).

On ne peut faire usage de la tonne au noir, avec succès, si elle n'a au moins six mois de vétusté; elle n'est même réputée bonne que d'une année à l'autre; ainsi, comme on voit, elle ne peut que gagner en vieillissant. Il conviendrait donc d'en avoir plusieurs en avance de montées : la plus ancienne sera toujours la plus chargée en oxide de fer. La tonne au noir peut d'ailleurs remplacer très-efficacement toute autre dissolution en ce genre; outre son emploi dans le ramaillé, nous en ferons usage pour le noir sur-chair, dans la peau mégissée. Une couche ou deux de cette préparation, par-dessus la teinte obtenue au moyen du procédé anglais, sur les peaux, la rend infiniment plus belle.

La dissolution de fer, obtenue de la sorte, ne tire pas trop au-delà de 2 degrés du pèse-liqueur. Lorsque l'on soupçonne son oxide affaibli, on peut démonter sa tonne, remettre sa ferraille exposée à l'air et à la pluie, et après quelques jours, renouveler ses couches, comme il a été dit, en ajoutant à son liquide quelque acide. Cette opération est ce qu'on nomme, dans les ateliers, *donner* ou *renouveler un brevet*.

Nous allons voir comment on se sert de la tonne au noir :

Nos peaux ramaillées ou nos chamois ont dû être parées par avance : pour être mises en noir, elles n'auront besoin d'être purgées ni aussi long-temps ni avec autant de potasse que pour les autres couleurs; cependant il faut les dégorger de leur dégras. Après que vos peaux sont purgées et tordues, vous les étendez sur le pré, le côté opposé à celui qui doit recevoir la couleur étant seul exposé au soleil ; après deux ou trois blancs, on peut les retirer pour être mises à l'étendage, *y sécher à fond*, et ensuite les placer sur une table pour leur donner une première couche d'engallage sur le côté qui n'est pas blanc.

Le noir s'obtient sur le ramaillé au moyen de couches alternatives d'engallage et de dissolution de fer obtenue dans la tonne; cependant on commence d'abord par trois couches d'engallage, afin de boucher autant que possible les gros pores de la peau; ces trois premières couches doivent être données avec beaucoup de précaution, pour que la couleur ne soit absolument que placée sur la superficie de la peau, sans la pénétrer. Voilà quelle devra être la composition de cet engallage :

Pour une grosse de peaux,

Bois d'Inde moulu.................... 5 kilo.
Sumac de Sicile..................... 5 *dito*.
Noix de galle en poudre............ 1 *dito*.
Quercitron .... 1 *dito*.

Le tout mis en décoction dans trois seaux d'eau, pour réduire à moitié à peu près au moyen de deux heures d'ébullition.

La composition de cet engallage n'est pas de rigueur; il y a des teinturiers qui au lieu de quercitron mettraient de la graine; d'autres qui, ne mettant pas de sumac ni de noix de galle, mettent un peu plus de bois d'Inde. Tout ce que je puis recommander, c'est d'avoir un engallage bien réduit et bien nourri, afin qu'une très-petite quantité produise le plus d'effet possible et ne traverse pas la peau. Dans ce but, la noix de galle et le sumac me paraissent donc convenables.

Pour teindre le ramaillé en noir, on est dans l'usage de prendre plusieurs douzaines de peaux à la fois, de les classer par rangs de taille devant soi, de sorte que les plus grandes se trouvent dessous, les moyennes au milieu, et les plus petites tout-à-fait dessus; on juge des motifs de cette disposition. Par ce moyen, chaque peau que l'on teint, ayant une base plus grande que la sienne par la peau inférieure, se trouve plus solidement établie, et par conséquent moins sujette à être dérangée par les coups de brosse.

Par ce moyen on évite aussi de salir la base sur laquelle devrait se trouver chaque peau en ne les mettant que l'une après l'autre sur la table. Cette manière de s'y prendre offre en outre l'avantage de rendre les coups de brosse moins durs, la peau reposant sur une espèce de coussin (*fig.* 21).

Votre couche une fois donnée, il faut avoir soin de la bien faire sécher; car, sans cette précaution, la moindre humidité qui se ferait sentir à la seconde couche ferait pénétrer l'engallage; ce qui doit être évité soigneusement. Après cette couche il est bon de faire donner un coup de ponce à celles des peaux qui paraîtraient en avoir besoin.

Nous avons dit que nous commencerions par donner trois couches d'engallage; sur celles-ci on commence à donner une couche de la composition de la tonne au noir, et ainsi de suite, en alternant couche pour couche jusqu'à neuf, nombre qui donne pour dernière une couche d'acétate de fer.

Si à ce terme vos peaux vous paraissent belles, vous pouvez les lustrer; à défaut, vous pourrez donner encore une couche de seul bois d'Inde, et ensuite une autre de la dissolution d'acétate de fer.

Les peaux une fois teintes, on est dans

l'usage de les suspendre aux clous pendant une huitaine, pour que le noir se fortifie avant de leur appliquer le lustre.

Le lustre, pour ces sortes de peaux, est une opération beaucoup plus difficile que pour les peaux glacées, quoique moins importante. Car ici, au moyen de l'huile dont a déjà été imprégnée la peau par le chamoiseur, la couleur sans lustre est déjà d'une teinte passablement belle, tandis que dans la peau mégissée, le noir avant le lustre n'est réellement qu'une espèce de gris-bleu foncé.

Le lustre sur le ramaillé ne doit pas être autre que de l'huile d'olive pure; il y a diverses manières de l'appliquer sur la peau, et cette opération est extrêmement délicate lorsqu'on n'emploie pas le savon, qui lui-même ne produit pas le meilleur effet; deux onces d'huile suffisent et au-delà pour lustrer cent quarante-quatre peaux, c'est-à-dire une superficie d'environ quatre cents pieds carrés. Il n'en est réservé qu'une bien petite quantité pour chacune, et encore a-t-on à craindre qu'il y en ait trop; car le moindre excès procure à la peau une espèce de crasse grasse; ce qui est un grand défaut, car elles ne doivent toutes présenter qu'un petit duvet de velour qui constitue un des principaux mérite du ramaillé.

Pour parvenir à cette grande division, quelques personnes essaient de faire dissoudre, dans un volume de deux litres environ de lessive obtenue de cendre ménagère, les deux onces d'huile dont j'ai parlé; mais cette dissolution ne peut pas être complète. Cependant, en ayant soin de remuer fréquemment ce mélange, elles parviennent à l'étendre assez également sur leurs peaux, au moyen d'une brosse à longs poils. Une autre manière de lustrer consiste à s'enduire l'une des mains de cette huile pure, et par ce moyen d'en frotter légèrement les crins d'une brosse qui à son tour va la communiquer à la peau. Cette dernière méthode exige une grande expérience pour éviter les taches qu'une huile appliquée ainsi à nu peut faire sur la peau; la moindre quantité produit à la peau un brillant recherché; une trop forte dose la rend poisseuse et désagréable. Dans ce dernier cas ce serait un lustre manqué, qu'on ne pourrait corriger qu'au moyen d'une lessive.

Je puis indiquer aussi le fiel de bœuf, étendu d'eau; cette substance est employée dans certaines fabriques avec succès pour les veaux bronzés; mais le moyen qui m'a le mieux réussi est celui de mettre l'huile sur une brosse au moyen de la barbe d'une plume, et de la faire passer de là sur une seconde brosse, au moyen du frottement, pour ensuite l'appliquer sur la peau, en appuyant plus ou moins, en raison de la quantité qu'on en a mise (*fig.* 22).

Comme dans toutes les positions on cherche à tirer partie de ses ressources, j'ai ouï dire qu'en Suisse, où la fabrication des fromages procure sans frais le petit lait, on emploie ce liquide pour lustrer le noir en ce genre. Certes que le corps gras qui existe dans cette substance est fort peu de chose.

Le lustre du ramaillé se réduit donc à la moindre quantité d'huile possible ou de tout autre corps gras appliqué sur la teinture; à défaut d'huile d'olive, que j'ai indiquée, celle d'amande ou toutes autres qui ne portent pas odeur peuvent encore y être employées.

CHAPITRE IV.

Du noir sur la peau mégissée, dit *noir sur-chair*.

La présence de l'alun dans la peau mégissée contrarie la formation du noir sur-chair à un tel point, que, avant l'usage du procédé anglais pour ce genre de teinture, on ne pouvait parvenir à le faire convenablement dans aucune fabrique de gants. Est-ce à la présence de l'alumine ou de son dissolvant qu'est dû cet obstacle ? C'est une question que je ne saurais résoudre ; il est probable que l'un et l'autre y contribuent. La réussite dans le procédé anglais me paraît être due à la décomposition de l'alun par les alcalis ; cependant ce n'est qu'avec une extrême difficulté que l'on parvient au degré d'intensité nécessaire, et la plupart du temps encore on est obligé d'avoir recours, après l'opération, à une couche de bois d'Inde et à une ou deux couches de notre noir de tonneau avant que de pouvoir y appliquer le lustre.

Pour ce genre de teinture il faut procéder comme il a été indiqué pour le glacé dans le procédé anglais, au chapitre II de cette section; ensuite, lorsque votre peau a été lavée et égouttée, séchée et ouverte, quelle qu'elle soit, vous ne pouvez qu'augmenter la beauté du noir en lui appliquant une couche de bois de campêche entre deux couches de notre tonne au noir, comme je viens de le dire.

Le lustre du noir sur-chair est absolument le même que le noir des chamois; il est même plus difficile à être appliqué, lorsqu'il est question d'éviter les taches poisseuses qui ont lieu sur les places où la frise manque. Pour éviter ce désagrément, on choisit ordinairement pour mettre en noir sur-chair les peaux qui, sortant du parage, ont une chair assez rose pour n'avoir pas besoin d'être poncées; car la ponce pourrait les rendre trop roses. Le lustre avec la brosse et la simple huile s'applique sur les peaux une à une au métier du ponceur (*fig.* 22).

Le noir sur-chair, comme celui du castor, a besoin de recevoir un coup de brosse après qu'il est sec; nous en avons parlé au chapitre IV, section VII, *de la teinture des ramaillées*.

Nota. Il est encore un genre de teinture à faire connaître pour compléter l'*Art du Teinturier* : c'est celui des peaux passées en pelleterie, agneau et mouton; mais comme cette teinture est la même que celle du sur-chair, il convient de se reporter à ce qui a été dit en ce genre. Cependant il est à propos de dire que ces sortes de peaux étant travaillées beaucoup plus imparfaitement que les peaux mégissées, avant de s'occuper de leur teinture il serait bon de se reporter à ce qui a été dit en parlant de la pelleterie à la suite de l'*Art du Mégissier*.

SECTION IX.

D'UN NOUVEAU MODE DE TEINTURE RÉUNISSANT LES PROPRIÉTÉS DE NE S'ALTÉRER QUE PEU A L'AIR, ET DE RÉSISTER A L'ACTION FUNESTE DE L'HUMIDITÉ.

INTRODUCTION.

Tout le monde sait qu'une infinité de couleurs exposées au soleil plus ou moins long-temps y périssent; la lumière, en décomposant les substances colorantes sur les tissus qui en ont été imprégnés, nous offre un phénomène qui s'explique en partie au moyen de la théorie du blanchiment sur le pré, les corps poreux étant constamment plus ou moins pénétrés de l'eau tenue en dissolution par l'air atmosphérique. Mais un autre phénomène non moins intéressant est celui de la décomposition des couleurs, par place; phénomène que l'on désigne dans le commerce sous le nom de *piqûre*.

Les piqûres sont des taches plus ou moins grandes qui se manifestent sur certaines étoffes et sur certains tissus teints avec économie, mais notamment sur les soieries.

Lorsqu'une peau est humectée, si elle est teinte, en passant de son état d'humidité à celui de sécheresse, et même en restant à l'humidité long-temps, à l'abri du contact de l'air, elle se pique; cette piqûre est le résultat d'une fermentation des substances colorantes qui a lieu lorsque cette peau est exposée à un certain degré de chaleur; aussi cette espèce d'avarie, qui prend son origine dans les temps ou dans les lieux humides, est-elle plus prompte à se manifester en été qu'en hiver. Ce phénomène, auquel sont exposées la plupart des substances colorantes végétales, est généralement observé sans pourtant que jusqu'à présent on ait su en déterminer précisément les causes. Ce que nous savons, c'est que toute fermentation produit la décomposition des corps qui y sont exposés, et donne lieu, comme nous avons eu occasion de le voir en parlant du confit (*Art du Mégissier*), à des produits nouveaux. Dans le phénomène désigné sous le nom de *piqûre*, il y a évidemment lieu à une fermentation et à la formation d'un acide qui détruit ou au moins qui désorganise les molécules de la matière colorante. En effet, l'expérience nous démontre qu'il y a identité entre ces sortes de taches et celles que l'on peut obtenir sur les mêmes couleurs au moyen de la plupart des acides. L'eau contenue en dissolution dans l'atmosphère étant une eau suroxigénée, comme nous avons eu occasion de le faire connaître, doit être considérée comme un acide faible ; dans ce cas elle doit attaquer les substances colorantes, ce qui a effectivement lieu ; quant à la formation des piqûres, je crois pouvoir l'expliquer :

L'eau qui pénètre dans un tissu quelconque en dissout les parties fermentescibles ; la chaleur détermine la fermentation ; cette fermentation donne lieu à la formation d'un acide tant faible soit-il. Comme il est dans la nature des corps homogènes de se rapprocher, par l'effet de leur cohésion, il se forme çà et là des gouttelettes de liquide dans lesquelles l'oxigène est dominant ; de ces mêmes gouttelettes, de ce liquide que je considère comme un acide, résulteraient les taches dont il est ici question.

En effet, si je trempe une peau teinte sans le secours des alcalis dans une eau faiblement acidulée, et que je l'en retire brusquement en la secouant, je remarquerai que toutes les parties où il se formera des gouttelettes adhérentes à la peau, ces mêmes gouttelettes finiront par laisser, en séchant, une trace fauve qui est absolument de la couleur des taches dites *piqûres*, dont nous avons parlé. Ce peut donc être au rapprochement de certaines molécules constituantes, dans lesquelles l'oxigène domine, que sont dues les taches dont nous parlons [1].

[1] Suivant les observations de quelques personnes, il paraît que c'est surtout au passage sous la ligne équinoxiale, dans les voyages de long cours, que les marchandises sont le plus exposées à être piquées. Dans le cas où l'on n'adopterait pas la théorie de la décomposition des couleurs, comme nous l'avons adoptée, je vais faire connaître les conclusions que l'on peut en tirer.

Nous savons que tous les corps poreux, quels qu'ils soient, contiennent plus ou moins d'eau dans leurs interstices; que ces mêmes corps, exposés à une température plus ou moins élevée, sont susceptibles de perdre tout ou partie de cette eau, qui alors se vaporise;

Que l'air, au contraire, exposé à cette même température, en se dilatant, est susceptible de se saturer avec une grande quantité de ce liquide, et de l'abandonner ensuite en repassant dans une température moins chaude, en se condensant.

De ces faits n'est-il pas permis de conclure que les marchandises contenues dans des colis, et exposées à la chaleur de la zone torride, abandonnent cette même eau; que celle-ci, gazéfiée, se combine à l'air contenu dans les colis; que, restant dans cet état, tant que l'air est chaud, les vapeurs aqueuses n'en reprennent pas moins leur état primitif, dès que l'air qui les contient en dissolution passe dans une température plus basse : qu'alors, à l'instar de ce qui se passe dans l'atmosphère, se

Ceux de nos savans chimistes qui se sont occupés de l'art de la teinture ont longuement et profondément disserté sur les causes de ces sortes d'altérations par la lumière ; ce phénomène n'a pas été pour cela défini d'une manière satisfaisante. Mais le genre d'altération qui doit fixer ici notre attention n'est point celui dont nos savans se sont occupés, bien que cependant il y ait, selon moi, analogie dans les causes.

M. Berthollet compare la teinte fauve, à laquelle tendent les couleurs décomposées par l'effet des rayons solaires, à celle que laisse prédominer le chlore lorsqu'il est em-

réunissant en gouttelettes, et ces gouttelettes étant suroxigénées, comme nous avons eu occasion de le faire connaitre, en se rapprochant des diverses parties des tissus, elles donnent lieu aux petites taches qui nous occupent? En admettant cette théorie, voilà comment, je pense, on pourrait prévenir cette avarie :

Il est des substances qui ont la propriété de s'emparer de l'eau contenue dans l'air. En en adoptant une, il suffirait de disposer dans les quatre angles du fond de la caisse de fer-blanc, ordinairement employée pour ces sortes d'emballage, une petite quantité d'hydrochlorate de chaux, qui, à mesure que l'air se saturerait d'humidité, en attirerait l'excès. Je soumets cette expérience à messieurs les négocians qui s'occupent du commerce d'outremer. Si elle réussit, il sera facile de disposer ces sortes de préservatifs dans les lieux les plus convenables d'une caisse quelconque.

ployé à faire disparaître une couleur ; il attribue ce changement à une légère combustion, et veut que la nuance prédominante soit l'effet du carbone qui en résulte. « C'est l'oxigène de l'air, dit cet auteur, qui, attiré par l'hydrogène qui entre dans la composition des couleurs combinées en certaine proportion, forme de l'eau. » Si cette théorie est exacte, on voit qu'il y a analogie entre la cause de la disparition des couleurs exposées aux rayons de la lumière et celle qui donne lieu aux piqûres dont j'ai parlé ; car dans le premier cas il y a aussi fermentation, formation de gaz et probablement d'eau.

Mais en réfléchissant sur cette théorie, n'est-il pas permis de trouver étrange que celles des couleurs qui contiennent le plus de gaz hydrogène soient précisément celles qui résistent le plus long-temps à l'action répétée, non seulement des rayons solaires, mais à celle de l'humidité? Ce qui est démontré par la solidité des teintures obtenues soit de la cochenille, soit du kermès, qui, comme toutes les autres substances animales, ont pour principaux constituans l'azote et l'hydrogène. D'un autre côté, d'après cette même théorie, ne serait-il pas également simple de penser que les couleurs qui au contraire sont dues à des oxides, telles que celles du prussiate, du chrôme, du fer et du cuivre, par une raison inverse, en attirant l'hydrogène qui s'échappe continuellement dans l'atmosphère ou qui y est contenu dans l'eau qui est en dissolution, devraient être exposées aux mêmes résultats? Ce qui n'est pas; ces sortes de couleurs étant les plus propres à résister et aux rayons de la lumière et aux effets de la chaleur, lorsqu'elles sont humides [1].

Il est généralement reçu en théorie que les acides, comme les fermentations dont nous venons de parler, détruisent les couleurs, et que toute couleur détruite ne peut être rappelée à son état primitif; c'est-à-dire qu'une tache causée par un acide, ainsi que celle appelée *piqûre*, à laquelle nous avons attribué une cause commune, une fois formée et sèche ne pouvait disparaître. Ainsi, décomposez la teinture noire, violette ou autre d'un tissu quelconque, au moyen d'un acide minéral étendu d'eau, car autrement il serait brûlé, il est reconnu que cette tache ne peut plus disparaître une fois sèche. Qu'une peau ou un morceau d'étoffe quelconque mauvais teint, soit placé dans un lieu humide, et de celui-ci ensuite enfermé

---

[1] Loin d'attirer l'hydrogène, les couleurs métalliques ne font que s'oxider davantage : cela se remarque facilement sur les oxides de fer et de cuivre exposés à l'air ou à l'humidité.

dans un lieu sec, s'il n'est exposé au contact de l'air qui peut s'emparer de son humidité, lorsqu'il sera sec, il sera parsemé de petites taches que nous désignons par le nom de *piqûres*, et que nous avons reconnues avoir une grande analogie avec les taches obtenues au moyen de quelque puissant acide.

Ces diverses taches, dis-je, ont été considérées jusqu'à ce jour comme ne pouvant disparaître, et l'étoffe ou tissu, par conséquent, comme ne pouvant être rendu à son état primitif; cependant, au moyen d'une composition qui est une espèce de nitrate d'ammoniaque, je suis parvenu à faire disparaître ces sortes de taches sur beaucoup de nuances, en revivifiant ou recomposant en quelque sorte la couleur. Cette découverte ne sera-t-elle pas propre à jeter un nouveau jour sur la théorie du phénomène de la disparition des couleurs par les acides, ainsi que par les effets, soit de la lumière solaire, soit de l'humidité, accompagnée des circonstances que nous avons fait connaître? Il est hors de mon sujet de traiter une telle question.

Dans le nouveau système de teinture que je me propose de décrire, il est question de faire un choix de celles des substances qui, par leur nature ou au moyen de quelque modification, sont susceptibles d'être fixées sur la peau et d'y résister plus ou moins aux actions funestes de l'air, du soleil et de l'humidité.

Je vais faire connaître le genre et les espèces de substances sur lesquelles j'ai fait des essais : il en est d'autres qu'avec le temps on ajoutera. Je les divise, savoir : en substances minérales, ce sont les plus parfaites; mais, quoiqu'en assez grand nombre, elles demandent une grande étude pour être employées avec succès; en substances végétales, ayant déjà subi une décomposition au moyen d'une fermentation, telle que l'indigo; en d'autres substances ayant perdu la propriété de fermenter au moyen de la torréfaction, telle que le café, le tabac et autres que l'on pourrait essayer; enfin celles des substances végétales ou animales susceptibles de se combiner sans altération avec une certaine quantité d'acide qui, par sa présence, peut les préserver de toute décomposition, comme nous en avons déjà fait la remarque.

Je ferai connaître mes essais avec chacune de ces substances, ainsi que les résultats que j'en ai obtenus; je démontrerai la possibilité de les perfectionner, si l'on veut reprendre mon travail.

En fait de découvertes utiles et surtout importantes, c'est beaucoup que de mettre sur la voie. La patience, le temps, le courage et la fortune ne se rencontrent que rarement en quantité suffisante chez un seul individu ; d'ailleurs ce n'est qu'avec le concours des lumières que l'on peut perfectionner, et ce concours jusqu'ici m'a manqué.

CHAPITRE PREMIER.

De quelques dénominations servant à exprimer divers états dans lesquels se trouvent les oxides, pour servir à l'intelligence des chapitres suivans, applicables à une nouvelle méthode pour une teinture à l'abri de l'avarie connue sous le nom de piqûre.

DANS la section où nous avons traité des réactifs, nous avons fait connaître quelques uns des sels métalliques dont nous allons faire emploi dans cette nouvelle méthode, non comme altérant ou mordant, mais comme substances tinctoriales. De ce nombre sont les oxides de fer et de cuivre; nous y ajouterons donc seulement l'oxide de chrôme et l'acétate de plomb, l'hydrocyanate de potasse et de fer.

On entend par oxide un métal quelconque combiné avec de l'oxigène. La rouille est un oxide de fer; le vert de gris est un oxide de cuivre. Ces oxides sont susceptibles de se dissoudre dans certains liquides et de s'y combiner en plus ou moins grande quantité.

En chimie on donne aux oxides susceptibles des combinaisons plus ou moins variables, c'est-à-dire qui peuvent contenir plus ou moins de métal ou d'oxigène, comme on voudra, diverses dénominations : c'est ainsi que la plus légère dissolution métallique, celle qui est la moins chargée d'oxide, porte le nom de *protoxide*; celle qui l'est un peu plus, celle de *deutoxide*, et enfin celle qui l'est le plus, prend le nom de *tritoxide* ou *péroxide*. La couperose de Beauvais, je suppose, de deuxième qualité, est un protoxide; celle de première qualité un deutoxide, c'est-à-dire contenant deux fois plus d'oxide de fer.

Pour obtenir du tritoxide dégagé de son excès d'acide, qui attaquerait le tissu de la peau, il faut prendre du sulfate de fer (deutoxide), l'exposer sur une pelle à un feu ardent. Une partie de l'acide se dégage; il se dégagerait même tout entier avec le temps, mais, dans ce cas, le sulfate serait décomposé, ce qu'il faut éviter : on s'arrêtera donc au point où une fumée blanche assez épaisse s'échappera sous forme de nuage. Le sulfate de fer dans cet état, dissous dans de l'eau bouillante, sera du tritoxide, car ce métal s'est oxidé au feu au moyen du contact de l'air, autant que possible. Je me bornerai à ces seules observations qui peuvent nous suffire pour l'intelligence de ce que nous avons à dire ultérieurement.

CHAPITRE II.

Des divers chromates, mais notamment du chromate de potasse, de fer et de plomb.

Le chrôme est un métal qui a la propriété de former diverses couleurs, suivant les divers états qu'on lui procure. Il s'en fait un grand usage en peinture ; il entre également dans la coloration des verres et la fabrication des pierres factices. Ce métal est susceptible d'être employé dans divers états comme substance tinctoriale : dans son état de protoxide il est vert. Jusqu'à ce jour cependant je ne sache pas que l'on ait su l'employer autrement qu'en l'état de deutoxide ou chromate de plomb pour obtenir des jaunes dont la teinte surpasse en beauté toutes celles des autres substances connues. On obtient le chromate de potasse en calcinant la mine de ce métal, qui est un oxide de chrôme et de fer, avec du nitrate de potasse, que nous avons fait connaître. Le chromate, dans son état de sel, est d'un fort beau jaune ; il se dissout dans l'eau comme tous les sels à base soluble. Sa dissolution conserve une teinte assez analogue à sa couleur primitive, mais appliquée sur la peau elle perd tout son éclat; elle ne procure qu'un fauve terne. Ce changement paraît dû à l'absorption du gaz carbonique contenu dans l'atmosphère, attiré par la potasse qui entre dans sa composition. Quoi qu'il en soit, le chromate de potasse seul ne présente aucune propriété tinctoriale. En cela son apparence en état de sel, est fort trompeuse; mais, en le combinant avec l'acétate de plomb, on parvient à en faire ressortir toute sa beauté primitive, et même à en obtenir plus d'éclat. Cette combinaison donne lieu à un chromate de plomb. C'est dans cet état que nous en ferons usage.

CHAPITRE III.

De l'acétate de plomb.

Le plomb s'oxide au moyen de la chaleur: son oxide est connu dans le commerce sous le nom de *litharge*. L'acétate de plomb est un composé d'oxide et de vinaigre dans l'état de deutoxide. Ce sel est d'une cristallisation fort blanche, ayant de petites aiguillettes brillantes. Il a une saveur sucrée. Il passe pour n'éprouver aucune altération exposé à l'air; cependant j'en ai conservé de la sorte qui a beaucoup perdu. Il est donc à propos de le tenir clos comme tous les autres. Le sel qui est le plus fourni en aiguillettes m'a paru le meilleur, c'est-à-dire le plus propre à relever la couleur du chromate de potasse. Il est connu en pharmacie sous le nom d'*extrait ou sel de Saturne*. L'acétate de plomb se dissout dans l'eau froide; il la blanchit et y forme un dépôt assez considérable. Pour s'en servir il convient de filtrer ou de décanter; alors cette dissolution paraît aussi limpide que l'eau pure.

CHAPITRE IV.

De l'hydrocyanate de potasse et de fer.

Toutes les belles nuances de bleu azur qu'on cherche vainement à obtenir au moyen des ingrédiens connus en teinture s'obtiennent d'une manière merveilleuse par l'union du prussiate de potasse (hydrocyanate), et du nitrate de fer (dissolution de fer par l'acide nitrique)[1]. Ce phénomène, bien observé pour la première fois par le célèbre Macquer, a donné lieu à une application fort importante dans les arts. C'est au moyen de l'union de ces deux substances qu'est formé le bleu vendu dans le commerce sous le nom de *bleu de Prusse*, si communément employé en peinture. C'est encore au moyen de l'union de ces deux substances que l'on fait à Lyon les belles nuances de bleu sur les étoffes de soie, connues sous le nom de *bleu Raymond*, chimiste qui en a fait les premières applications.

[1] Cet acide n'est pas de rigueur.

Le prussiate de potasse s'obtient en traitant au feu une matière animale avec de la potasse. Le mélange devient une pâte que l'on projette alors avec douze fois son volume d'eau, et que l'on remue pour ensuite la filtrer. Dans cet état la dissolution est cristallisable. Le mot *prussiate* donné à cette préparation vient du mot *prussique*, donné à l'acide obtenu du sang par la distillation, substance avec laquelle ont été faites les premières opérations. Cette belle découverte, il est vrai, a été faite en Prusse.

Cette substance, qui forme des combinaisons colorées avec divers oxides, mais notamtamment avec celui du fer, n'a d'abord été employée en chimie que comme réactif. J'ai indiqué le moyen de s'en servir comme tel pour reconnaître la présence du fer dans les aluns.

Le prussiate de potasse précipite le fer en bleu, le cuivre en marron foncé. Ce sont les deux seules combinaisons dont je me suis occupé. On ne réussit pas aussi facilement avec le cuivre à obtenir uniment la nuance; mais dans le principe, il en était de même avec le fer qui aujourd'hui s'obtient sans grave difficulté. Pour le bleu les dissolutions les plus légères donnent les nuances les plus jolies.

L'hydrocyanate de fer est susceptible de donner d'autres nuances combinées, savoir :

Avec le cobalt, en vert;

Avec l'urane, rouge;

Avec le nikel, vert pomme;

Avec le palladium, olive;

Mais la plupart de ces dissolutions métalliques étant à un prix élevé, je ne m'en suis pas occupé.

L'oxide de soude ou de potasse (sodium ou potassium), combiné avec le tritoxide de manganèse qu'il dissout, donnent lieu à une composition connue sous le nom de *caméléon minéral*.

Cette composition est une espèce de pâte de couleur verte qui, projetée d'eau, prend diverses teintes, suivant les quantités qu'on y met : c'est de cette propriété que lui vient son nom.

Le caméléon, devenu rouge, offre des phénomènes dont on pourrait peut-être tirer parti en teinture. Lorsqu'une dissolution de cette teinte est chargée, elle laisse déposer des aiguillettes cristallines. Cette cristallisation, riche en couleur alors, est susceptible d'être dissoute dans l'eau. Au moyen de l'acide sulfurique elle prend une teinte vert olive. Cette même dissolution, étendue d'eau, passe successivement au jaune, à l'orange, au rouge éclatant, et même à l'écarlate. Que deviendraient toutes ces nuances appliquées sur la peau et une fois sèches? Je ne le sais pas encore; je ne fais ici que les indiquer. Les substances employées pour colorer les verres sont aussi susceptibles d'être passées en revue.

CHAPITRE V.

Des autres substances animales et végétales que j'ai reconnues pouvoir entrer dans la composition des couleurs, d'après ma nouvelle méthode.

1° L'INDIGO; cette couleur étant le résultat d'une fermentation chimique, vu la nature de son dissolvant surtout, est parfaite. Elle sera une des premières ressources de nos opérations de teinture pour obtenir des couleurs fond-gris;

2° La cochenille et le kermès, qui peuvent résister plus facilement à l'action des acides, sans altération notable, pourront y être employés pour graduer les nuances;

3ᵉ La garance, qui aussi peut sans altération notable supporter l'action des acides, et dont la viscosité est un préservatif contre la fermentation, peut nous servir;

4° Le café brûlé et le tabac avec lesquels j'ai fait des expériences, et dont les décoctions sont aussi infermentescibles, sont excellens;

5ᵉ Le bois de santal rouge, dont les parties colorantes peuvent être obtenues par l'acide nitrique, entre aussi dans nos vues;

6° Le colchique dont nous avons déjà parlé, très-acide par lui-même, ne subissant aucune décomposition par l'humidité, nous offre une grande ressource pour les nuances claires les plus demandées;

7° Enfin le bois jaune, que nous avons vu résister à l'action de l'acide nitrique, et qui, dans le besoin, peut remplacer notre colchique, ne doit pas non plus être perdu de vue.

Après avoir fait connaître les diverses substances sur lesquelles j'ai déjà fait des expériences, nous allons nous occuper des moyens de les employer, soit seules, soit combinées.

CHAPITRE VI.

Des divers procédés de teinture au moyen des couleurs minérales et autres substances pouvant résister à l'humidité.

1° *Du bleu céleste au moyen de l'hydrocyanate de potasse et de fer dit* bleu de Prusse.

Prenez une once d'hydrocyanate de potasse que vous ferez dissoudre dans environ quatre litres d'eau, et, sans autre préparation, prenez votre peau sortant d'être purgée et tordue ; donnez-lui une très-forte couche de cette liqueur (il faut que la peau en regorge) : après cette couche, vous appliquez une dissolution de fer par l'acide nitrique extrêmement légère : la moindre quantité d'oxide de fer mis en digestion dans cet acide pendant vingt-quatre heures : une pincée de battiture de forgeron, je suppose, vous suffira pour la teinture d'une grosse de peaux de chevreaux.

Cette dissolution, obtenue dans le fond d'un vase au moyen d'un petit verre de cet acide, étendue ensuite d'environ deux litres d'eau, suffira.

Cette seconde couche doit être donnée avec une grande dextérité et beaucoup d'adresse.

J'ai vu des ouvriers qui avaient si bien attrapé le tact, qu'ils ne manquaient pas une peau, tandis que d'autres n'ont jamais pu en faire de parfaites. Il faut, pour réussir, ce qu'on appelle de l'adresse.

Dans cet état la peau n'a plus besoin que d'être lavée.

2° *Du jaune minéral.*

Le jaune de chrôme, ou chromate de potasse et de plomb, peut s'obtenir de la même manière que le bleu de Prusse.

Prenez une dissolution de chromate de potasse d'environ aussi une once pour quatre litres d'eau; appliquez-en une couche tout aussi abondante que vous l'avez fait pour votre bleu de Prusse. Sur cette couche donnez-en une de sel de saturne (acétate de plomb), en égale quantité de poids pour moitié d'eau. Retirez votre peau dès que vous la voyez unie, et laissez-la égoutter sans la tordre ni la laver; au bout de quelques minutes égouttez-la du côté de la chair, comme il a été dit pour les couleurs fixes, et votre peau sera teinte.

Ces deux sortes de couleurs peuvent s'obtenir à la planche et au plongé, en procédant dans ce dernier cas comme les maroquiniers.

C'est à la planche qu'avaient été faits mes premiers essais en 1824; mais, suivant les localités, on peut essayer dans tous les genres et s'en tenir à celui où l'on réussit le mieux.

3° *De la couleur carmélite et des cannelles, au moyen du prussiate de cuivre, du café et du tabac.*

Cette première espèce s'obtient par le procédé que nous venons de décrire; mais la réussite en est plus chanceuse; elle ne s'unit que difficilement. On applique pour première couche le prussiate de potasse, puis celle d'acétate de cuivre. Je crois que cette nuance serait plus facile au plongé, comme quelques personnes en usent pour le bleu.

J'ai fait à la planche des nuances noisette, et des nuances marron au moyen du café et du tabac. On pourrait également les faire au fixe.

Quant aux nuances dans lesquelles on peut faire entrer d'autres substances fortifiées par les acides, au défaut des planches, en employant le procédé anglais, je crois qu'il serait bien de mettre pour première couche l'alun ou le sel d'étain.

4° *Des nuances fauves et noisettes obtenues par l'oxide de fer, et des nuances vertes par l'oxide de cuivre.*

Le protoxide de fer donne une nuance

fauve, le deutoxide un peu plus foncé; au moyen du tritoxide, un nankin rougeâtre. En ajoutant une très-petite quantité de noix de galle on obtient des noisettes, et en forçant avec cette dernière substance, un gris.

Pour ces sortes de nuances, si on veut se donner la peine d'obtenir soi-même ses dissolutions de fer au moyen de son oxide et de quelque acide végétal, en les laissant quelques jours en digestion, la couleur sera moins exposée à attaquer la fleur de la peau, surtout dans les nuances foncées. L'acétate de cuivre s'obtient en traitant directement des portions de cuivre par l'acide acétique.

Prenez des découpures de ce métal; mettez-les dans une chausse, et placez-moi cette chausse au-dessus d'un vase : jetez sur votre métal du vinaigre de quoi l'oxider : après un jour ou deux de cette aspersion réitérée vous pourrez y répandre force eau acidulée avec ce même vinaigre, et il en filtrera une couleur d'un vert connu sous le nom de *vert céladon;* espèce de vert d'eau très-frais et vif, dont l'éclat est encore rehaussé par la lumière de la chandelle; cette couleur, loin de se décomposer à l'humidité, y acquiert une nouvelle intensité au moyen d'une nouvelle oxidation : mais cette intensité n'étant pas régulière, elle reçoit par l'humidité une impression en sens inverse des couleurs végétales, ce qui n'est pas plus beau. Ce vert que j'ai fait connaître dans la ganterie sous le nom de *vert-chimie*, a aussi été fait sur les planches. Cette couleur pourrait se faire sur la table sans apprêt. On l'obtiendrait également au baquet comme les autres.

OBSERVATION.

Les décoctions de tabac et de café brûlé procurent des nuances solides tirant sur le carmélite, auxquelles l'oxide de fer peut donner de l'intensité. Le café lui-même est précipité en gris brun par cet oxide.

Le prix élevé de ces deux substances m'a empêché d'en multiplier les essais; mais ceux que j'ai faits m'ont donné les meilleurs résultats.

Il serait possible d'obtenir du gouvernement, si une fois la plante du tabac était reconnue utile aux arts industriels, la faculté d'en consacrer une certaine quantité pour eux, à des prix moins élevés, ou d'en cultiver soi-même ayant cette destination. Quant au café, il s'en trouve de temps à autre, dans le commerce, étant avarié, des quantités qui s'y vendent à des prix assez bas pour pouvoir s'en servir. D'ailleurs on peut espérer trouver quelques substances indigènes propres à le remplacer.

La racine de chicorée dont j'ai fait essai ne

m'a paru avoir aucune affinité pour la peau ni les mordans alcalins : outre cela, sa décoction contient une substance mucilagineuse qui s'oppose à sa pénétration dans la peau. Le champignon brûlé peut-être, serait-il meilleur si le feu pouvait en détruire les parties grasses de nature animale que nous y avons remarquées dans son état de crudité. Il ne manquera pas d'essais à faire parmi les légumineux, etc. Beaucoup de substances ayant passé au feu, auront la même propriété. Les deux premières que j'ai indiquées peuvent être employées soit à la planche, soit au fixe. Lorsqu'on sera parvenu à se les procurer à bas prix, nul doute que l'on ne réussisse au plongé.

Pour toutes les autres nuances que l'on est susceptible de déterminer au moyen de de la combinaison des diverses substances, la connaissance que l'on peut en obtenir dépendra des essais auxquels on se livrera.

Dans les substances minérales, par exemple, on pourra combiner celles à bases semblables, c'est-à-dire le prussiate et le chromate de potasse : puis, d'un autre côté, dans les oxides ceux de fer et de plomb, je suppose. Alors, en usant de ces deux combinaisons doubles, comme avec les simples, on obtiendrait un vert. Car vous avez réuni les élémens du bleu et du jaune dans cette combinaison quaternaire.

L'acétate de cuivre en l'état de protoxide, et une petite addition d'indigo, vous feront encore un autre genre de vert.

Le colchique, la cochenille et le tabac ou le café, peuvent donner lieu à de jolies nuances tendres : le surplus ne peut être qu'un jeu d'essai. Mais, je le répète, je ne fais qu'indiquer les moyens d'établir un mode de teinture ayant la propriété de résister à l'action funeste de l'humidité, et je ne l'établis pas. Les personnes du métier jugeront facilement quelles raisons s'opposent à ce que je n'aille pas plus loin.

Il serait à désirer qu'au moyen de ces notions la société d'encouragement se mît en devoir, non pas de solliciter *le meilleur mémoire* (car on est sûr qu'il ne paraîtrait pas), mais d'offrir une somme de trois à quatre mille francs pour celui des teinturiers qui présenterait une certaine quantité de nuances teintes d'après ce nouveau procédé, à l'exposition prochaine des produits de l'industrie.

Ce genre de teinture pouvant être appliquée à diverses étoffes, pourquoi, en outre, n'y ferait-on pas concourir les autres genres?

Nous sommes sur la voie des améliorations; espérons!...

SECTION X.

CHAPITRE UNIQUE.

De la préparation des peaux à l'instar de celles de Suède, du Danemarck, et autres contrées du nord de l'Europe propres à la ganterie.

A défaut de succès dans l'*Art de la Mégisserie*, dans les régions septentrionales de l'Europe on est dans l'usage d'y tanner les peaux de toute sorte, même celles destinées à la ganterie. Notre chêne vulgaire (*quercus robur*) n'y venant qu'avec peine et par cette raison n'y étant pas commun, on est obligé d'avoir recours à d'autres tannins pour la préparation des cuirs; l'écorce du bouleau, celle du saule marsault y sont généralement employées : pour les petits cuirs on recherche l'écorce des plus jeunes branches de ce dernier arbre : c'est au moment de la sève qu'on a soin de la séparer de son bois. Je m'en suis procuré de la Suède même, et j'ai eu l'occasion de faire la remarque qu'elle était plus odorante et plus colorée en rouge que l'écorce de même espèce obtenue des arbres de nos climats, à la latitude voisine de Paris. L'écorce exotique s'est trouvée fournie d'une quantité sensiblement plus forte de matière astringente; et tout bien considéré, la différence entre ces mêmes écorces me paraît tellement grande, que l'espèce indigène ne saurait remplacer l'autre en aucune manière; c'est avec cette même écorce que se préparent les petits agneaux et les jeunes peaux de rennes dont on fait les plus beaux gants du Danemark et de la Suède. Cette ganterie, recherchée pour la toilette des dames à cause d'une odeur qui lui est propre, en même temps que pour une prétendue propriété qu'elle aurait de blanchir et d'adoucir la peau, donne lieu à une préparation qui va former le sujet de ce chapitre.

Je n'ai jamais pu me procurer une description des procédés employés dans ces deux pays pour la préparation de ces sortes de peaux destinées à la ganterie; les fabricans s'en font un mérite caché. C'est au moyen de nombreux essais comparatifs, faits dans ma fabrique avec l'écorce dont on se sert dans le nord d'une part et avec celle obtenue de saule marsault de nos climats de l'autre, que je suis parvenu à fixer mon opinion sur la possibilité, sinon de copier, au moins d'imiter, autant qu'il a été possible, ce genre de préparation avec l'écorce de nos climats. Ce sont donc les moyens employés pour arriver à ce but que je vais faire connaître ; c'est en comparant les divers essais que j'ai faits, au moyen de ces deux espèces d'écorces et de celle du chêne, que je me suis convaincu qu'il suffirait de faire venir des contrées du nord des écorces prises sur les jeunes branches du saule marsault pour obtenir et la teinte et l'odeur qui caractérisent ces sortes de peaux; quant à la douceur, elle est obtenue par un autre procédé que je ferai connaître. C'est au moyen de ces essais que je me suis assuré que pour parvenir à une imitation, au moyen de l'écorce obtenue du saule de nos climats, on est obligé d'user de moyens artificiels, et qu'en faisant usage de notre écorce de chêne, vu l'odeur et la couleur qui lui sont propres, on s'éloignerait du but que l'on se propose.

C'est donc en faisant usage de l'écorce des brindilles de notre saule, que je suis parvenu à l'imitation de cette espèce de ganterie. Voilà comment on peut opérer : je prends mes peaux au sortir du confit (voy. l'*Art du Mégissier*), toutes disposées à être mises en nourriture, et dans cet état je les mets en coudrement soit dans un baquet, soit dans un moulin.

Coudrer une peau, c'est la placer dans un bain de tannin quelconque, l'y agiter et l'y laisser assez long-temps pour qu'elle en soit teinte et pénétrée. En Suède, probablement l'écorce y est employée moulue (celle que j'en ai reçue était en baguette); chez moi, je l'ai brisée et en ai obtenu une décoction; j'ai également, de cette sorte, pris de l'écorce indigène, et en ai obtenu une décoction dans laquelle j'ai ajouté, pour suppléer à la différence de teinte, un peu de garance; j'ai jeté ma décoction, ainsi préparée par deux heures d'ébullition, dans mon moulin, seulement un peu plus que tiède; j'y ai descendu mes peaux, et on a fait agir les ailes du moulin pendant une bonne heure, afin qu'elles y fussent parfaitement remuées et également teintes (*fig.* 23).

Dans cet état, après quelques heures de repos, on les remue de nouveau à plusieurs reprises; cette manœuvre renouvelée trois à quatre fois en vingt-quatre heures, on pourra donner un nouveau bain : après cela, par intervalle, vous remuerez encore et donnerez du repos. Au bout de deux jours vos peaux sont un peu pénétrées de tannin, mais faiblement; cependant elles sont teintes et dans le cas d'imiter parfaitement les peaux sortant de l'écorce suédoise : vous pouvez prendre une peau, la tordre et la faire sécher pour vous en assurer. Dans tous les cas, vous pourriez ajouter encore un bain, remuer et donner un jour de repos avant de les retirer.

Dans cet état, vos peaux, étant teintes, sont loin d'avoir une nourriture convenable ni déterminée; mais elles ont la nuance que vous recherchiez et une partie de leur odeur; deux points bien essentiels, car cette teinte ne peut être obtenue uniment sur les peaux mégissées. Dans cet état, vos peaux séchées seraient sans souplesse et impropres à la ganterie; car non seulement nous n'avons pas mis le temps nécessaire pour tanner une peau, mais nous ne l'aurions pu faire au moyen de notre écorce beaucoup moins riche en astringent que celle que j'ai obtenue de la Suède. Il faut donc donner une nourriture quelconque à ces peaux pour pouvoir s'en servir. A ces fins, nous sortons nos peaux de leur coudrement et les plaçons sur un chevalet, une à une, comme on en use dans la mégisserie après le confit pour les égoutter, au moyen du couteau, par une espèce de façon du côté de la chair, afin de les faire égoutter. Vos peaux étant ainsi disposées à recevoir une nourriture, nous allons nous occuper de la préparer. Mais comme indépendamment de la nourriture qui leur est indispensable il faut que nous leur procurions l'odeur, et que nous leur conservions la couleur de celles que l'on prépare en Suède, nous ajouterons à cette nourriture une huile que nous ferons connaître plus tard. Voilà quelle sera sa composition. Pour une grosse de chevreau :

Alun en poudre, fondu, environ. 2 kilo. 4 liv.
Sel commun . . . . 50 déca. 1
Fleur de farine de froment. . . . . . 6 kilo. 12
Jaunes d'œufs en nombre. . . . . 300, dans lesquels vous ferez dissoudre, en les bien remuant, un demi-litre d'huile empyreumatique essentielle de l'écorce de bouleau.

Mais comme la présence du sel marin et de l'alun pourrait altérer la teinte des peaux, nous aurons soin, au lieu d'eau, d'employer dans cette préparation une petite portion de la décoction de notre couleur.

Notre nourriture ainsi préparée, au moyen des diverses substances ci-dessus désignées et d'après la règle établie (*Art du Mégissier*), vous jetez vos peaux bien ouvertes dans le fond du baquet et les y foulez.

Après une grande heure, cette opération étant achevée, vos peaux pourront être placées à l'étendage pour y sécher.

Nos peaux, une fois sèches, ont besoin d'être ouvertes; nous nous sommes également occupés en temps et lieu des diverses ouvertures; seulement nous ferons observer que ces sortes de peaux auront besoin d'un séjour prolongé dans un lieu humide, et qu'on ne devra pas les tremper dans l'eau. Il est question maintenant de leur donner une destination pour la ganterie, en choisissant celles qui sont propres à faire des gants glacés et celles qui ne peuvent être employées que du côté de la chair.

Les premières seront frottées du côté de la fleur avec du talc dit de *Briançon;* espèce de pierre magnésienne connue en Italie sous le nom de *pierre des tailleurs (pietra dei sartori),* réduite en poudre très-fine qui procurera à la peau une douceur très-flatteuse. C'est dans ce dernier état que ces sortes de peaux sont livrées au commerce dans le nord, pour en faire des gants.

Quant aux peaux qui n'étaient pas assez belles de fleur, il faut les faire parer à fond, les remettre dans le baquet pour les purger, les nourrir, et leur donner une couche de la même couleur, après les avoir soigneusement poncées. Dans le nord, où l'opération du tannage est complète, on n'a pas besoin de cette dernière opération; il suffit que la peau soit bien parée; sa teinte n'en souffre pas. Le ponçage aura lieu immédiatement après le bain de nourriture, et la couche après qu'elles auront été séchées et ouvertes de nouveau. On est maintenant au courant de ces opérations. Ces sortes de peaux étant sèches et ouvertes, reçoivent un léger coup de brosse, comme on en use pour les ramaillés, afin de leur procurer un petit duvet qui les rend plus agréables au toucher; on peut aussi les frotter avec du talc de Briançon, comme il a été dit pour les peaux glacées.

Les peaux mégissées que l'on fait mettre en façon de Suède sont mises ordinairement en couleur avec de l'écorce de chêne, du champignon et du brésil; mais au préalable, les peaux sortant de chez le pareur sont purgées : elles reçoivent en outre une teinte dans le baquet avec les ingrédiens que je viens d'indiquer. Ensuite, mais chez moi seulement jusqu'à ce jour, on leur donne une nourriture composée de cinquante jaunes d'œufs dans lesquels on fait dissoudre un quart de litre d'huile empyreumatique d'écorce de bouleau, dont je ferai connaître la préparation.

Après avoir fait prendre cette nourriture et cette odeur, en foulant les peaux aux pieds comme à l'ordinaire, on les sort de leur baquet, on les étend; et après leur sèche, elles sont ouvertes pour recevoir une couche de couleur sur la table; puis étendues et ouvertes de nouveau pour avoir un coup de brosse du côté de la chair. On peut y ajouter en outre une très-légère quantité d'odeur du côté de la fleur, au moyen d'une très-petite éponge.

TROISIÈME PARTIE.

DE L'ART DU GANTIER.

AVANT-PROPOS.

Avant de décrire l'*Art du Mégissier*, je me suis attaché à en connaître l'origine ; mais perdu dans la nuit des temps, force à été de se borner à des conjectures. Plus heureux pour ceux de la teinture et celui du gantier, dans mes recherches, j'ai découvert quelques traces ; j'ai cité quelques faits.

Nous verrons dans ce court exposé, que tout ce qui avait rapport à la ganterie de peau fine ne pouvait dater de loin ; ainsi je ne me bornerai pas, pour satisfaire le lecteur qui aurait envie de savoir quel est le temps le plus reculé où l'on a porté des gants, à lui dire que *c'est dans le temps que florissait*

Carthage, et cela *parce que les Carthaginois ne pouvaient sentir les Romains* (*l'air aux mains*) : cette définition ne saurait satisfaire que sur un théâtre de bouffons.

Dans l'état où est portée la ganterie de nos jours, on pourrait croire que l'art de la teinture a précédé celui du gantier. Cependant, suivant nos recherches, il n'en est pas ainsi; les premiers gants de peaux qui ont été portés ont été des gants sur-chair, blancs, préparés au moyen d'un certain apprêt qui leur valait le nom de *gants passés au lait*; apprêt dont parle M. Delalande et que je me rappelle bien avoir vu appliquer aussi à Grenoble, il y a au moins quarante ans.

En considérant la ganterie comme objet de nécessité, nous en apercevons l'origine dans l'antiquité la plus reculée; l'idée de se garantir les mains des injures du temps, doit être aussi ancienne que le monde. C'est donc dans les pays septentrionaux que considérés comme vêtement, ont dû être portés les premiers gants; mais cette première espèce était sans doute ce que nous appelons de nos jours *des mouffles*, morceau de pelleterie ou d'étoffe disposé de manière à pouvoir placer les quatre doigts inférieurs dans une poche et le pouce dans une autre; genre qui se porte encore chez les paysans pour se garantir les mains dans les hivers rigoureux. Avec le temps on a dû chercher à se garantir du froid sans emprisonner ainsi ses doigts.

L'Écriture nous apprend que sainte-Anne, mère de la Vierge, tricotait des gants; ce document est le plus ancien que nous ayons sur l'emploi des gants comme objet de toilette. C'est d'après ce genre d'occupation à laquelle se livrait cette bienheureuse, que la corporation des gantiers dans le temps, se plaça sous la protection de cette sainte, et que de nos jours encore elle est invoquée par les industriels de ce genre, dans nos principales fabriques; mais notamment à Grenoble où, chaque année, la fête de la Sainte-Anne est un jour de grande solennité.

Le gantelet, espèce de gant couvert de lames de métal, faisait partie de l'armure de nos anciens guerriers, pour les garantir des coups de leurs ennemis. Chez les Romains, pour défier un adversaire on lui jetait le gant, qui n'était autre chose que ce même gantelet; cette manière chevaleresque d'exciter un ennemi s'est transmise jusqu'à nous sous des formes différentes. Charles XII, ce guerrier infatigable, a fait usage des gants dits *à la Crispin*, buffle et daim.

La ganterie en France, considérée comme objet de luxe, ne paraît pas avoir une origine bien ancienne. La première des fabriques que nous paraissions avoir eue est celle de Blois, mais elle n'avait aucun des élémens de prospérité; aussi, est-elle restée ce qu'elle pouvait être il y a plus d'un siècle : de nos jours elle est en arrière de toutes les autres. Vendôme et Chaumont possédaient aussi cette branche d'industrie depuis long-temps; Grasse, renommée pour ses parfums, avait aussi anciennement quelques ouvriers en ce genre, et les gants qu'on y faisait s'y vendaient avec sa parfumerie.

Une vieille chronique de la ville de Vendôme nous fait connaître que dès le commencement du 17e siècle, Christine de Suède, femme renommée par son goût pour les beaux-arts et le luxe, fit faire dans cette ville des gants et des mitaines pour sa toilette.

En parcourant l'*Encyclopédie*, articles *gants*, *gantier* et *ganterie*; *mégissier* et *mégisserie*, j'ai vu qu'il y était question de la fabrique de Blois; on y parle d'une espèce de gants que l'on y fabriquait, et que, fort improprement, on y désigne sous le nom de *gants en peau de canepin*, qui n'était qu'une peau de chevreau, assez finement dollée pour que la paire de gants pût tenir dans l'intérieur de deux coquilles de noix. Toutes les autres fabriques y sont passées sous silence.

Le commerce de la ganterie, il y a un siècle à Paris, était entre les mains des parfumeurs-gantiers, qui y étaient réunis en corporation. Le gros gant de chamois et de castor qu'on y trouvait, se tirait de Chaumont; le gant de daim et le fort gant de mouton piqué se fabriquaient à Niort; Blois et Vendôme fournissaient les autres qualités plus fines pour femmes.

A cette époque les dames avaient à leurs vêtemens des manches qui descendaient jusqu'aux coudes, et les gants étaient de longueur convenable pour les accompagner. Depuis ce temps, ayant fait usage de manches beaucoup plus courtes, il leur fallut des gants plus longs; ces gants furent appelés *gants passe-coudes*, parce que effectivement, pour aller jusqu'à la manche, il leur fallait passer le coude; c'est-à-dire monter de plusieurs pouces au-dessus de l'articulation du bras. Jusque-là il n'est pas question de gants amadis (gants courts pour femmes.)

Selon Ménage, le mot *amadis* fut d'abord donné aux manches de certains habits d'hommes qui parurent dans l'opéra d'*Amadis*; habits dont les manches collantes arrivaient jusqu'au poignet; par la suite on appliqua ce mot, non seulement à toutes les manches collantes que portèrent les dames, mais encore aux gants qui durent les accompagner. Les gants passe-coudes et les gants courts, dits *amadis*, furent donc long-temps considérés comme des gants de grande toilette; de là le nom de *gants ordinaires* donné aux gants mi-longs.

Dans l'*Encyclopédie* il n'est pas dit un mot de Grenoble à l'article *gants*, non plus qu'à celui de *ganterie*; on peut en conclure qu'à l'époque où s'écrivait cet ouvrage cette fabrique ou n'existait pas ou ne s'était point encore fait connaître. Effectivement, en compulsant le fameux historiographe Chenue de Valbomais, premier président du parlement de Grenoble, dans son *Histoire du Dauphiné*, en 1721, j'ai fait la remarque, en lisant une description très-détaillée des usages de l'intérieur de la cour, au chapitre où il passait en revue toutes les parties de la toilette des dames, tant pour l'été que pour l'hiver, qu'il n'y est nullement question de gants.

Dans la description que fait cet historien de la ville de Grenoble, cette branche de commerce n'y est pas non plus mentionnée. Ce ne serait donc que dans le milieu du 18e siècle que la ganterie aurait été introduite dans cette ville; en effet, d'après une tradition, ce n'est guère qu'à cette époque à ce qu'il paraît, que cette branche d'industrie y prit naissance. Voilà ce qui m'a été rapporté par un ancien fabricant et parfumeur de la ville de Grasse.

Cette ville, qui, comme nous l'avons vu, faisait fabriquer quelques gants avant la date que nous venons de donner, ne possédait pas de mégisserie, elle se procurait les peaux dont elle avait besoin à Grenoble, où il y en avait au contraire de fort bonnes. Un particulier ayant eu occasion de faire la remarque, par son retour à Grenoble comme ville de passage, que des peaux qu'il avait expédiées à un correspondant y reparaissaient métamorphosées en gants; ce particulier, dis-je, animé d'un sentiment bien louable, se décida à ne pas perdre de vue cette particularité : en conséquence, il fit venir de Grasse même à Grenoble, deux coupeurs de gants, les occupa, et donna ainsi naissance à ce genre d'industrie : industrie qui devait y prospérer d'autant mieux que les peaux qu'on y fabriquait déjà, ainsi que dans ses environs, étaient d'une qualité supérieure à toutes celles qui se fabriquaient ailleurs. Aussi la fabrication en ce genre s'y est-elle accrue avec une rapidité telle, que de nos jours elle donne lieu à un produit de près de quatre millions, et y procure de l'occupation à près d'un tiers de la population. Il est à regretter que le nom de cet estimable industriel ne nous soit pas resté; sa statue figurerait sur l'une des places publiques de cette ville aussi honorablement que celle du chevalier *sans peur et sans reproche*. C'est lui qui est le véritable patron des gantiers à Grenoble.

Il paraît donc à peu près certain qu'au temps où l'on travaillait à la grande œuvre de l'*Encyclopédie*, la fabrique de gants à Grenoble ne faisait que de commencer; car lorsqu'un peu plus tard, l'Académie rendit le service à l'industrie manufacturière de faire décrire les différens arts mécaniques, l'auteur qui traita celui de la mégisserie, M. Delalande, dont j'ai déjà eu occasion de parler, dit qu'il y avait à Grenoble dix fabriques de gants, et elles lui paraissaient assez importantes pour les avoir mentionnées pour l'emploi exclusif des peaux, non seulement de ses propres mégisseries, mais de celles du Vivarais (le Chaylard et Annonay) où elles sont fabriquées avec plus de perfection que partout ailleurs. La fabrique de Grenoble avait donc déjà à cette époque fait oublier celles de Blois et de Vendôme!

On verra que les progrès de cette fabrique ne se sont pas ralentis depuis ce temps; car de nos jours elle forme à elle seule près d'un tiers de la valeur du commerce de France en ce genre, qui pourtant s'y est considérablement propagé sur tous les points. Cette branche d'industrie, dans l'état où elle est à Grenoble, ne saurait occuper directement moins de sept à huit mille âmes.

Indépendamment des fabriques citées et qui existaient avant celles de Grenoble, il y en a maintenant de très-importantes à Milhaud, Paris et Lunéville. On exerce encore ce genre d'industrie à Sablé, au Mans, à Saint-Junien, à Nancy, à Lyon, à Bordeaux, à Marseille, à Nantes, à Rennes, à Alençon, à Strasbourg, à Verdun, à Roman, à Tours, à Orléans, etc., etc.; car il n'y a pas de ville un peu considérable où l'on ne coupe, au moins chez les culottiers et les mégissiers, quelques gros gants. Dans beaucoup de populations agricoles; dans les maisons de détention de femmes, la couture des gants procure l'aisance ou la vie à un grand nombre de femmes et d'enfans : enfin, vu le commerce auquel elle donne lieu, cette branche d'industrie procure de l'occupation en France à plus de trente mille individus.

Les diverses opérations de la ganterie s'exercent sur presque toute la superficie du royaume; mais c'est particulièrement dans les départemens de l'est et du midi qu'elles y donnent lieu à un commerce de quelque importance. Les produits des fabriques de Grenoble, Paris, Milhaud, Chaumont, Vendôme, Niort et Lunéville donnent lieu à une exportation de près de sept millions : cette branche de commerce nous procure des relations avec les quatre parties du monde ; car nulle part on n'a encore égalé la délicatesse des peaux d'Annonay, la finesse et la beauté des gants de Grenoble, la solidité des beaux gants de Paris, et le bas prix de ceux de Milhaud et de Vendôme.

L'Angleterre est le pays où il se fabrique le plus de gants après la France ; c'est là en même temps qu'il s'en porte le plus aussi ; car indépendamment de ce qu'on y importe de nos fabriques, ce pays fournit, provenant des siennes propres, des gants dits *de castor* pour les classes inférieures de la société, le nord de l'Europe et les besoins de ses colonies, etc., etc. [1]

Il se fait aussi des gants en Italie, en Espagne, en Prusse, en Saxe, en Autriche, en Suisse, en Suède, en Danemark, etc., etc., mais nos fabriques jouissent partout d'une supériorité marquée, bien que pourtant nous tirions des peaux, pour alimenter nos propres fabriques, de la plupart de ces mêmes contrées.

Par un calcul approximatif, nous avons déjà vu au chapitre *Introduction*, à l'*Art du*

---

[1] Depuis que j'ai écrit ceci, soit changement de goûts, soit l'admission de nos gants en Angleterre, ce genre de fabrication y est beaucoup diminué.

Mégissier, que la valeur des peaux employées dans la ganterie allait au-delà de 28,000 douzaines, et que leur valeur excédait 5 millions de francs. Un calcul plus rigoureux que nous allons faire nous démontrera qu'il n'est point au-delà de la réalité.

Je viens de faire connaître les diverses fabriques que nous possédons en France : d'après divers renseignemens que je me suis procurés sur le nombre des ouvriers coupeurs qui y travaillaient en 1827, j'ai reconnu que Grenoble en occupait le plus ; qu'à la suite venaient figurer Paris, Milhaud, Lunéville, Chaumont, Niort, Vendôme, et que venaient ensuite les autres lieux déjà nommés. C'est en récapitulant ces divers nombres et en ajoutant le chiffre 80 pour représenter le surplus des ouvriers répandus çà et là, que j'ai dû porter à 1235 le nombre des coupeurs gantiers qui sont occupés ; c'est d'après ce calcul que j'ai pu estimer le nombre de gants qui se fabriquaient en France.

En admettant pour chaque ouvrier, l'un dans l'autre, 290 journées de travail dans l'année, et pour chaque journée deux douzaines et demie de paires de gants, on aura un résultat annuel de 1 million 74,450 douzaines de paires de gants, provenant d'environ 375,000 douzaines de peaux de toute espèce, c'est-à-dire moutons, daims, agneaux et chevreaux. On voit par ce calcul rigoureux de l'emploi des peaux, que je n'ai rien exagéré dans l'estimation que j'ai faite du travail de la mégisserie.

Maintenant, si je veux continuer mes estimations relatives à la ganterie, je reprendrai la quantité de 1 million 74,450 douzaines de paires de gants, et en les estimant les unes dans les autres à 12 fr. 50 c., ce premier nombre, multiplié par le second, me donnera 13 millions 430,625 fr.

En supposant que la moitié des gants que nous fabriquons soit consommée en France, ce qui n'est pas éloigné de l'exactitude, on verra qu'il n'y a pas plus d'un individu sur soixante qui soit appelé à faire usage de gants, et que sa consommation est limitée à une paire par mois : mais comme dans le nombre des consommateurs il en est qui renouvellent leurs gants aussi souvent qu'ils changent de toilette, on ne sera point étonné qu'un si grand nombre d'individus ne portent pas de gants, et que dans le nombre de ceux qui en portent la plupart ne le fassent que de loin à loin seulement.

Lady Morgan, dans son *Voyage en France*, a cru devoir y diviser la société en trois classes ou catégorie, savoir :

La première portant habituellement des

gants, la deuxième n'en portant que les jours de fêtes ou de cérémonie, et la troisième n'en portant pas du tout; et comme cette femme célèbre se plaît à ranger dans cette première catégorie les personnes de la bonne société, nous sommes autorisé à en conclure que le nombre des individus qui la composent (n'en déplaise à certains publicistes) est encore bien petit. En supposant que cette marque de civilisation doive s'accroître en raison de la civilisation elle-même, nous devons en conclure que la ganterie est appelée à prendre encore un bien grand développement.

En admettant la réussite d'une telle prévision, je ne sais comment nous ferons pour fournir en peaux aux besoins de nos fabriques. Ainsi, tant soit peu que l'étiquette de mettre des gants se propage, pour se donner, par un moyen aussi simple, un air *distingué*, on verra que je n'ai rien avancé de trop dans mon écrit *du besoin de nouvelles institutions en faveur du commerce et des manufactures, etc.* qui a paru en 1825, lorsque j'ai dit: *La ganterie en France occupe plus de 25,000 âmes, et donne lieu à un produit de plus de 10 millions. Cette branche d'industrie serait susceptible de doubler ses produits, si elle était favorisée par un concours de circonstances telles que la prohibition à la sortie des peaux en poil du royaume, l'augmentation de nos troupeaux, etc.* [1]

Nous avons vu au chapitre *Introduction*, à l'*Art du Mégissier*, qu'il avait été exporté, en 1827, 418,946 kil. de peaux destinées à la ganterie, ce qui fait environ 8638 douzaines [2]. Suivant un état qui m'a été communiqué par l'administration des douanes sur les mouvemens de la même année, j'ai estimé qu'il avait été exporté environ 499,485 douzaines de paires de gants de diverses sortes, de la valeur de 6 millions 691,650 fr.

Mes calculs ayant été faits d'après ceux de cette administration, qui ne reçoit ces sortes

---

[1] Notre colonie d'Afrique, par exemple, conviendrait à l'éducation des chèvres. Dans les parties non cultivées, elles pourraient y vivre dans un état d'abandon complet. En Grèce, il devrait aussi y en avoir abondamment. Dans toutes les Echelles du Levant, les chèvres doivent être communes : cependant, je n'entends pas dire que le commerce de Marseille s'en procure autrement que par la voie de l'Italie.

[2] Ce calcul est au-dessous de la réalité : il y a sans doute eu erreur dans la classification aux bureaux de l'administration des douanes. Je pense qu'une partie des peaux mégissées a été comprise dans celles désignées sous la dénomination de *peaux ouvrées*. Il y a en outre, dans le Tableau des Douanes, un article intitulé : *Peaux exportées et réexportées*, où cette différence peut aussi se trouver.

de marchandises qu'au poids, je crois devoir faire connaître les bases de mes appréciations, afin de mettre les personnes compétentes à même de les vérifier et de les juger.

Pour l'Angleterre, par exemple, qui ne reçoit en gants que les premières qualités, j'ai calculé dans ses assortimens, en y comprenant un tiers en passe-coudes, mi-longs hommes et gants de fantaisie, qu'il devait entrer 10 douzaines par kil., et que l'une dans l'autre elles ne pourraient être estimées moins de 20 fr. En conséquence de cette base, j'ai trouvé en nombre 170,280 douzaines, et en valeur 3 millions 405,600 fr.[1]

Quant à l'estimation et à l'évaluation relatives aux autres États qui viennent dans cet ordre : les États-Unis d'Amérique, l'Allemagne, les Pays-Bas, le Brésil, la Sardaigne, l'Espagne, le Portugal, etc., etc. ces diverses exportations représentant ensemble un poids de 109,536 kil., et ces sortes d'assortimens comprenant une ganterie généralement plus commune, telle que gants de Siam à 6 fr., gants de chamois fort matériels, bien que ne valant pas plus de 10 à 11 fr.;

---

[1] Ce calcul ne peut comprendre les gants qui s'introduisent au moyen du smoglage, que le tarif des douanes, tout sage qu'il est, n'a pu détruire entièrement.

plus des gants de daim et façon de daim également fort lourds, mais ayant de la valeur; enfin une grande partie de la ganterie de Milhaud et de Lunéville qui tiennent un milieu pour le poids et la valeur, je n'ai pas cru devoir comprendre plus de trois douzaines, les unes dans les autres, par kil., et donner à chaque douzaine une valeur de plus de 10 fr. D'après ces deux dernières bases, j'ai donc dû trouver en quantité 328,605 douzaines, et pour valeur 3 millions 286,050 fr.[1]

En présentant ces divers calculs dans un cadre plus arithmétique, nous dirons :

Nos diverses fabriques de gants donnent lieu à un produit de........ 13,430,625 fr.
Il en est exporté pour... 6,691,450

Il reste en consommation. 6,739,175 fr.

Maintenant, pour juger les résultats de cette branche de commerce sous le rapport de l'économie politique, il est à propos de savoir sur quelle matière la fabrication s'est opérée, c'est-à-dire quelle en est la provenance. Nous avons vu qu'indépendamment des gants

---

[1] Ce calcul, aujourd'hui, ne serait pas le même, les Américains s'étant mis à prendre de plus belles qualités, et les gants communs n'étant plus aussi généralement portés.

il figurait dans le tableau des exportations 418,946 kil. de peaux qui représentaient 8,638 douzaines ou 103,656 peaux préparées, estimées 2 fr. et donnant un produit de 207,312 fr.

En consultant les mêmes documens, au chapitre *des Importations*, je vois que nous avons reçu, savoir :

18,359 kil.	Peaux d'agneaux, avec ou sans laine, brutes.
1,118,546	Peaux de chevreaux en poil.
12,235	Autres peaux en deux sortes dépilées, c'est-à-dire dépouillées de leur poil et de leur laine, et en partie préparées.
10,462	Autres peaux entièrement préparées.
1,159,602 kil.	ensemble, dont l'estimation est faite ci-après :

			fr. c.		fr.
18,359 kil.	à 3 p. par kil.	55,077	à » 75 la peau	41,317
1,118,546	à 4	4,462,184	à 1 »	4,462,184
12,235	à 6	73,410	à 1 25	91,762
10,462	à 10	104,620	à 1 75	182,085
1,159,602 kil.	représentant	4,695,291 peaux.	Valeur	4,777,348

Par ce tableau on voit que nous avons reçu de l'étranger, pour aider à alimenter nos fabriques de gants, 4 millions 695,291 peaux de diverses sortes : les unes brutes, les autres ayant reçues des préparations plus ou moins complètes, et que ces peaux ont une valeur de 4 millions 777,348 fr. Mais comme pour la fabrication des gants, dont la valeur exportée a été estimée 6 millions 691,650 fr., nous devons déduire le net de la valeur des peaux importées 4 millions 109,988 fr. [1], il ne reste plus pour valeur de notre commerce en ce genre que la somme de 2 millions 581,662 fr.

Nous nous réservons de faire connaître avec plus de détails les valeurs de la fabrication, pour pouvoir, si on le juge à propos, estimer la valeur des couleurs et des soies qui y sont employées.

---

[1] Ce net est le résultat de la soustraction de 667,388 fr. valeur des peaux exportées des 4 millions 777,348 fr. valeur des importations en ce genre.

INTRODUCTION
A L'ART DU GANTIER.

Les personnes qui n'ont jamais vu couper de gants se figurent que cette opération se fait au moyen d'emporte-pièces ; l'idée d'une machine propre à les couper n'est donc pas méritoire. Effectivement on a fait des essais en divers pays pour atteindre ce but, et en Angleterre, m'a-t-on assuré, on opère en grand en ce genre avec des outils mis en jeu au moyen d'un balancier et qui fendent vingt-quatre doubles de peau à la fois [1]. On verra que je me suis occupé de ce genre de travail en même temps que de la couture mécanique, mais qu'en mes mains ni l'un ni l'autre n'ont prospéré.

L'opération de la coupe des gants proprement dite, n'étant que le tiers tout au plus du travail des ouvriers et ouvrières pour les

---

[1] Le genre de ganterie sur laquelle on opérait étant passé de mode, cette manière d'opérer paraît avoir été mise de côté.

confectionner, et ce travail ne pouvant se conduire mécaniquement à cause des défauts qui se rencontrent dans la peau et qu'il faut chercher à faire disparaître au moyen des diverses parties que les ciseaux enlèvent, il en est résulté que la plupart des tentatives faites en ce genre n'ont pu atteindre le but que l'on se proposait; cependant j'ai cru et je pense encore, qu'en se procurant quelque économie dans le rapport des peaux, ou en disposant une partie des ouvrages à l'aiguille au moyen d'un emporte-pièces, l'on pourrait espérer faire emploi avec succès de quelques moyens mécaniques en ce genre. Pénétré de cette vérité, je me suis demandé s'il ne serait pas possible de compliquer un outil de telle manière qu'il pût tracer au moyen de la coupe les diverses opérations de l'aiguille, qui elles-mêmes entrent pour trois quarts dans la confection d'une paire de gants?

Dirigé dans ces vues, j'ai fait confectionner des emporte-pièces, armés de peignes placés vers les bords des tranchans, dont les dents en fil d'acier étaient distribuées de manière à tracer les coutures de toutes les parties arrondies; plus les broderies, les ourlets et autres ornemens; enfin de nouveaux points autour du pouce pour renforcer cette partie des gants qui fatigue le plus étant portée.

Muni de trois de ces découpoirs pour gants d'hommes, je crus qu'il n'y avait plus qu'à faire fonctionner pour obtenir de bons résultats; mais à peine quelques douzaines de paires de gants furent-elles coupées que mes outils, gravement endommagés, eurent besoin de grandes réparations.

Outre cette espèce de machine pour couper les gants et quelques emporte-pièces pour découper les pouces, les fourchettes et jusques aux carabins, j'eus l'idée de faire établir, pour la couture des parties droites, une machine dite *mécanique* ayant les points tracés à des distances égales à celles de mes peignes sur deux machines propres à recevoir et fixer les diverses parties des gants que l'on a l'habitude de réunir au moyen de l'aiguille. Mais, soit manque de persévérance, soit incapacité de la part de celles des ouvrières à qui je fis faire mes premiers essais, soit encore mieux, défaut de perfection dans cette machine que je ferai connaître plus amplement, je ne crus entrevoir aucun bon résultat dans l'emploi de ces diverses machines sur les peaux ordinairement employées dans ma fabrique et qui étaient les seules qui convenaient à mon genre de vente. Je crus, après quelques réflexions, pouvoir en faire une bien plus heureuse application sur la ganterie de peau épaisse, telle que chamois

37.

et daim, dont les façons à l'aiguille et la coupe aux ciseaux sont difficiles. J'eus en conséquence l'idée d'un établissement spécial en ce genre ; mais pour le former il s'agissait de faire la dépense de nouveaux outils découpeurs, de perfectionner la machine à coudre, et d'en faire établir ensuite une centaine d'autres au moins ; j'aurais aussi voulu m'assurer, autant que possible, le placement des produits de ma fabrique en ce genre. Toutes ces difficultés me portèrent à faire l'ouverture de mon projet au ministère de l'intérieur ; ce qui eut lieu au moyen d'un Mémoire que j'adressai au ministre.

Ma machine à coudre, perfectionnée, s'est depuis ce temps propagée en France avec un succès étonnant. Mes outils à découper sont susceptibles d'avoir une destination analogue : j'espère donc bien revenir à leur emploi de nouveau [1].

Mon Mémoire et la réponse du ministre n'étant pas hors de mon sujet, je vais donner

---

[1] On propose et Dieu dispose. Six années se sont écoulées depuis que j'écrivais ces lignes, et je suis maintenant hors des affaires sans avoir donné suite à mes projets. Depuis ce temps il y a eu perfectionnement dans les proportions de la ganterie. Mes outils devraient être refondus pour donner des résultats convenables. Je les déposerai au Conservatoire des arts et métiers, comme objet d'art mécanique propre à consulter.

copie de l'un et de l'autre; ce Mémoire a été adressé, en 1819, au ministre Decazes; il est intitulé :

NOTE

SUR LA GANTERIE DE FRANCE,

Par Vallet-d'Artois.

La fabrique de gants en France, dont on semble faire peu de cas, est pourtant d'une importance supérieure à celle de diverses autres branches d'industrie dont on s'occupe avec plus d'attention. Il est difficile de définir la cause de cette indifférence, mais elle existe, et il est certain que par ce motif on méconnaît absolument les ressources que la ganterie procure à la population de certains départemens, ainsi que les avantages que ce genre de commerce est susceptible d'offrir sous le rapport de l'économie politique.

Dans un ouvrage statistique qui vient de paraître, et que le nom de son auteur [1] a fait accueillir favorablement, on est étonné de ne pas trouver un chapitre séparé pour cette branche d'industrie, et de ne la voir figurer que confondue avec la mégisserie, la chamoiserie, la maroquinerie et la parcheminerie, pour un produit ensemble de douze millions

---

[1] *De l'Industrie française*, par le comte Chaptal. Paris, 1819.

de francs; tandis qu'en partant d'une base posée par le même auteur, dans un autre endroit de son ouvrage, les plus simples calculs prouveraient que la seule ganterie peut être estimée à cette même somme, douze millions. Je ne m'attacherai pas ici à démontrer cette vérité; il me suffit d'avoir relevé la grave erreur dans laquelle est tombé l'auteur de *l'Industrie française*. Je vais passer à la notice que je veux donner sur la ganterie.

La ganterie peut se diviser en deux espèces distinctes: la première est celle faite avec les peaux mégissées; elle est connue dans le commerce sous la dénomination de *gants blancs, gants glacés et gants sur-chair* (ces derniers sont encore vulgairement et improprement appelés *peau de chien*); pour la seconde on emploie des peaux chamoisées dont les plus belles sont ramaillées et acquièrent une bien plus grande valeur. Cette seconde espèce se désigne sous le nom de *gants chamois* et de *gants ramaillés*, ou sous la dénomination générique de *gants castor*.

La qualité des peaux de France, la manière dont elles sont travaillées, l'économie de notre fabrication, nous assurent pour la première de ces espèces une préférence sur tout ce qui se fait ailleurs en ce genre; aussi, malgré les prohibitions dont cette branche de commerce est frappée à son entrée en Angleterre[1], en Autriche, en Russie, en Espagne et en Portugal, et malgré les droits énormes auxquels elle est assujettie dans les autres États, notre ganterie, particulièrement celle de Grenoble, est d'un usage qu'on peut dire universel. Cependant, quels que soient ces avantages, on ne peut se dissimuler qu'en général le peu de soins qu'on apporte à cette fabrication, surtout pour les parties destinées à l'exportation, est dans le cas de nous faire craindre la concurrence des nombreuses fabriques qui s'élèvent en Italie, en Espagne, mais plus particulièrement de celles qui existent en Angleterre, si dorénavant nous ne nous attachons pas à la perfectionner; aussi mon opinion est-elle que les fabricans de Grenoble auraient un moyen plus sûr de rendre à leur fabrique cette activité qu'elle semble perdre chaque jour depuis deux ans [2],

---

[1] Ce n'est que depuis 1824 que l'importation de nos gants en Angleterre a été permise, moyennant un droit calculé à peu près 25 pour 100.

[2] Les premières expéditions de gants qui se firent après la paix générale, en 1815 et 1816, furent de si mauvaise qualité qu'il en résulta pour 1818, et quelques années après, un délaissement de cette ganterie.

L'admission de cette marchandise pour les Anglais, qui depuis ce temps ont acheté avec disen s'occupant de leur procurer les perfectionnemens dont elles sont susceptibles plutôt que de solliciter du gouvernement la défense de l'exportation des peaux mégissées [1]. Il est donc facile de prévoir que cette ganterie, pour laquelle nous avons de si sûrs moyens pour conserver la préférence sur tous les marchés libres, n'est pas celle dont je me suis occupé particulièrement ; c'est donc cêlle de seconde espèce; genre que nous avons imité des Anglais et dont ces derniers font un commerce assez considérable avec le nord de l'Europe, l'Amérique et leurs colonies ; espèce peu fabriquée en France, mais qui pourtant serait susceptible d'occuper un plus grand nombre de bras [2], si une fois la fabrication était adaptée au goût des peuples qui en font usage : c'est donc particulièrement dans ces vues que j'ai cru convenable d'attirer l'attention du ministère sur mon invention, et de provoquer l'opinion de Messieurs les membres composant la Société d'Encou-

cernement et payé un bon prix, a procuré un perfectionnement sensible à la fabrique de Grenoble.

[1] Pétition des fabricans de Grenoble à la Chambre des députés, 1819.

[2] Cette espèce de ganterie a beaucoup été négligée depuis cette époque. Les fabriques anglaises et les nôtres ont beaucoup fléchi.

ragement à qui j'ai l'honneur de soumettre mes observations [1].

DESCRIPTION

D'OUTILS NOUVEAUX

Que le sieur VALLET-D'ARTOIS se propose d'employer à la confection des gants de peaux dits *chamois*, *ramaillé* et *daim*.

AVANT de procéder à la coupe des gants, les peaux sortant de chez le chamoiseur, ayant été parées, poncées et teintes, sont assujetties aux préparations suivantes :

Pour avoir un aperçu de leur rapport en gants, le coupeur commence par les exposer dans un lieu humide; les peaux étant ainsi disposées, et après les avoir bien sondées en

---

[1] Je n'ai pas su si la Société d'Encouragement s'était occupée de mon Mémoire; mais son silence à mon égard m'a fait soupçonner que l'article au moyen duquel je relève l'erreur de M. le comte Chaptal a été la cause de l'indifférence apparente des gérans de cette Société. M. Chaptal, l'auteur de l'*Industrie française*, en étant le président : cette particularité ne m'étant pas connue à l'avance, j'ai pu blesser, sans le vouloir, M. le comte Chaptal.

tous sens, il les dispose en tranches de manière à pouvoir placer les défauts qui s'y rencontrent dans les diverses parties qui doivent être enlevées par les ciseaux en coupant les gants. Cette première opération est ce qu'on nomme en terme technique *dépecer;* les morceaux qui résultent du dépeçage doivent être employés dans un certain sens, dans une direction donnée. Cette seconde disposition donne lieu à une opération que l'on nomme *étavillonner,* et chaque morceau de peau ainsi préparé peut se nommer *étavillon;* l'étavillon, comme on le voit, détermine d'avance la largeur et la hauteur du gant. Par mon nouveau procédé, les longueurs et les largeurs des étavillons doivent être celles de mes emporte-pièces qui, pour gants d'hommes, seront au nombre de trois. Au lieu de plier en deux les étavillons, comme on en use pour la coupe ordinaire, je les laisse ouverts, et par ce moyen j'obtiens avec l'emporte-pièce, dans un seul morceau de peau, le dessus et le dessous des gants, à l'exception des pouces qui, coupés ailleurs, se raccordent avec l'ouverture pratiquée à cet effet : les doigts cependant n'auraient pas assez de largeur si on se contentait, pour les former, d'unir par une couture de chaque côté les deux morceaux qui se correspondent; en conséquence, on augmente leur ampleur en intercalant à droite et à gauche pour l'annulaire et le médius, et d'un côté seulement pour l'index et le petit doigt, une languette de peau qui, en raison de sa forme, est nommée *fourchette*. Ces morceaux, dont les figures n° 1, A, B, C, peuvent donner une idée, sont tels qu'une première fourchette se place entre le petit doigt et l'annulaire; une seconde entre l'annulaire et le médius; et enfin une troisième entre le médius et l'index. Pour faciliter le mouvement des doigts on ajoute encore à la partie supérieure de chaque doigt, et du côté de la paume de la main, une petite pièce à peu près triangulaire, généralement nommée *carabin*. Les figures A, B, C, n° 2, en donnent une idée ; quant aux pouces ils se coupent aussi d'un seul morceau qui développé affecte la forme représentée n° 3. On voit facilement que son raccordement avec l'ouverture dans son prolongement donne le moyen d'achever l'ouvrage complètement.

Ainsi, en résumé, on voit que, pour confectionner un gant, il faut :

1° Découper l'étavillon pour former la principale partie du gant, objet de mon maître-outil, n° 4 ;

2° Découper le pouce ;

3° Faire trois fourchettes ;

4° Enfin trois carabins, qui, comme les fourchettes, doivent être de grandeurs proportionnées aux gants auxquels ils sont destinés.

Le nouveau procédé consiste dans la construction d'emporte-pièces susceptibles de découper à la fois un assez grand nombre de chacune de ces parties qui entrent dans la confection d'un gant.

La fig. n° 1 de la planche première représente le maître-outil qui découpe le corps du gant : c'est un morceau d'acier d'environ un pouce d'épaisseur, évidé au ciseau de manière à laisser des tranchans de six lignes de hauteur, tracés de la manière la plus convenable pour faire un gant qui embrasse exactement, par le moyen de ses accessoires, tous les contours de la main et de chacun des doigts sans en gêner le mouvement.

Cet outil peut être facilement fixé à la vis d'un balancier qui, par son mouvement, fera descendre régulièrement l'outil sur l'étavillon (ou plutôt les étavillons), qu'on disposera de manière à ce que l'emporte-pièce s'applique exactement sur la peau dont on doit toujours être très-économe, et qui, par conséquent, sera disposée de la largeur très-exacte de l'outil, et ne sera susceptible de déborder que du côté de l'extrémité des doigts, les morceaux en résultant devant être utilisés, comme on le verra. Un repoussoir est pratiqué dans l'épaisseur de ce maître-outil pour détacher la peau qui doit nécessairement s'enfoncer dans la partie évidée. Ici il est essentiel de faire observer que les étavillons, avant d'être soumis à l'action de l'emporte-pièce sans balancier, doivent préalablement être mis en presse afin de donner une certaine densité indispensable à une peau de cette nature pour être coupée par ce procédé. On peut, avec cette précaution, facilement couper à la fois une quantité de paires de gants proportionnées à la longueur et à la force des tranchans. Ce serait pourtant, je pense, trop ambitionner que de vouloir aller au-delà de deux douzaines de paires, ce qui fait quarante-huit doubles de peaux, cette quantité étant celle sur laquelle on est parvenu à opérer en Angleterre après plus de deux ans d'expérience et avec des emporte-pièces autrement fabriqués que les miens. Je dois dire que les dispositions de mon local, et la dépense énorme d'un balancier, m'ont empêché jusqu'à ce jour de faire usage de ce moyen, que je n'en crois pas moins infaillible. J'ai en conséquence eu recours à un autre moyen assez simple qui, s'il ne me donne pas immédiatement un résultat aussi avantageux, n'entraîne pas non plus dans des frais aussi considérables.

Ce moyen consiste dans un rouleau composé de trois morceaux de bois assemblés de manière qu'ils présente un rouleau de bois *debout*. On promène ce rouleau sur les tranchans du maître-outil qui, dans ce cas, est fixé sur une base horizontale, les tranchans en l'air ; on applique les étavillons sur l'emporte-pièce, et on fait tourner le rouleau qui, en s'appuyant successivement sur une petite partie des tranchans, détermine l'incision.

L'effort d'un homme n'est pas suffisant pour cette opération ; mais on obtient la pression nécessaire au moyen d'une forte branche de châtaignier qui, arc-boutée au plafond de l'appartement, forme ressort et pèse sur le rouleau [1].

Je décrirai plus en détail la construction simple de cet appareil, qui doit être tel que le rouleau puisse agir librement. De cette manière je ne puis opérer avec plus de deux ou trois paires de gants, suivant leur épaisseur ; mais, si je n'opère pas sur un aussi grand nombre à la fois qu'avec le balancier, au moyen de la construction de mes outils, je puis obtenir le tracé des broderies et une partie des autres coutures, par le moyen des *peignes* dont il sera fait mention.

[1] Un simple morceau de bois debout, placé sur les tranchans, suffirait aussi, au moyen d'un maillet, pour obtenir le même résultat. On pourrait en recommander l'emploi comme plus simple.

Quant à l'emporte-pièce qui donne le pouce, et qui est représenté feuille première, n°. 2 (ces feuilles n'existent plus), il est composé de tranchans montés sur un morceau de bois : comme cet outil n'offre qu'une petite surface, il suffit de quelques coups de maillet pour découper douze pouces. Quant aux emporte-pièces des fourchettes et des carabins, vu leur petite dimension, ils sont tous en acier et d'un seul morceau; on peut voir les fig. n° 3 et 3 *bis*, n° 4 et 4 *bis* qui les représentent vus de face et de profil, dont l'emploi a également lieu au moyen d'un maillet.

Mais ce n'était pas assez de découper d'une manière régulière et parfaite toutes les parties qui concourent à former le gant; il s'agissait de donner aux personnes qui voudraient se charger de la couture, sans étude préalable, les moyens de les assembler avec précision; c'est l'objet des peignes que l'on voit dans les fig. n°s 1 et 2, qu'on peut adapter et enlever à volonté, ainsi que la petite mécanique pour la couture dont il sera parlé. Ces peignes consistent en des plaques de cuivre armées de dents en fil d'acier, qui, en traversant la peau, indiquent les points correspondans à faire pour réunir les parties qui doivent se raccorder. On a de la sorte, comme je l'ai déjà dit, tracé la broderie et la couture à l'extrémité de chacun des doigts et à la partie circulaire du pouce [1].

En parlant du pouce, il est à propos de remarquer deux perfectionnemens qui tendent à embellir et à consolider le gant. Le premier consiste dans une double couture en *arrière-point*, placée sur la partie de la circonférence, et qui sert à unir le pouce avec le gant. Le second est une double languette placée entre le pouce et l'index, et qui tend à laisser plus libre l'éloignement de ces deux doigts, comme on peut s'en convaincre par les échantillons ci-joints.

Les emporte-pièces des carabins tracent à la fois la couture tout autour, ce qui rend inutile aucune marque sur les parties des fourchettes auxquelles ils doivent être unis.

Les broderies dont on a l'habitude d'orner la partie supérieure des gants, et qui ne sont autre chose qu'un point de chaînettes, sont remplacées par un ornement plus simple, mais plus solide, et qui, tracé d'avance par le secours des peignes, est susceptible d'être fait par un enfant de sept à huit ans.

Enfin les broderies placées dans le prolongement ou les fentes, dans la longueur des

[1] Les ouvriers maintenant font très-bien, au moyen de la petite mécanique, ces parties arrondies des doigts, qui d'ailleurs, par mon procédé, exigeait une aiguille à pointe arrondie.

gants, forment un relief avec la peau même, régulier et beaucoup plus propre à résister aux efforts de la brosse que l'on emploie communément pour nettoyer ces sortes de gants, et qui détruit celle qui est ordinairement faite à l'aiguille. Nous pouvons remarquer aussi la solidité que procure le point arrière, placé au rempli de l'extrémité supérieure du gant ; car qui ne sait pas qu'en essayant seulement les gants on voit l'espèce d'ourlet que l'on fait ordinairement, se rompre chez le marchand même qui les vend ?

Avant de passer au perfectionnement relatif à la couture des gants, faite au moyen de la machine représentée dans ses différentes positions sur la deuxième feuille de dessin, je crois faire connaître les avantages réunis à l'emporte-pièce que j'ai inventé, et dont le premier modèle a été exécuté avec autant de soins que d'intelligence par M. Prieur, mécanicien.

Suivant la manière ordinaire de couper les gants, l'ouvrier gantier double son étavillon pour en opérer la coupe avec les ciseaux, par parties détachées. Les morceaux qui résultent de plus de vingt coups de tranchans étant tous très-petits, ne peuvent être utilisés en aucune manière. Par le moyen de mon emporte-pièce, tous ces morceaux se trouvant réunis en un seul, il est possible de les employer à faire des fourchettes. On aperçoit déjà par ce moyen les avantages qui résultent de cette nouvelle méthode par une économie de matière que j'estime à un douzième, et une économie de temps sur la coupe que je ne puis préciser encore. En prenant en considération les autres avantages d'économie et de perfectionnement que l'on peut obtenir dans les divers ouvrages à l'aiguille, je ne crains pas d'avancer pourtant que je retrouverai une économie de 30 à 40 s. par douzaine, suivant la qualité de la peau que j'aurai à employer, le genre de gants que j'aurai à faire, et le lieu où je pourrai faire fabriquer; ce qui équivaudrait de 7 à 10 p. 100. Mais à côté de ces avantages nous avons à faire entrer en balance le capital employé dans un établissement de ce genre, et les frais d'entretien des outils et mécaniques y relatifs. Ce résultat ne pouvant avoir lieu qu'après une expérience que je n'ai pu avoir, je m'abstiendrai donc d'émettre mon opinion.

Après avoir décrit les différens moyens pour la coupe, les broderies et les chaînettes, je dois donner la description de la machine inventée pour faciliter le montage des gants et la régularité en même temps que la solidité de la couture. Cette machine est une espèce d'étau en bois, composé de deux mâchoires (*voyez* feuille 2 n° 5), l'une fixe, l'autre mobile (n° 6), autour d'une charnière, au moyen d'une bascule en fer que l'on fait baisser avec le pied par le secours d'une pédale ; chacune d'elles est garnie d'une espèce de lèvre en cuivre, sur laquelle on a tracé de petites ouvertures qui indiquent les points à faire pour exécuter la couture. Après avoir ajusté les deux morceaux de peau que l'on veut réunir, on les applique contre la partie inférieure de la mâchoire fixe, en ne les laissant dépasser que de la quantité des petites dents : en appuyant le pied sur la pédale, la mâchoire mobile (n° 2) vient se rapprocher et tenir l'ouvrage en respect [1]. Dans cet état, il ne reste plus qu'à passer l'aiguille dans chacune des petites divisions des lèvres de cuivre que, pour plus de facilité, j'ai coloré alternativement de rouge et de noir. L'une des extrémités des mâchoires est arrondie afin de se prêter à la forme du bout des doigts dans le cas où on ne jugerait pas convenable

---

[1] Le grand perfectionnement apporté à cette machine consiste en ce que le gant est fixé au moyen d'un fort ressort, et que la pédale n'est plus employée que pour ouvrir l'une des deux mâchoires. Elle est faite en fonte et cuivre, montée sur bois et à fort bas prix. (Voy. *fig.* 5.)

de tracer la couture dans ces parties comme il est indiqué.

L'une des paires de gants servant d'échantillons a été entièrement cousue, en se servant de la mécanique, par un invalide.

Paris, le 27 septembre 1819.

Ce Mémoire était accompagné d'une note détaillée sur la confection de diverses paires de gants fabriquées d'après ce procédé, que je faisais en même temps parvenir pour modèles, avec la lettre suivante :

A SON EXCELLENCE, ETC.

Monseigneur,

Persuadé que vous accueillez d'une manière favorable tout ce qui peut être utile au commerce et à l'industrie, et surtout à la classe laborieuse, je prends la liberté de vous présenter un projet d'établissement, pour le succès duquel j'ose réclamer votre bienveillante protection.

Je suis inventeur de nouveaux procédés pour la fabrication des gants de peau, procédés d'après lesquels on obtient perfection d'ouvrage en même temps qu'économie dans la matière et la main-d'œuvre. Mais cette fabrication nécessitant une mise de fonds assez considérable pour les instrumens à mécaniques y relatifs, il m'importerait d'être assuré d'avance du placement d'une certaine quantité des marchandises en résultant. J'ai pensé qu'il me serait infiniment avantageux d'obtenir une grande entreprise de la part du gouvernement ; par exemple, pour la fourniture des gants de différens corps militaires.

L'Etat trouverait plusieurs avantages dans un tel établissement, 1° les gants en même temps qu'ils seraient mieux confectionnés, et cependant à un prix inférieur, offriraient l'avantage d'une uniformité parfaite pour toute l'armée ; 2° cette nouvelle méthode s'appliquant essentiellement à la ganterie appelée vulgairement *chamois*, *daim* et *façon de daim*, branche de ce commerce imitée des fabriques anglaises ; cette méthode encouragée et propagée en France nous procurerait un nouveau moyen de lutter avec avantage contre l'Angleterre pour le placement de ce genre de marchandise dans les marchés étrangers ; 3° enfin cette méthode permettrait d'occuper en France plusieurs milliers d'ouvrières prises dans un âge fort tendre ; et dans l'établissement que je propose, je m'engagerais à donner de l'ouvrage à quelques centaines d'orphelines, ou autres jeunes personnes à la charge de l'Etat, dont un grand nombre pourrait être employé utilement dès l'âge de cinq à six ans.

Pour assurer Votre Excellence de la certitude de ces résultats, je me propose de lui présenter des échantillons produits par le moyen de cette nouvelle méthode, ainsi qu'une description des instrumens et procédés que j'emploie.

Dès que Votre Excellence aura la conviction que je puis satisfaire à ma promesse, j'oserai la supplier de vouloir bien, d'une part appuyer ma demande d'une fourniture pour l'armée, et de l'autre me faciliter les moyens de former mon établissement, fondé principalement sur l'emploi de jeunes orphelines, et que je croirais plus convenablement situé hors de Paris, sans en être cependant éloigné.

Veuillez, Monseigneur, etc.

Les motifs exposés par la lettre qui précède n'ayant pas paru suffisans pour accueillir ma demande, j'en reçus une lettre en conséquence. Depuis ce temps mes appareils sont restés enfermés sans emploi.

A peu près dans le même temps le roi des Pays-Bas avançait à une compagnie 30,000 fl. pour un objet de ce genre, l'établissement d'une fabrique de gants à Luxembourg, fabrique qui existe encore, et dont les produits nuisent infiniment au placement des articles de nos fabriques en ce genre. Ce prince, dont les qualités ont été méconnues des Belges, a placé dans son royaume des sommes immenses pour protéger et encourager les arts manufacturiers en tous genres. En France on se refuse à la moindre démarche au profit du commerce et de l'industrie.

SECTION XI.

DES DIVERSES OPÉRATIONS MANUELLES RELATIVES A LA COUPE DES GANTS OU A L'ART DU GANTIER PROPREMENT DIT.

Les diverses opérations du gantier ont lieu sur une table de bois dur, matériellement établie et solidement assise. Elle est de grandeur proportionnée au nombre d'ouvriers qui y travaillent et de la hauteur d'environ deux pieds et demi.

Avant de procéder à ces diverses opérations, et pour avoir un aperçu de la grandeur d'une peau, elle est assujettie à une préparation que nous avons fait connaître dans la partie descriptive du Mémoire dont nous venons de donner copie et auquel on peut se reporter; mais elle doit en outre être débordée avec soin afin de faciliter le dolage, opération que nous ferons connaître.

CHAPITRE PREMIER.

Du dolage des peaux.

Doler une peau est en enlever une partie dans son épaisseur, du côté de la chair, afin de la rendre plus douce, plus fine et d'en embellir la fleur; on dole encore quelquefois des peaux du côté de la fleur; mais alors ce sont des peaux destinées à être employées du côté de la chair, et ce n'est uniquement que pour les égaliser autant que possible en souplesse et en épaisseur. Cette opération se fait au moyen d'un outil que l'on nomme *couteau à doler*, dont le manche est en bois (*fig.* 6). On a, en outre, pour cette opération, besoin d'un marbre d'environ 18 pouces de large sur 24 de long, garni à l'une de ses extrémités, dans sa partie inférieure, d'un tasseau en bois dans sa largeur, d'un pouce d'équarrissage fixé par trois broches ou chevilles. Ce marbre est mis à plat sur la table du coupeur, de manière à en déborder juste de la largeur du tasseau que les ouvriers nomment *le talon du marbre*, parce que souvent il se trouve formé par le marbre même. (Voy. *fig.* 7.)

La peau que l'on a à doler se place dans sa longueur et à plat sur ce marbre : elle y est fixée par une de ses extrémités, en la faisant descendre sous ce même tasseau que nous avons aussi nommé *le talon du marbre*.

La peau ainsi fixée sur le plateau du marbre, y est soigneusement élargie. Elle y est étendue le plus possible, au moyen de la main gauche. Dans cet état, armé de son couteau à doler, qu'il tient fixé dans sa main droite, au moyen d'un mouvement horizontal en avant de son corps, l'ouvrier enlève avec son tranchant les grosses chairs, jusqu'à la partie voisine de la fleur que nous avons nommée *le corps capillaire*. Ce travail doit se faire sur toutes les parties de la peau jusqu'à ce qu'elle soit bien également fine (*fig.* 8). Cette opération, une des plus pénibles et des plus difficiles de l'art du gantier, ne s'effectue pas fort souvent sans accident. Une ordure ou un morceau de dolage, arrivant sous la peau, y occasionne un trou : un coup de couteau donné à faux peut causer une irrégularité et affaiblir la peau au point de ne pouvoir supporter la couture ; ou bien y faire une ouverture plus ou moins large. Tous ces accidens fâcheux nuisent au rapport de la peau. Ces deux derniers défauts sont ce que les ouvriers appellent des *chats*. Ces chats sont ordinairement le fait des mauvais doleurs ; mais considérés sous ce point de vue, on peut dire qu'il y en a peu de bons ; car il suffit d'une distraction pour que cet accident arrive au meilleur ouvrier.

CHAPITRE II.

Du dépeçage.

Dépecer signifie mettre en pièces : l'opération à laquelle nous allons nous livrer consiste donc à réduire la peau dont on veut faire des gants, en morceaux de longueur et largeur proportionnées à la taille de la peau même, ou à celle des gants que l'on se propose d'y faire, si cela se peut, sans nuire à son rapport. Pour arriver à ce but il faut, au préalable, mettre sa peau à l'humide, soit au moyen d'une toile mouillée, soit en la mettant dans un lieu frais. La peau blanche est la plus promptement pénétrée d'eau, à cause de la présence du sel commun qui lui a été donné en mégie ; la peau mise en couleur, qui a perdu ce sel dans la purge, l'est moins vite, surtout lorsqu'il est entré dans la teinture quelque substance astringente. Lorsque votre peau est pénétrée d'une humidité convenable pour la travailler, le premier soin que l'on ait à prendre consiste à la sonder dans sa longueur et sa largeur pour juger de sa taille, de sa force, de ses défauts, et user de la connaissance que vous en avez prise, afin que les gants que l'on va en tirer soient, non seulement de force égale, mais que les défauts soient placés de manière à pouvoir disparaître dans les opérations ultérieures, soit du dépeçage, soit de la coupe des gants, soit enfin dans celles de leur broderie et de leur couture. La largeur d'une paire de gants se calcule ordinairement par la mesure de l'empan de la personne pour qui elle est destinée (*fig.* 9).

Un gant pour homme peut avoir de 8 à 11 pouces de largeur; sa hauteur de 9 à 10 au plus. La largeur du gant est, autant que possible, prise dans le sens de la largeur de la peau, et par conséquent sa hauteur, de tête en queue. Voilà ce que nous appelons le *sens de la peau*. Des raisons d'économie seulement peuvent y faire déroger (*fig.* 10).

Le dépeçage des pouces se fait ordinairement en même temps que celui des gants; leur longueur et leur largeur doivent également être calculées et proportionnées à la taille de ceux-ci : à peu près de 5 à 5 pouces et demi de long, sur 4 ou 4 et demi de large dans la partie supérieure que nous nommons *empature*, et seulement 3 ou 3 et demi pour l'autre extrémité que nous nommons *le bout*.

Après avoir sondé la peau, si les gants que l'on se propose de faire sont des gants passe-coudes ou mi-longs, on commencera par la mettre au large et à la déborder, afin d'en bien connaître tout le développement, et de la dépecer en deux parties égales dans la direction du dos, si rien ne s'y oppose. Dans cet état la peau devant donner lieu à une paire de gants, les doigts et la main seront fournis par le côté voisin de la tête, et la partie supérieure du gant, que nous nommons *le rebras*, sera formée par la culée (*fig.* 11).

Le débordage est une opération qui se renouvelle nombre de fois dans le cours des opérations qui ont lieu pour la coupe des gants; elle est même en usage pour sonder entièrement une peau lorsqu'elle a été mise au large. Nous allons nous en occuper.

Déborder une peau, c'est attirer et allonger ses extrémités, qu'on peut nommer *les arêtes* ou *bords*, et que dans la ganterie nous nommons *bordage*. Cette opération a lieu au moyen d'un couteau sans tranchant, un peu matériel, et à peu près de la forme d'un couteau de table pointu. L'ouvrier prend ce couteau dans la main droite, et le place de telle sorte que le dos se trouve renversé, c'est-à-dire dans la partie inférieure. Dans cet état il rapproche d'abord de la table le plat de la lame, en l'appuyant vers sa peau, qui y est placée de manière à déborder un peu ; puis il saisit successivement chacune des parties des bordages de la peau, entre le pouce et la lame du couteau ; et par un mouvement alternatif de pression et de reculement de son pouce, à qui il fait, en quelque sorte, décrire un arc de cercle sur l'axe de son poignet, il allonge de proche en proche toutes les extrémités de sa peau. Ces mouvemens, qui ont lieu de gauche à droite, s'exécutent avec une très-grande vitesse et facilité (*fig.* 12). Cette opération est indispensable pour sonder entièrement une peau et faciliter l'opération du dolage que nous avons décrite. Elle est aussi utile pour bien effectuer le dépeçage.

Nous avons vu quelles étaient les grandeurs ordinaires des morceaux de peaux destinés à faire des gants d'hommes. Ces morceaux, je les nommerai *étavillons*. Celles des deux tranches destinées à faire nos gants passe-coudes, ont de 22 à 24 pouces. Les mi-longs doivent en avoir de 18 à 19. Les largeurs des mains peuvent varier entre 7 à 8, pour les mains ordinaires.

Le dépeçage est une des opérations les plus importantes de l'art du gantier. Tel ouvrier inexpérimenté ou peu capable ne trouvera que deux douzaines de paires de gants, je suppose, dans une douzaine de peaux qu'il aura dépecées; tel autre plus adroit, plus soigneux, en aura une ou deux paires de plus, et quelquefois plus belles et de mêmes grandeurs.

L'opération parfaite du dépeçage est d'une telle importance que, d'après les renseignemens que j'ai pu me procurer, sur la cause de l'infériorité de l'industrie anglaise pour les prix de la belle ganterie, je crois pouvoir avancer qu'elle est en majeure partie due à l'imperfection que les ouvriers apportent dans cette opération.

Les Anglais perdent, l'un dans l'autre, dans le dépeçage d'une douzaine de peaux de grands chevreaux, deux paires de gants d'hommes, comparativement à ce qui se fait en France en ce genre; ce qui est une valeur de près de 4 fr.

Pour s'assurer si l'ouvrier tire tout le parti désirable de la peau en gants, à défaut de cette expérience, qui fait que le fabricant peut, à l'avance, en déterminer le nombre et le genre, on pourrait employer le moyen suivant : il consiste à peser les peaux que l'on donne à l'ouvrier, recueillir avec soin tous les débris provenant de la coupe, et que nous nommons *retaille;* repeser de nouveau et les gants et les débris, étant secs. Il est certain que celui des ouvriers qui donnera constamment le moins de retaille, à grandeurs égales, donnera le plus de gants.

Je n'ai fait qu'un seul essai en ce genre, pour être à même d'en rendre compte ; mais sur des agneaux, et non sur des chevreaux, qui n'auraient pas donné autant de débris. Le voici :

7 douzaines 7 peaux agneaux, de taille ordinaire, pesaient 11 liv. 4 onces. Nombre des gants hommes et amadis, 13 douzaines 3 paires.

Résultat matériel, ou poids,

Fourchettes et gants.	7 liv.	8 onc.	Poids égal à celui
Retaille............	3	5 ½	des peaux, 11 liv.
Perte.............	»	6 ½	4 onces.

La perte est plus grande qu'elle ne devrait être ; l'excédant est nécessairement dû à la négligence du coupeur qui a coupé les peaux. Il devait donc y avoir 3 liv. 12 onces de retaille.

Il serait donc dans l'intérêt d'un fabricant de faire constamment et exclusivement dépecer ses peaux par le plus capable de ses ouvriers ; mais l'usage ne le veut ainsi que dans la fabrique de Niort et dans celle de Vendôme ; partout ailleurs, chaque ouvrier habile ou inhabile, fait payer le même prix pour son travail par le maître qui l'occupe.

Les morceaux résultans du premier dépeçage ne sont que des tranches qui contiennent assez ordinairement de quoi faire deux gants; quelquefois trois, mais parfois aussi un seul, suivant leur grandeur et leur beauté. Les peaux sont donc dépecées en tranches, et les tranches en morceaux, que, fort improprement, on appelle *gants*, et que je crois devoir désigner sous le nom d'*étavillons*. Pour obtenir ces étavillons il faut remettre chacune de ces bandes au large; c'est-à-dire allonger ces mêmes tranches en faisant rentrer le cuir dans un sens opposé à celui où il était concentré (*fig.* 13). C'est avec ces mêmes étavillons, fournis de leurs morceaux pour faire leurs pouces, que, au moyen des diverses opérations qui vont avoir lieu, nous allons confectionner nos gants. La première des opérations subséquentes se nomme *étavillonage*.

Avant d'étavillonner on doit s'occuper de voir si le dépeceur a eu soin d'assortir ses étavillons de nuance, de force et de douceur; car les peaux ne sont pas d'égale nature. L'assortiment des teintes est surtout une chose très-importante, car, bien que provenant de la même peau, nous avons des nuances si différentes, qu'il n'en faudrait pas plus pour faire des gants de rebut.

CHAPITRE III.

De l'étavillonnage.

Étavillonner est donner à un étavillon la forme qu'il doit avoir pour devenir gants. L'étavillon doit d'abord être ouvert et débordé dans le sens de sa largeur. C'est ce qu'on entend par *mettre au large* : au moyen de cette opération on régularise la largeur de sa paire de gants. (*fig.* 14).

Votre étavillon mis au large est saisi par les mains du coupeur pour le faire glisser vers le bord de la table dans le sens de sa longueur, de manière à concentrer le cuir en sens inverse de ce qu'il est, et de lui donner une forme longitudinale dans le sens de la longueur de la main (*fig.* 15). Cette action, qui a lieu au moyen des deux mains, demande un grand soin pour que la portion de l'étavillon, que l'on destine à faire la partie supérieure du gant, ait une plus grande quantité de cuir. Cet excédant est nécessaire pour donner au poignet la facilité de se fermer : car, au moyen de ce mouvement, comme on peut le voir, la peau d'un gant est toujours tendue dans la partie supérieure, tandis, au contraire, que dans l'intérieur de la main dans cet état, il y a superflu. Votre étavillon étant convenablement disposé, ou votre gant étant étavillonné, comme disent nos coupeurs, vous le pliez en deux dans le sens de sa longueur; puis, au moyen d'un peu de salive, lorsque son pareil est aussi disposé, vous les collez du côté destiné à former les dessus de mains; vous les ajustez avec soin, de manière à ce qu'ils ne débordent en aucun sens; puis vous les placez auprès de vous sur une planche en carré long et à ce destinée (*fig.* 16).

Vos deux étavillons, ainsi disposés et dressés en quatre feuillets, ont besoin de leurs morceaux destinés à faire leurs pouces : ils doivent être restés à côté de vous; vous les prenez et les dressez comme il vient d'être indiqué pour vos étavillons de gants. Dans cet état vous les placez sur leurs gants respectifs pour attendre que d'autres viennent les y joindre (*fig.* 17).

Vous continuez donc à passer en revue tous vos étavillons, afin de leur donner la même préparation et de les mettre en pile dans le même ordre. Vos étavillons ainsi disposés, ont besoin, avant d'être soumis aux ciseaux du coupeur pour devenir gants, d'être un peu raffermis au moyen d'une pression quelconque.

Il faut se rappeler que nous avons prévu, lorsqu'il a été question de dépecer, que nous pouvions avoir des défauts à placer et à faire disparaître. Il y en a souvent un assez grand nombre pour nécessiter une grande sagacité de la part du coupeur, et il ne faut rien moins, pour se tirer d'affaire, qu'une grande expérience et un grand jugement pour obtenir un affranchissement de tous. C'est au travail de l'étavillonnage que ces soins ont dû être donnés d'une manière spéciale. Dans la fente des étavillons il faut encore veiller à ce que chaque destination soit parfaitement remplie.

CHAPITRE IV.

De la fente.

Fendre des étavillons c'est leur donner, lorsqu'ils sont étavillonnés et établis comme on vient de le voir, au moyen d'une paire de forts ciseaux, la forme convenable pour envelopper les mains le plus parfaitement possible, c'est-à-dire pour en développer complètement toutes les formes et devenir gants.

Les étavillons de chaque paire de gants tels que nous les avons vus placer sur la planche, forment quatre doubles de peaux. Autrefois ces mêmes étavillons étaient dépecés de telle manière que les rebras (la partie opposée aux doigts) étaient un peu plus larges : depuis que l'on a généralement adopté pour la belle ganterie l'usage de resserrer ce même rebras vers le poignet, au moyen d'un bouton et d'une boutonnière, cette partie du gant est, au contraire, un peu étranglée.

Nous allons nous occuper de la fente des étavillons. Pour cette opération l'ouvrier est assis en face de sa table, sur un tabouret élevé à sa convenance. Je suppose un étavillon me présentant à peu près 6 pouces et demi de largeur dans la partie inférieure, celle où les doigts doivent être formés; ce qui peut représenter une largeur réelle de 9 pouces et demi avant que d'être étavillonnée. Supposons juste 80 lignes; mes étavillons étant pliés en deux, il m'en reste 40. Pour procéder à la confection de ma paire de gants, je place mon étavillon parallèlement à ma face; je prends l'un des feuillets mobiles, et lui procure dans sa longueur un pli qui sert de première ligne de démarcation pour la fente; cette fente devant s'opérer d'abord sur les quatre doubles de peau de mes deux étavillons, et dans une largeur de 40 lignes, comme nous avons vu; ma première ligne de démarcation est faite de manière à laisser, savoir : pour les deux plus gros doigts 22 ½, et pour les deux autres 17 lignes ½. Il s'agit d'opérer cette division au moyen de mes ciseaux : je commence par en déterminer la longueur; elle est celle du plus long doigt d'une main d'homme, puisque ce sont des gants d'hommes; mais, en raison de ce que la peau est appelée à prêter lorsqu'on se gantera, il faut donc y ajouter quelque chose de plus : ce quelque chose est de trois à quatre lignes, suivant ce qu'on a vu que le cuir avait été concentré. Le coupeur se guide donc sur la longueur de son médius ou grand doigt (*fig.* 18). Cette première division faite, il faut en former deux autres.

Pour déterminer nos deux plus gros doigts,

le médius, que nous nommons *grand doigt*, et l'index, que nous nommons *maître doigt*, je prendrai pour le premier 10 lignes ¹/₄, et pour le second 12 ¹/₄. Le coup de ciseaux au moyen duquel j'opère cette première division, sera poussé d'une bonne ligne plus haut que celle du milieu. Les proportions pour la largeur des doigts ne sont pas indiquées par la nature, mais parce que, comme on le verra, l'index est appelé à recevoir une seule demi-fourchette, tandis que le médius en aura deux, c'est-à-dire une demi-fourchette de chacun de ses côtés.

Il reste à diviser la seconde partie pour avoir la forme de mes deux petits doigts, l'annulaire que l'on nomme *doigt inférieur*, et le petit doigt, qui conserve ce nom. Mon coup de ciseaux passera par la ligne d'intersection entre huit et neuf lignes, de manière à laisser la partie la plus forte au petit doigt par le même motif indiqué pour le gros doigt. Ce troisième coup de ciseaux sera porté encore deux lignes plus haut que le second, et par conséquent de quatre en tout plus haut que celui de la fente du milieu. Cette différence, qui existe dans la longueur des doigts, à leur origine, n'est rien auprès de celles de leur extrémité. La seule conformation de nos doigts, que l'on peut consulter, détermine ces proportions. Il est question de les déterminer au moyen de trois coups de ciseaux ; c'est ce que nous entendons par les mots *étager les doigts* (*fig.* 19).

Comme ces proportions peuvent être prises sur notre propre main, je ne m'y arrêterai pas autrement. Les morceaux à enlever sont à peu près dans les proportions de 3, 6 et 12 lignes. Il suffira de placer ses gants sur le bord de la table de manière à en laisser déborder les doigts. Cette opération faite, il est question de s'occuper des pouces.

L'ouverture que l'on doit pratiquer aux gants pour recevoir les pouces se nomme *empaume*. Cette ouverture, surtout depuis quelques années, varie beaucoup de forme, suivant les ouvriers; mais celle qui est la plus généralement déterminée dans les bonnes fabriques, est à peu près celle représentée (*fig.* 20).

Pour faire l'empaume on prend les deux morceaux mobiles de sa paire de gants, et on leur imprime un pli en arrière, de manière à arriver à peu près à la moitié de l'annulaire, mais un peu en biaisant, de telle sorte que la partie des doigts se rapproche, tandis que celle du rebras s'éloigne du point fixé pour le milieu (*fig.* 21). Ces deux morceaux ainsi pliés sur eux-mêmes, il vous reste toujours une épaisseur de quatre peaux. Les deux parties ainsi allongées et qui font le prolongement de la partie déjà collée, sont fixées au point même où doit se pratiquer l'empaume, avec un peu de salive : nonobstant, vous assujettissez ces parties en les pinçant au moyen du pouce et de l'index de la main gauche : puis, après avoir désigné la hauteur de votre empaume, c'est-à-dire la distance où elle doit être de la naissance de l'index, vous procédez à cette ouverture. Cette distance, calculée à peu près de la longueur des deux dernières phalanges de notre plus long doigt, doit avoir, pour homme, environ deux pouces. Cette distance étant prise (*fig.* 22), vous dirigez un coup de la pointe des ciseaux, de manière à former une languette de près d'un pouce de profondeur dans une obliquité d'environ trois lignes à partir du pli en descendant (*fig.* 23) : puis, sans vous arrêter, et en plaçant entre le pouce et l'index la partie de la peau qui doit être enlevée, en enfonçant le tranchant de vos ciseaux jusqu'auprès du clou (*fig.* 24), et dans une position indiquée par le mouvement que vous allez leur faire faire, vous enlevez, en arrondissant et en gagnant la partie supérieure, un morceau de peau que nous nommons *enlevure*, et dont la forme détermine celle de l'empaume même, comme nous l'avons vu. Sans abandonner votre paire de gants, qui est censée devoir vous échapper (car vous la teniez des deux doigts, par ce seul point nommé *enlevure*), vous faites une petite ouverture en bas de votre languette, d'environ dix lignes, au moyen d'un coup de ciseaux (*fig.* 25). Ce coup de ciseaux doit être dirigé de telle sorte que, en le prolongeant d'une ligne de plus, on aurait fait tomber la languette en forme de losange.

Ce coup de ciseaux forme deux ouvertures à chacun des bas côtés de notre languette. Ces deux ouvertures auxquelles on ne donne pas de nom dans la ganterie, et que je vais baptiser *glisse-languettes*, sont destinées à recevoir deux languettes que l'on forme aux pouces, et qui, une fois enclavées dans ces glisse-languettes, sont destinées à faciliter l'écartement du pouce de l'index dans les divers mouvemens de la main lorsque l'on est ganté. Le coup de ciseaux que l'on pratique dans les pouces pour obtenir ces languettes, doit être juste de la longueur des languettes, dites *losanges*, pratiquées aux gants; cette partie des pouces étant destinée à y être accolée exactement au moyen de la couture, comme on le verra : ces deux languettes des pouces se trouvent donc être de la même longueur que celles pratiquées aux gants. En s'arrêtant un instant sur ces proportions, on voit que les deux glisse-languettes pratiquées aux gants pour recevoir les deux languettes du pouce, devraient avoir le même prolongement, ce qui n'a pu avoir lieu pour ne pas détacher tout-à-fait du gant notre languette losange ; ce prolongement pourtant eût été à désirer pour fournir le plus d'ampleur possible dans l'une des parties du gant la plus appelée à être fatiguée. Malgré cette observation résultante de la conformation de la main et du calcul de ses diverses articulations, nombre de fabricans n'en persistent pas moins à faire de plus petites ouvertures dites *glisse-languettes*, dans des directions variées, sous prétexte de leur donner un sens plus convenable pour faciliter l'écartement du pouce ; comme si la peau ne prêtait pas en tous sens ! C'est une augmentation d'ampleur que l'on recherche, donc que la perte d'une portion de la languette éloigne du but que l'on se propose.

Dans l'origine on ne faisait point usage des languettes que nous laissons aux pouces ; on enlevait ces deux morceaux pour déterminer les places où devait s'accoler la grande languette du gant. Un peu plus tard on y plaça celle de l'intérieur de la main ; mais en 1824, ayant eu occasion de faire l'essai d'une seconde languette de l'autre côté du pouce, et d'en reconnaître les bons effets, j'en envoyai des modèles à Grenoble, Milhaud et Niort, où je fus bientôt imité. La maison Janvin est la première à Grenoble, qui ait fait des gants à doubles languettes.

Maintenant que nos étavillons ouverts nous

présentent à peu près la forme d'un gant, il faut déterminer la hauteur des broderies et en fixer la direction. Donner les arrières-fentes, arrondir les bouts des doigts. Cette opération, que nous nommons *raffilage*, est la dernière des façons de la coupe des gants proprement dite, celles des pouces et des fourchettes pouvant être considérées comme accessoires.

La broderie d'un gant doit commencer à partir de la naissance des doigts jusqu'à la hauteur, à six lignes près, de la partie supérieure de l'empaume. Le couteau qui a servi à déborder les peaux, que nous nommons ici *couteau à piquer*, sert à en prendre la direction et à en fixer la hauteur en le plaçant comme une règle dans la direction de la fente du milieu du gant, et en marquant le point d'arrêt au moyen d'un petit trou ; plus un second, plus un troisième dans des directions calculées pour les autres fentes, de telle sorte que ces trois lignes idéales se prolongent comme les baleines d'un éventail en se rapprochant de bas en haut (*fig.* 26).

Les *arrières-fentes* se donnent dans cette seule partie des doigts appelée *dessus de main* : elles doivent avoir près de douze lignes pour les gants d'homme, et s'obtiennent par un simple coup de ciseaux donné dans la direction de ceux de la fente de l'étavillon (*fig.* 27).

L'arrière-fente est destinée à faciliter le mouvement du poignet; sans elle la main serait en quelque sorte emmaillottée, et le poignet ne pourrait se fermer sans briser son gant.

Il s'agit maintenant du raffilage. *Raffiler* c'est diminuer l'extrémité des doigts en les arrondissant et les affilant à leur pointe [1]. Cette opération, qui a lieu maintenant au moyen des ciseaux ordinaires (*fig.* 28), n'a pas besoin d'être décrite : c'est une des premières occupations que l'on donne à faire aux apprentis. Il suffit de jeter les yeux sur une paire de gants fabriquée. Arrivé à ce point, nos étavillons sont de véritables gants. Nous allons maintenant nous occuper de leur accessoire.

Le pouce doit avoir une longueur qui a été déterminée au dépeçage. La forme de la partie supérieure que l'on nomme *empâture* est déterminée par celle de l'empaume. Pour l'obtenir, il n'y a que quelques irrégularités à faire disparaître.

Les languettes doivent avoir douze lignes de long, puisque la partie d'où vous les détachez doit recevoir à la couture, comme

[1] On s'est servi dans quelques fabriques, autrefois, pour fendre les gants, d'un outil que l'on nomme *forces*, espèce de grands ciseaux à deux tranchans dont on se sert pour tondre les moutons. Alors le raffilage commençait du haut en bas.

nous l'avons déjà fait observer, la grosse languette du gant que l'on doit se rappeler être de cette longueur.

Quant à la longueur du pouce, elle est toujours déterminée par celle du gros doigt (l'index), qui lui sert de mesure. Cette longueur est prise à partir de la naissance des deux languettes.

Toutes ces diverses façons relatives aux pouces ont lieu immédiatement après la fente des gants et avant celle du raffilage dont nous n'avons parlé d'avance, que pour ne pas quitter nos étavillons avant qu'ils ne fussent mis en gants.

Le pouce a donc, comme on vient de le voir, pour taille, la longueur de l'index de son gant; plus la hauteur de l'empâture et deux à trois lignes pour la main que nous avons pour modèle; en tout, environ 57 lignes (*fig.* 29).

Nos gants étant achevés, il reste une opération à faire dépendante de l'art du coupeur: il faut qu'il fasse ce qu'on nomme *sa fourniture*, ce sont les débris provenant de la coupe des gants, que l'on nomme de ce nom, et qui sont destinés à faire ses fourchettes.

On appelle *fourchettes* dans la ganterie les diverses pièces longitudinales qui sont placées dans l'intervalle de chaque doigt des gants pour en augmenter l'ampleur. Le nom de *fourchette* leur est donné par rapport à la forme qui leur est affectée. Pour tirer un meilleur parti de la fourniture, on fait aussi des demi-fourchettes.

Le travail au moyen duquel on obtient les morceaux propres à ces fourchettes est encore un dépeçage (*fig.* 30). Le dépeçage de la fourniture demande beaucoup de soins; on doit en tirer le meilleur parti possible, en être extrêmement avare : quelques fourchettes de moins peuvent entraîner la perte d'une paire de gants, qu'il faudrait sacrifier pour les remplacer : aussi a-t-on soin, lorsque l'on craint que cela n'arrive, de faire ses fourchettes avant que de fendre ses gants.

La taille des gants doit servir à déterminer celle des fourchettes au moyen du grand doigt mesuré à partir de l'arrière-fente.

Les morceaux destinés à faire les fourchettes doivent être débordés et affermis comme pour les gants et les pouces : ils doivent avoir la nuance des gants auxquels on les destine pour en faciliter l'assortiment; il est donc bon d'en avoir quelques unes de plus que le nombre fixé que nous avons vu être de 6 pour une paire, et par conséquent de soixante-douze pour une douzaine. Les fourchettes une fois fendues (voyez-en la forme *fig.* 31), sont mises par paquet dans chaque douzaine respective, en y faisant entrer les demi-fourchettes en nombre proportionnel à ce qu'il y en a.

Ce sont les diverses opérations dont je viens de donner connaissance dans ce chapitre qui constituent l'art de l'ouvrier coupeur-gantier. Mais ici comme ailleurs, la seule théorie ne peut donner qu'une idée succincte d'une chose, et ne nous rend pas apte à la pratique. Les proportions que nous venons d'établir pour la coupe des gants d'hommes sont sujettes à varier, suivant la douceur des peaux et la force des mains. Elles doivent même le faire suivant les pays pour lesquels on travaille. Les peuples du nord sont, en général, plus fortement constitués que ceux du midi. On ne saurait donc, si on a un peu de discernement, faire des gants indistinctement pour l'Espagne ou la Russie. Il y a même une différence en France de province à province. Aussi, vu toutes ces modifications, je crois inutile de déterminer de nouvelles proportions pour les gants de femmes, que nous appelons *amadis*, mieux que pour telle ou telle taille inférieure pour jeunes personnes et pour enfans. C'est aussi par ces diverses considérations que je crois devoir passer sous silence la manière d'étavillonner et de dresser un gant passe-coude, ainsi qu'un gant mi-long; bien persuadé, encore une fois, que sans pratique on ne forme pas un ouvrier.

Il est diverses autres ganteries dont on fait usage dans leur saison respective : telles sont celles de toile, de coton, de batiste, de soie, de percale, etc., etc., pour l'été, et les gants dits de *pelleterie*, pour l'hiver. Une autre espèce de gants rembourrés destinés à l'art de l'escrime; mais la plupart de ces qualités se coupant au moyen de patrons-modèle, ou étant du ressort de la bonneterie, je ne vois aucun motif de m'en occuper autrement. Ils sortent de la compétence de l'art du coupeur-gantier.

SECTION XII.

DE LA BRODERIE, DE LA COUTURE, ET AUTRES FAÇONS DE L'AIGUILLE.

CHAPITRE UNIQUE.

Broderie.

Il est plusieurs genres de points employés pour faire l'ornement des gants désignés sous le nom de *broderie*. Long-temps à Grenoble on s'est contenté d'un surjet serré pour cet ornement. Cette broderie consistait en trois baguettes simples ou doubles que l'on désignait sous le nom de *cordonnet*.

La fabrique de Paris ne s'est constamment servie pour les gants sur-chair et glacés que d'une broderie au crochet.

Le crochet est un petit morceau d'acier pointu de la grosseur d'une aiguille renforcée, plus ou moins fort, dans lequel se trouve pratiquée une petite cavité peu éloignée de sa pointe, mais pourtant assez profonde pour recevoir à cheval un cordonnet de soie. Ce petit outil est donc à peu près ce que serait un hameçon redressé. Pour s'en servir on le fixe au moyen d'une petite vis, dans un manche effilé, connu sous le nom de *manche à crochet*. Le métier de la brodeuse est trop connu pour qu'il soit besoin d'en décrire la forme ni le mécanisme; il ne diffère principalement de celui des brodeuses au plumetis, qu'en ce que les deux traverses horizontales sont de deux pièces mobiles. Les gants sont fixés sur le métier de la brodeuse, droitiers et gauchers séparément, d'un côté par douzaine, au moyen de ses vis et écrous, et de l'autre; la partie voisine de l'estomac, par gant seulement, à mesure du travail de chaque paire. Voilà en quoi consiste le mécanisme de ce travail (*fig.* 32.)

Nous avons eu occasion de savoir que la direction et la hauteur de la broderie des gants avaient été déterminées par le coupeur; la brodeuse commence par enfoncer son crochet à l'une des extrémités qui lui convient le mieux, mais qui est ordinairement le sommet de la baguette du milieu. Ici les ouvrières inhabiles se tracent par avance leurs baguettes, mais cette opération est évitée par celles qui sont exercées.

Assise devant son métier, et ayant son

crochet placé dans la main droite, à peu près comme on tient une plume pour écrire, elle le descend par-dessous son gant par un trou qu'elle y fait; puis elle prend de la main gauche, qui se trouve sous son gant, le bout de son cordonnet auquel elle fait un nœud, et elle le met à cheval sur le cran du crochet dont j'ai parlé; son cordonnet ainsi placé, elle fait tourner environ un quart de cercle à son crochet par un mouvement de gauche à droite dans ses trois doigts, et par ce moyen le cordonnet fixé autour de son crochet est amené à la partie supérieure du gant : vu la forme du trou fait par le crochet pour le descendre, ce petit demi-tour sert aussi à en faciliter le retour. Au moyen de cette opération on amène, par le trou où était descendu le crochet, une petite ganse de cordonnet; ce mouvement achevé, vous reculez votre pointe de crochet d'environ une ligne au-dessous du trou primitif pour la repiquer dans la direction de la baguette que l'on doit exécuter. Par ce moyen la ganse double du cordonnet se place à cheval sur cet intervalle de peau et forme ce que l'on nomme *un point;* le crochet arrivé de nouveau sous le gant, y reçoit un nouveau brin de cordonnet à cheval, que l'on ramène de la même manière pour, de là, redescendre à une distance parfaitement régulière, et ainsi de suite pour arriver à l'extrémité, près de la naissance des doigts.

La broderie au crochet est ordinairement composée de trois doubles baguettes de ce genre, formant trois doubles façons ; cette broderie, comme nous l'avons dit, caractérise essentiellement le gant de Paris ; aussi, en quelque lieu qu'elle se fasse, les gants qui en sont ornés prennent le nom de *gants façon de Paris*. Depuis quelque temps (1833) on se sert d'un outil qui trace les points de la broderie au crochet, de telle sorte que la brodeuse n'a plus qu'à suivre les trous faits. Cette idée n'est que l'imitation de ce que j'ai fait exécuter à mes outils en 1825.

On fait aussi, au moyen de la machine dont j'ai donné la description, mais perfectionnée, une broderie dite *à la mécanique* ; elle consiste à mettre les parties du gant qui doivent la recevoir entre les deux mâchoires de la mécanique et à s'opérer au moyen de l'aiguille, comme pour la couture. Ce genre de travail est le résultat de deux points en arrière sur un en avant ; cette continuité de points croisés forme un effet agréable, et l'éloignement de ces divers points n'altérant pas autant la peau que le crochet, laisse par conséquent aux gants plus de solidité ; vos gants une fois brodés sont susceptibles d'être cousus.

Une opération importante à faire avant de livrer les gants à la couture, mais pourtant long-temps fort négligée, est l'assortiment des fourchettes en nuance, force et longueur; il est indispensable pour une belle ganterie que cette opération ait lieu; elle consiste à prendre les gants paire à paire et à leur adjoindre six de ces fourchettes, ou l'équivalant en demi-fourchette de même nuance et autant que possible de force convenable aux gants, ayant soin d'observer que la taille de chacune d'elles ne soit pas en défaut de proportion avec les gants.

Nous avons eu occasion de voir la forme de ces fourchettes.

Vos gants étant assortis on peut s'occuper de leur couture.

Couture.

Pour la couture des gants, deux choses difficiles se présentent : diriger les parties que l'on doit unir au moyen des pointes, de manière à ce que l'une et l'autre soient également tendues, je veux dire qu'elles ne brident ni ne godent, ce qui est assez difficile lorsque des peaux fort douces n'ont pas été suffisamment affermies par le coupeur, au moyen de la presse; faire avec cela une couture fine, régulière et serrée, sans ternir la fraîcheur de la peau. Cette dernière condition est quelquefois impossible à remplir par les personnes qui transpirent beaucoup, surtout en été.

Chacun sait ce qu'on entend par couture ; il suffit donc de dire que celle des gants doit être dirigée avec plus de discernement que celle de tout autre tissu.

Mais comme dans tout il faut apporter un ordre méthodique, nous allons faire connaître celui qui doit être observé dans ce genre de travail.

On commence à présenter l'empature de son pouce à l'ouverture de son gant, dite *empaume*, en faisant d'abord rencontrer le pli de l'un avec celui de l'autre, c'est-à-dire le pli du pouce avec celui qui a été fait aux gants pour en former l'empaume ; ensuite on en rapproche toutes les parties correspondantes afin de voir si les proportions sont bien observées; car, en cas d'imperfection, on y suppléerait, soit en allongeant la peau dans une partie quelconque, soit au contraire en la faisant un peu goder. La couture doit se commencer à partir des deux plis dont nous avons parlé; le pouce une fois cousu d'un côté jusqu'à la naissance de sa languette, on lui accolle celle du gant en même temps que l'on place dans leur glisse-languette celle du pouce même. Un côté fini on passe à l'autre pour en faire autant ; et enfin on arrive à la partie inférieure pour fermer le bout de ce doigt (*fig.* 33).

Le pouce étant cousu, on rapproche les deux extrémités de la longueur de la main du côté du petit doigt par où l'on commence une couture que l'on nomme *le long ;* cette couture une fois faite les doigts se présentent les uns sur les autres, c'est-à-dire les parties supérieures de la main s'appliquent sur les parties inférieures. Puis on prend ses demi-fourchettes, si on en a, pour les réunir au moyen de la couture et en faire des fourchettes entières : ces demi-fourchettes sont ordinairement placées dans l'intervalle du petit doigt et de l'annulaire. On commence sa couture par le dessus de main ; ces deux doigts terminés dans cette partie on passe aux deux autres et on les joint avec leurs fourchettes ; de là vous passez aux deux autres doigts, le médius et l'index, que vous faites également dans toute leur longueur. Chaque longueur de doigt se nomme *ravelure ;* les ravelures des dessus de main étant faites, vous raffilez le bout de vos fourchettes pour fermer vos doigts par-dessous, au moyen de la continuation de votre couture : c'est ce qu'on appelle *rabattre* ou *faire ses secondes ravelures.* Il serait mieux que les bouts des fourchettes fussent raffilés des deux côtés,

(Voyez *fig.* 1), mais par économie de temps on n'en use pas ainsi.

En remontant votre couture, et arrivé à la naissance des doigts, pour en faciliter l'écartement, on est dans l'usage de mettre à chacun d'eux une petite pièce dans la forme d'un losange, qu'à Paris quelques ouvrières nomment *un carreau* et que l'on désigne à Grenoble sous le nom de *carabin* (*fig.* 2). Le carabin doit avoir dans son centre à peu près la largeur de sa fourchette ; deux de ses côtés sont cousus avec le gant même dans la partie inférieure, et deux autres avec la fourchette qui, à partir de là, se prolonge de toute sa pointe pour donner de l'ampleur à la partie de l'arrière-fente : fort souvent pour fermer son carabin, l'ouvrière a recours à un petit coup de ciseaux pour prolonger la fente de sa fourchette jusqu'à la hauteur juste de la partie inférieure du doigt qui est le point déterminé. On voit que c'est à la pose des carabins que se termine la couture des gants ; cette couture terminée, on s'occupe de la partie supérieure que nous nommons le *rebras* ; autrefois on y ajoutait un point de chînette, placé parallèlement à l'extrémité, dans le voisinage de la broderie et du pouce, et le gant se trouvait ainsi fini au moyen d'un petit rempli. Maintenant on a supprimé cet ornement du gant, et on se contente d'une bordure en peau ;

soit blanche, soit pareille à la couleur du gant; dans ce dernier cas on se contente de la simuler au moyen d'un ourlet bien serré : aux gants de prix on ajoute une petite pièce sur le côté pour en élargir l'entrée; ou bien au moyen d'une fente pratiquée sous le poignet, bordée comme il a été dit, et garnie d'une boutonnière et d'un bouton qui servent, l'une à faciliter l'entrée du gant, et l'autre à le fixer à la main lorsqu'elle est gantée : c'est ce qu'on appelle des *gants à bouton*. Ces sortes de façons se font toutes au moyen de la machine à coudre, dite *mécanique*. (Voy. *fig.* 36).

Quelquefois aussi, au lieu de boutons et de bordure, on façonne les gants au moyen d'un emporte-pièce : on y forme des dessins de goût; on ajoute aux gants amadis des rubans, des ganses, des effilés, etc., etc.

On brode aussi des gants au plumetis en formant des dessins variés, en soie, or et argent; on y fait lithographier des sujets qui remplacent la broderie. Enfin l'industrie et le goût de quelques personnes dans la ganterie, pour séduire les consommateurs, chiffonnent toute sorte d'étoffes comme les marchandes de modes. Voilà qui est pour les gants de toilette. Notre gant, dit de *castor*, se fait généralement coudre et broder à la mécanique : il y a peu d'années on lui donnait pour broderie un double cordonnet, comme à Grenoble.

Indépendamment de la couture en surjet, il en est deux autres espèces employées pour les gants les plus forts : ce sont des coutures en arrière-points, dites *à l'anglaise* et *demi-anglaise*; nous avons déjà eu occasion d'en parler dans la Notice sur *la ganterie*, adressée à M. le duc Decazes; il serait donc inutile d'en parler de nouveau.

Les gants qui se vendent sous le nom de *Suède* n'ont pour broderie que trois simples cordonnets et sont découpés au rebras. Voilà à peu près ce qui constitue l'art du gantier proprement dit.

En résumé, si l'on compare la ganterie telle qu'elle est avec ce qu'elle était, seulement au moment de la restauration, en 1814 ou 1815, vu son développement et ses perfectionnemens, on verra qu'il n'y a peut-être pas une branche d'industrie aussi ancienne en France qui ait acquis, en si peu de temps, autant d'extension et de valeur tout à la fois; car dans certaines qualités elle a doublé ses produits en même temps que sa valeur, ce qui est hors du cours ordinaire des choses; la multiplicité de produits et la diminution de la main-d'œuvre faisant ordinairement baisser les prix. Cette marche inverse est due à ce que la matière première n'a pu s'augmenter en proportion des besoins.

Peu de professions nécessitent autant de soins, d'aptitude, d'économie et de manutentions que celle-ci. J'ai calculé qu'une peau avait à passer plus de cent fois entre les mains des divers ouvriers avant que d'être vendue sous la forme de gant.

Le commerce de la ganterie demande une

grande surveillance et beaucoup de propreté ; cette marchandise ne peut séjourner que dans des magasins fort secs et enveloppée de double papier, si on ne veut pas la voir se détériorer promptement. Dans les lieux humides elle se pique, et dès lors il y a peu de chose à en espérer ; sous un simple papier blanc la lumière pénètre et altère les gants de couleur, tandis que le gaz carbonique, contenu dans l'air, y fane la blancheur de ceux qui ne sont pas teints ; le gant blanc a en outre le désagrément d'attirer l'humidité par la présence du sel marin qui y est contenu. Dans cet état, la soie, qui elle-même est imprégnée d'acide sulfureux, lors de l'opération de son blanchiment, est bien vite corrodée. Ce genre de marchandise demande donc à être renouvelé souvent.

Je m'occupe des moyens de parer au premier inconvénient ; je ferai connaître à la suite de cet ouvrage le résultat de mon travail. Quant au second, il suffit d'employer double ou triple enveloppe : si la peau pouvait être préparée sans ce sel, on pourrait éviter le troisième. On pourrait essayer de les purger et de les remettre blanchir ; cette expérience est encore à faire.

OBSERVATIONS.

ooooo

ON a vu dans ma Préface ou Introduction, à l'*Art du Mégissier*, la première des trois parties qui constitue la somme des connaissances qui dépendent de la ganterie, que je n'ai entrepris de le décrire que parce que ce qu'on en avait dit jusqu'à ce jour était en dessous des connaissances acquises; et surtout parce que la chimie, celle de nos connaissances modernes qui devait en quelque sorte servir de guide à cet art, n'était entrée pour rien dans la dernière description qu'on nous en avait donnée.

Si pour les deux autres parties, la teinture et la ganterie proprement dite, je n'avais dû me borner qu'à la simple description de ce qui s'y pratique, dans la crainte de fournir aux étrangers les moyens d'aller en concurrence avec nous dans ce genre de fabrication; malgré l'esprit de philantropie dont on peut prétexter, je me serais abstenu d'en être le promoteur; mais c'est parce que j'ai la certitude de fournir au plus grand nombre de nos praticiens les connaissances qui leur manquent pour opérer avec discernement et perfection, que je me suis décidé à l'entreprise de ce travail.

Pour donner en outre à cet ouvrage un intérêt en quelque sorte général, j'ai envisagé, autant qu'il m'a été possible, cette branche d'industrie sous tous ses points de vue, comme on a dû le remarquer. On ne trouvera donc pas déplacé que pour terminer cet ouvrage, revenant en quelque sorte sur mon travail comme pour en faire l'analyse, je donne ici copie d'un Mémoire qui a été adressé à la Société d'Encouragement et qui avait pour but de résoudre une question à peu près ainsi posée :

Quelle est celle des industries manufacturières qui est la plus convenable pour occuper les habitans de la campagne ? Ce Mémoire peut avoir un intérêt pour les industriels de toutes les classes; il est un aperçu des ressources que nous offre la ganterie pour porter des secours aux populations malheureuses des campagnes. Cependant cette question est restée au concours comme tant d'autres; la Société n'ayant pas trouvé que les ressources qu'offre cette profession fussent assez grandes.

NOTE

SUR LA GANTERIE,

Mémoire pour concourir au prix proposé par la Société d'Encouragement, dans sa séance du 26 octobre 1825, pour la *description détaillée des meilleurs procédés d'industrie manufacturière qui sont ou qui peuvent être exercés par les habitans de la campagne.*

Les arts manufacturiers acquièrent de l'importance en raison de la quantité de bras qu'ils occupent et de la valeur qu'ils donnent aux matières premières; les marchandises, qui sont le résultat des opérations manufacturières, sont les alimens les plus importans du commerce, en ce qu'elles peuvent être appliquées aux besoins de tous les peuples; elles doivent avoir deux destinations, l'une de satisfaire à la consommation intérieure, l'autre de servir d'échange pour d'autres valeurs avec les étrangers. Dans le premier cas, elles tiennent la place d'un capital qui était destiné à sortir du pays producteur pour aller chercher les choses même ou leur équivalent;

dans le second, soit que la vente ait été faite contre espèces, soit qu'il y ait eu échange avec d'autres articles, elles enrichissent l'État de leur valeur. Mais alors pour que cette valeur soit entière, il faut que la matière première, qui a servi de base à cette marchandise, soit le produit du sol où elle a été fabriquée.

On peut estimer la richesse d'un État commerçant par le nombre de ses exportations, déduction faite de celles de ses importations (valeur métallique à part); c'est aussi la plus ou moins grande importance de cette somme qni constitue ce qu'on appelle un commerce florissant. Ainsi la fortune d'un État doit s'accroître en raison de ses produits exportés. Il est donc bien naturel de voir les gouvernemens s'attacher à procurer toute l'extension possible à leur industrie, à restreindre de tout leur pouvoir les importations et faciliter le développement de leur commerce extérieur.

Le principal obstacle à ce développement est la concurrence. Pour surmonter cette concurrence, le manufacturier doit s'attacher à faire établir à plus bas prix que ses concurrens les articles de même qualités, ou pour des prix égaux des qualités supérieures. L'un des deux moyens suffit au commerce pour augmenter ses débouchés: quand il les possède tous deux à la fois, il commande à la vente et ne craint plus la rivalité. La science du manufacturier consiste donc à faire établir avec discernement, en même temps qu'avec toute l'économie possible.

En ne perdant pas de vue les intentions philantropiques qui ont dirigé les membres de votre société, en proposant la question dont il s'agit, je ne l'examinerai cependant que sous le rapport de l'économie politique. En effet, transporter l'industrie manufacturière dans les campagnes, c'est procurer des améliorations à l'existence de la classe la plus nombreuse de la société, en même temps que c'est donner à notre commerce, par une économie sensible dans la main-d'œuvre, les moyens d'obtenir la préférence dont je viens de parler, et qui est le *nec plus ultrà* de la science du négociant.

Indépendamment de l'économie qui résulte nécessairement de la différence des besoins des habitans de la campagne, l'isolement pour l'exploitation de certain genre d'industrie me paraît un moyen plus sûr d'arriver à la perfection; car là où il n'y a qu'une manufacture et un concours suffisant d'artisans et d'ouvriers, il existe une concurrence, non pas comme on l'entend communément, mais dans le sens qui convient au perfectionnement des arts manufacturiers; car alors l'ouvrier, dépendant en quelque sorte de celui qui l'emploie, s'attache beaucoup plus à ses devoirs, en se rendant habile et soigneux ; ce qui ne peut être dans nos villes manufacturières, par la trop grande quantité de fabricans qui, fort souvent, par leur empressement à rechercher les ouvriers et à leur faire des avances, produisent un effet contraire. Mais cet isolement ne convient pas à tous les genres d'industrie : cette vérité qui ne vous est point échappée, est sans doute la cause de votre sollicitude à trouver celui qui, sans inconvénient et pour lui-même et pour les travaux de l'agriculture, peut obtenir la préférence pour y être introduit et propagé. Cette industrie, sans doute, sera celle qui, étant la plus simple, sera en même temps susceptible de recevoir le plus d'extension.

La grande variété des travaux pour les hommes de la campagne, leur vigueur, la facilité qu'ils ont de se transporter où le besoin les appelle, procurent à cette portion des populations de la campagne une assez grande supériorité sur l'autre, pour que j'aie cru devoir plus spécialement m'occuper de cette dernière qui, par sa nature et sa vocation, a des habitudes et des besoins beaucoup plus casaniers.

La filature du chanvre, celle de la laine et

du lin : la fabrication des dentelles, les tricots et le tissage de quelques étoffes, ont été jusqu'à présent les genres d'industrie qui paraissent les plus propres à remplacer les intervalles que laisse aux femmes la suspension des travaux de la campagne. Mais depuis que l'emploi des mécaniques a pu remplacer leurs bras dans la plupart de ces opérations; depuis que les tulles brodés ont remplacé une grande partie des dentelles, nous avons vu ces diverses sources de travail diminuer et échapper, en quelque sorte, par la force des choses, aux populations laborieuses les plus disposées à les conserver.

La centralisation de ces sortes d'industries par l'emploi des mécaniques ; la nécessité de chercher de l'économie par leur moyen, ont laissé de nombreuses populations sans ressources. C'est donc dans des vues bien louables que vous avez mis au concours un prix pour la *Description des meilleurs procédés propres à être introduits dans les campagnes*, puisqu'en favorisant les manufacturiers en général, on pourra aussi procurer le bonheur et, pour ainsi dire, assurer l'existence à de nombreuses populations qui souffrent et languissent pendant plusieurs mois de l'année.

Cette description, Messieurs, je crois pouvoir vous la présenter en vous donnant celle de la ganterie. Cet art, en quelque sorte inaperçu, ou au moins dédaigné par la plupart de nos écrivains statistiques; art qui, par le fait de la civilisation et du luxe qui gagnent toutes les classes de la société, occupe déjà en France plus de trente mille ames, et alimente un commerce de plus de douze millions de francs; de cet art enfin qui, par la nature de ses matières premières, presque toutes indigènes, et qui, par le concours de quelques mesures de la part du gouvernement, serait susceptible de doubler promptement ses produits. Ainsi donc, au moyen de cette profession, nous pourrions porter des secours à nos départemens les plus pauvres, et jusque dans les campagnes les plus isolées.

Si vous en voulez une preuve, jetez les yeux sur les campagnes voisines de la capitale qui avaient le moins de ressources; mais notamment dans cette vaste plaine appelée *France*, où la plupart des femmes qui ne pouvaient mieux faire passaient autrefois une grande partie de leur temps à la confection des dentelles, pour n'obtenir que huit à dix sous par jour, pour douze heures de travail. Dans cette partie des départemens de Seine-et-Oise et Seine-et-Marne, entre la route de Meaux et celle du Bourget; depuis Villepinte, où se trouve un établissement de ce genre, jusqu'à Dammartin, dans la direction de la grande commune de Mitry, et vous apprendrez avec quelque étonnement combien, depuis cinq ans seulement que cette industrie y est introduite, le sort de cette population s'y est amélioré.

Les montagnes voisines de Grenoble, les villages voisins de Lunéville, ceux des environs de Chaumont (Haute-Marne), et notamment une maison de réclusion très-considérable, l'ancienne abbaye de Clervaux, ainsi que nombre d'autres ; les villes de Milhaud, Vendôme, et leurs voisinages, où tout ce qui veut coudre et broder peut s'occuper, attestent suffisamment toute l'étendue des ressources que présente la fabrication des gants dans l'état où elle est.

Ces exemples que je cite vous feront sans doute naître la réflexion que les établissemens dont il s'agit sont tous placés à proximité de villes plus ou moins considérables, des ressources desquelles ils ne sauraient se passer. Cette remarque est juste : mais à cela j'ajouterai qu'on pourrait créer des établissemens complets pour la confection des gants, dans les campagnes les plus reculées : il suffirait d'une mise de fonds plus considérable.

Cependant, je ne puis dissimuler que l'appui du gouvernement me paraît bien important pour ces sortes d'entreprises ; parce qu'avec notre législation commerciale, les énormes abus et l'absence de toute confiance et de toute sécurité qui en sont les résultats, on est rarement disposé à faire des avances considérables dans lesquelles on ne peut rentrer qu'avec du temps, et en ayant à redouter en outre des rivaux qui peuvent sans obstacles s'emparer des frais de vos tentatives et de vos essais. Espérons qu'il surviendra d'heureux changemens dans nos lois commerciales, et surtout dans les dispositions du gouvernement pour diriger, encourager et seconder l'industrie[1].

La fabrication des gants de peau proprement dite, pouvant très-bien s'isoler des établissemens du chamoiseur et du mégissier qui lui fournissent les matières premières, c'est-à-dire la peau propre à être mise en gants, je pourrais par cette raison passer immédiatement à la description de l'art du gantier; mais je crois devoir au préalable dire un mot de ces deux professions, qui se trou-

---

[1] Au moyen de ma fabrique établie à Villepinte, il s'était formé, dans les parages dont j'ai parlé, près de deux cents ouvrières qui, au fur et à mesure qu'elles sont devenues habiles, ont été envahies par d'autres fabricans, et les prix y ont été élevés au point que, au bout de plus de dix ans de travail, j'ai dû abandonner les lieux aux nombreux concurrens qui y sont accourus pour les exploiter.

vent essentiellement liées à celle qui fait l'objet de ce mémoire, parce que, comme celle-ci, elles sont susceptibles d'être répandues parmi les populations des campagnes.

Dans l'état où se trouvent nos diverses fabriques de gants, la France fournirait en peaux d'agneaux, de moutons ou de chevreaux de quoi les alimenter. Si le commerce en tire d'Italie, d'Espagne, et du nord de l'Europe, c'est en partie pour suppléer à celles que nous fournissons à l'Angleterre, autant qu'à quelques contrées d'Allemagne et à la Belgique; mais dans cette espèce d'échange que fait le commerce, nous éprouvons une perte réelle : car les peaux achetées à l'étranger, généralement parlant, vu leur qualité, ne peuvent remplacer celles de nos propres troupeaux, que par le fait de notre tarif des douanes nous sommes obligés de livrer en poil entre les mains de l'industrie anglaise. Je pense que cette circonstance bien constatée mérite de fixer l'attention du gouvernement, et qu'elle pourra donner lieu à une modification dans cette partie du tarif des douanes.

Le travail du mégissier tendant à faire sortir de la peau la substance muqueuse et grasse qui s'oppose au développement de la partie nerveuse, en en remplissant les pores, cette opération, connue sous le nom de *travail de rivière*, doit être plus ou moins longue et répétée, en raison de ce que l'eau qu'on emploie est plus ou moins dure, c'est-à-dire plus ou moins chargée de sels terreux, que dans les eaux des environs de Paris nous désignons sous le nom de *sulfate de chaux;* ou de ce qu'elles contiennent plus ou moins de parties alcalines, comme on le remarque dans la petite rivière de Bièvre dans sa partie inférieure. Ces deux qualités extrêmes de l'eau ne peuvent convenir au travail de la mégisserie applicable à la ganterie, parce que, dans le premier cas, les eaux calcaires s'opposent au perfectionnement du travail qui a pour but la souplesse ; et de l'autre, les alcalis abattant trop vite la peau, en attaquent la fleur et souvent la détruisent avant que le travail ait pu s'achever.

Mais entre ces deux extrêmes qui se rencontrent dans les eaux de source du sol du département de la Seine et celle du ruisseau dont j'ai parlé, il est un terme moyen, et je puis avancer qu'il n'est peut-être pas un seul de nos départemens où la mégisserie ne puisse se fixer pour exploiter son art plus ou moins avantageusement ; car, après l'eau, qui est la chose indispensable pour exercer cette profession, la chaux, le son, la farine, les œufs, le sel et l'alun dont on se sert peuvent facilement se trouver ou se transporter en tous lieux.

Il n'en est pas de même de la chamoiserie, pour laquelle il faut un foulon, de l'huile de poisson ainsi que de plus vastes étendages, en même temps que tous les autres accessoires du mégissier. Mais les peaux chamoisées peuvent facilement être transportées dans toutes les contrées; et si pour une fabrique il est essentiel de trouver la matière première sous sa main, cette condition n'est pourtant pas indispensable pour le succès d'une fabrique, comme on peut le remarquer par l'existence des fabriques de ce genre à Paris.

L'art le plus indispensablement lié à la ganterie, celui qui sert d'intermédiaire entre le chamoiseur, le mégissier et le gantier, est celui de l'apprêteur et teinturier, que nous nommons *coloriste*. Cet art, pour être appliqué à tous les genres de teintures, exige un concours de connaissances qu'on ne trouve que rarement réunies; mais pour ne faire que de la ganterie commune, comme à Vendôme, par exemple, le moindre talent suffit. Ainsi on pourrait se flatter de transporter toute industrie de ce genre au sein d'une population quelconque, où l'on connaîtrait environ un millier de femmes ou d'enfans dépourvus de toute occupation, quel que fût d'ailleurs leur degré d'intelligence.

C'est à Grenoble, favorisée par les mégisseries de quelques villes voisines et les siennes propres, que les peaux mégissées sont teintes avec le plus de perfection et toute l'économie possibles.

Paris même est loin de posséder des coloristes qui égalent ceux de cette ville, bien que depuis un an cet art, aidé de la chimie, y ait reçu des améliorations notables [1].

Mais à Paris les peaux passées à l'huile, et notamment celles dites *ramaillées*, s'y apprêtent et s'y teignent infiniment mieux qu'à Niort, où, pourtant, la fabrication des gants ne s'exerce que sur cette qualité de peaux. C'est pour les diverses opérations en ce genre de teinture surtout que la qualité des eaux est très-importante. Celle des puits et de la plupart des sources voisines de Paris, vulgairement appelées *dures* ne sauraient y être employées; le besoin d'extraire de ces peaux jusqu'au dernier atome d'huile ou de graisse, par le moyen des alcalis, en rend l'emploi tout-à-fait nuisible. Il paraît que la présence de la chaux qui s'y trouve en dissolution par l'acide sulfurique, rendue à son état primitif par la potasse dont on se sert, se fixe dans les pores de la peau, et forme, dans son intérieur, une espèce de savon calcaire

---

[1] Il faut remarquer que c'est en 1825 que l'auteur de ce Mémoire écrivait.

qui s'oppose, d'une part, à la souplesse de la peau, et de l'autre à la distribution régulière des parties colorantes. On voit donc que dans la préparation pour mettre en couleur ces sortes de peaux à Paris, l'eau de Seine, ou celle du ruisseau des Gobelins, est d'un emploi tout-à-fait indispensable. Un fabricant, qui voudrait n'employer que des peaux chamoisées, devrait donc s'attacher au choix de la qualité des eaux dans son voisinage. Cette remarque peut être fort utile pour la fabrique de Niort qui, sans doute, par une cause de ce genre, est obligée d'envoyer à Paris teindre la plupart de ses peaux.

Mais cette espèce de ganterie, qui pourtant se fabrique en grand en Angleterre, n'entre tout au plus que pour un dixième dans la valeur de ce que nous fabriquons en gants de peaux; elle peut donc n'être considérée dans l'état où cet art est en France (1825) que comme une exception légère dans les moyens cherchés. Les accessoires de teinture pour les peaux destinées à la ganterie, même en y comprenant les ingrédiens, ne sont ni considérables ni coûteux. Les avances d'un fabricant de gants ne sont donc de quelque importance que pour les achats de peaux et pour les façons. Passons donc maintenant à ce genre de fabrication.

Il se fait des gants de peaux de mouton mégissées, depuis 6 jusqu'à 12 fr. la douzaine ; en agneau, depuis 10 jusqu'à 18 fr., et en chevreau, depuis 14 jusqu'à 24 fr. Je parle des gants courts. Les mêmes peaux, passées à l'huile, offrent diverses autres qualités, depuis 8 jusqu'à 30 fr. Mais indépendamment de ces sortes de gants fabriqués avec des peaux chamoisées, la fabrique de Niort est en possession de faire un genre de gants en peaux fortes, dans lesquelles se trouvent comprises les peaux de daim qui, alors, ne sont plus cousues en surjet, mais en points arrières, dans un genre dit à l'*anglaise*, et dont les façons élèvent beaucoup la valeur. Cette fabrique fournit au commerce des gants de peau de mouton, depuis 16 jusqu'à 30 fr., et en peau de daim, depuis 24 jusqu'à 48 fr.

Indépendamment des gants de peau dont je viens de parler, il se fabrique aussi des gants de percale en grande quantité. Il s'en fait aussi en batiste et en toile écrue ; mais ce genre de ganterie n'étant que d'un goût passager, je ne crois pas devoir vous en entretenir autrement : ainsi, vu les différentes qualités de gants qui se fabriquent, je crois qu'au moyen de l'intervention et l'appui de l'autorité, comme je l'ai déjà dit, on pourrait introduire des fabriques de gants partout où on le jugerait convenable. Il suffirait de pouvoir assurer, à ceux qui en feraient l'entreprise, que les sacrifices qu'ils seraient dans le cas de faire ne leur seraient pas enlevés par le premier concurrent qui viendrait. Quel inconvénient y aurait-il d'accorder un privilége de dix ans, par exemple, à un industriel qui s'engagerait à créer, dans une campagne quelconque, une branche d'industrie pour l'y exploiter exclusivement à huit ou dix lieues de rayon, pendant cet espace de temps?

Mais entrons maintenant dans les détails de la fabrication des qualités les plus généralement usitées en ce moment, pour voir comment on pourrait l'introduire dans les campagnes.

Je suppose l'établissement d'une fabrique pour le besoin de huit à dix petites communes, sur un territoire d'environ quatre lieues de rayon d'un centre désigné, je rechercherai celui qui offre le plus de ressources à l'établissement d'une mégisserie; je suppose une population de quinze cents âmes environ, ou, d'après les calculs ordinaires, de trois cents feux : pour occuper l'un dans l'autre une personne par ménage, ma fabrique, en y comprenant la mégisserie, sera composée de la manière suivante :

Pour la préparation des peaux, mégissiers.......................... 12

Pour le parage des peaux impropres à faire les gants de fleur, pareur............................ 1

Pour la teinture des peaux qui ne peuvent servir en blanc, coloristes.... 4

Pour la coupe des gants, coupeurs............................. 12

Pour la broderie des gants, brodeuses........................... 10

Pour la couture et autres façons, couseuses......................... 260

Total des bras pouvant tirer une existence exclusive de la fabrique.... 299

Voilà quel sera le résultat de la mise en œuvre. Les mégissiers, en travaillant six jours par semaine, pourront faire chacun 8 douzaines, et ensemble 96 douzaines de petites peaux, que je suppose ici être de trois gants chevreaux et agneaux; ils gagneront chacun par semaine 12 fr.; et ensemble par conséquent..................... 144 f.

Le pareur pour le parage de 36 douzaines de peaux aura pour sa part.... 12

Les coloristes gagneront pour mettre en couleur 72 douzaines de peaux, en supposant 24 douzaines

A reporter. .... 156 f.

Ci-contre.... 156 f.

en blancs, 36 glacés et 36 sur chair................... 48

Les coupeurs pouvant couper 15 douzaines de paires de gants par semaine, à 1 fr. par douzaine..... 180

La broderie étant payée 50 c. par douzaine, les brodeuses, au moyen de 3 douzaines à 1 fr. 50 c. par jour, auront 9 fr. par semaine, ci........................ 90

Les couturières, ne travaillant pas, l'un dans l'autre, plus de six mois par an, en vaquant aux travaux des champs ainsi qu'à ceux de leur ménage, ne devant pas faire plus de 3 gants par jour, l'un dans l'autre, je suppose 8 paires un gant par semaine, à 30 c. la paire, environ 2 fr. 50 c., ci............. 650

Total du prix de la main-d'œuvre pour chaque semaine, ci...... 1,124 f.

En multipliant cette somme par 52, qui est le nombre de semaines contenues dans une année, nous avons........ 58,448 f.

A ces prix de fabrication répandus chaque année, il faut ajouter pour la soie des broderies 36 c. par douzaine, ci............... 2,964

A reporter..... 61,412 f.

De l'autre part... 61,412 f.

Pour la couture des mêmes gants, soie calculée, à 50 c. par douzaine   4,940

Nous avons dit qu'il se fabriquait 96 douzaines de petites peaux par semaine, et par an 4,992. En les calculant l'une dans l'autre à 18 fr. la douzaine, on aura..... 89,856

Total général...... 156.208 f.

D'après ce calcul, on voit que le fabricant de gants qui ne voudrait pas user de son crédit d'une part, en supposant qu'il ne pût renouveler ses avances que tous les six mois, aurait besoin, d'après les données que je viens d'établir, d'un capital moitié moindre, environ 78,000 fr., et que se bornant à acheter ses peaux toutes mégissées, comme en usent la plupart, il lui en faudrait la moitié moins encore, c'est-à-dire un quart de la somme totale. Cette seconde manière d'opérer deviendrait convenable en raison des localités où une fabrique en ce genre serait appelée à s'organiser, et cette convenance serait en raison de la plus ou moins grande difficulté de se procurer des peaux en poil ; mais alors les bénéfices seraient moindre de tout celui du mégissier. J'ai calculé que les coupeurs devaient rendre 180 douzaines de paires de gants par semaine, et par an 9,360.

En calculant ces gants, les trois quarts en chevreau pour femmes, et l'autre quart en agneau pour hommes, les uns dans les autres, à 18 fr. (ce calcul ne peut être rigoureux), j'aurai un total de 168,480 fr., et par conséquent un bénéfice de 12,272 fr., car cette dernière somme est la différence qui résulte entre les déboursés pour les peaux, les soies et la main-d'œuvre, et la valeur de la vente des gants.

Mais dans une fabrique il y a toujours le chapitre des profits et pertes. Dans la mégisserie et la ganterie telles que je viens de les décrire, d'une part on voit figurer les poils et les laines qui proviennent du pelage,

Les rognures des peaux, résultant du travail de rivière,

Une autre espèce de rognure nommée *retaille*, qui vient de la coupe des peaux lors de la fabrication des gants.

La vente de ces divers articles suffit ordinairement, et au-delà, pour faire face aux divers accessoires employés dans la fabrication des peaux, telles que chaux, alun, farine, œufs, sel, etc.;

Les divers frais d'outils et autres,

L'achat des drogues qui entrent dans la composition de la couleur, et, quelquefois, jusqu'au chauffage et au luminaire[1].

[1] La valeur de tous ces objets est beaucoup di-

J'ai donc cru devoir passer sous silence tous les menus détails de dépenses ou de bénéfices, pour ne pas vous en ennuyer.

Je crois, Messieurs, par cet exposé, avoir atteint en grande partie le but que vous vous êtes proposé par votre programme du 26 octobre 1825, puisque *l'Art du Gantier* peut, sans inconvénient pour la fabrication, se plier aux besoins de l'agriculture dont les travaux les plus pressans arrivent justement à l'époque où la vente n'étant plus active, laisse au fabricant le moyen d'amasser des gants de quoi satisfaire aux besoins, à l'entrée de l'hiver, époque où les ouvrières rentrent dans leur domicile pour y être plus sédentaires.

minuée depuis que ce Mémoire a été écrit; tandis que pour les couleurs, avec la manière actuelle de teindre on dépense bien plus.

Nous avons promis de faire connaître le procédé au moyen duquel on obtient l'huile essentielle de l'écorce de bouleau, dont on se sert, d'une part pour écarter le papillon de la teigne, de l'autre pour procurer aux peaux dites *de Suède* l'odeur la plus recherchée; nous allons nous en occuper.

Nous donnerons à la suite la manière de composer le préservatif pour les couleurs ordinaires contre les piqûres, ainsi que la manière de faire disparaître celles-ci de dessus les peaux et les gants qui ont été avariés. Mais je ne puis me dissimuler que cette dernière préparation est susceptible d'une étude nouvelle; car, tant pour faire disparaître les taches que pour les prévenir, il n'y a pas efficacité complète. Cette préparation n'agit que sur certaines nuances et non sur toutes; dans certains cas et non dans tous.

Manière d'obtenir l'huile empyreumatique de l'écorce de l'arbre appelé *bouleau* (*betula-alba*, Linnæus.)

Cette huile est obtenue au moyen du *liber*, *écorce extérieure* de cet arbre, distillée à feu nu, dans une cucurbuite de fonte. La seconde écorce donnerait un goudron d'une autre odeur, il faut donc au préalable la séparer soigneusement.

Cette huile, employée dans les tanneries en Russie, procure aux cuirs une odeur et une incorruptibilité qui les font rechercher pour divers usages.

L'odeur une fois communiquée à ces sortes de peaux, ne se perd plus. On a vainement cherché en France à procurer à nos cuirs cette propriété inaltérable : tous ceux qu'on y a préparés se sont affaiblis par gradation, de telle manière qu'au bout d'un an, leur odeur n'était plus sensible.

Dans l'emploi que je fais de cette huile dans la ganterie, je ne cherche point à imiter cette odeur forte qui caractérise les cuirs de Russie. Elle n'est employée qu'en combinaison avec celle de nos écorces de chêne ou de saule, pour imiter l'odeur des peaux de

Suède fraîchement travaillées. L'odeur que je communique à nos petites peaux ne se perd pas d'une manière bien sensible. J'ai des gants, en ce genre, fabriqués il y a plus de dix ans, qui conservent encore leur odeur primitive, à peu de chose près : si on y trouve quelque changement, de l'avis de tout le monde, c'est pour approcher davantage de l'odeur que l'on s'est proposée.

On obtient cette huile en Russie, en procédant par *descensum* : les Russes la nomment *dioggot*.

Pour cette opération, on a deux marmites ou vases de cette forme, en fonte, d'un diamètre parfaitement semblable. L'une d'elles est enfoncée dans la terre de toute sa hauteur : on en fait un récipient. Ce vase doit être recouvert d'une plaque de tôle d'un diamètre tel qu'elle lui serve de couvercle sans le déborder. Ce couvercle doit être concave dans sa partie supérieure et percé d'un trou dans le milieu. Ce vase ainsi disposé est ensuite recouvert au moyen de la seconde marmite pleine d'écorce, et dans cet état, l'une et l'autre hermétiquement fermées au moyen d'un lut.

C'est dans cet appareil qu'au moyen d'un grand feu placé sur la partie supérieure, on y calcine l'écorce. A mesure que cette calcination a lieu, l'huile se forme, tombe sur le faux fond ou premier couvercle, et descend dans le vase inférieur par le trou dont nous avons parlé.

L'opération achevée, le résidu n'est qu'un charbon pulvérulent; je veux dire de facile incinération. Lorsqu'au contraire la distillation n'est pas achevée, le résidu est brillant, d'une grande consistance, et impossible à détacher de sa base sans une grande chaleur.

Cette manière, praticable dans des forêts où le combustible ainsi que l'écorce ne coûtent que le temps de les rassembler, ne saurait convenir dans un laboratoire. Dans ce cas il faut procéder au moyen d'un appareil distillatoire, d'un alambic. La cucurbite en fonte sera enfoncée dans le foyer d'une espèce de poêle, et surmontée d'un chapiteau placé sur un large col intermédiaire entre la cucurbite et le chapiteau. Le chapiteau est une espèce de calotte renversée qui s'adapte au col de la cucurbite. Sur l'un des côtés et au bord du chapiteau, est placée une espèce de gouttière qui se prolonge en plan incliné à environ deux pieds de distance et dont le diamètre va en rétrécissant. A cette gouttière se trouve adapté un autre tuyau recourbé, de manière à pouvoir entrer d'environ six pouces dans le goulot d'un ballon, espèce de bouteille de verre à long col, qui doit servir de récipient.

Les jointures de l'appareil doivent être fermées très-hermétiquement au moyen d'un lut que je compose avec du blanc et de la potasse pétris ensemble.

Cet appareil est un alambic sans réfrigérant; et l'opération que nous allons décrire est une distillation.

Nous supposons notre cucurbite pleine d'écorce jusqu'au col. Après l'avoir bien foulée, on la charge d'un poids en fonte qui, non seulement sert à l'assujettir en ce moment, mais qui servira à faire descendre l'écorce dans le cours de l'opération, au fur et à mesure qu'elle brûlera.

Votre appareil ainsi disposé, on fait le feu qui ne tarde pas à faire monter les vapeurs.

Ces vapeurs, d'une odeur pénétrante, s'enflamment au contact d'une chandelle allumée. Il est donc prudent d'éviter toute espèce de flamme auprès de l'alambic. A mesure que les vapeurs se condensent, elles se déposent en huile dans le ballon de verre qui sert de récipient.

Le feu doit être poussé avec assez de violence, surtout si on emploie du bois; et ce n'est qu'après une violente chaleur soutenue environ six à sept heures, que l'opération peut être terminée. Dans ce cas on s'en aperçoit lorsqu'il ne coule plus rien.

Le résultat de votre distillation n'est pas toute huile; il y a une quantité à peu près égale d'acide pyro-ligneux, qui attaque le cuivre de la partie supérieure de l'alambic, et dont l'oxidation contribue à la couleur brune foncée du liquide. Mais le plus fort de cette teinte est dû à la présence du charbon qui s'échappe de la cucurbite et qui vient se déposer dans le récipient. Au moyen de nouvelles distillations dans le verre ou dans la porcelaine, on parviendrait à obtenir la couleur des huiles ordinaires. Dans cet état, le dioggot est d'une odeur moins pénétrante, mais je ne m'en suis jamais servi que dans son état primitif. On peut construire un appareil distillatoire rectificateur. (Voy. *fig.* 34.)

L'huile essentielle de bouleau dissout le camphre à chaud et à froid. C'est au moyen de cette préparation que j'ai procuré à des gants une odeur dite *anticholérique*[1].

Cette huile camphrée ou même seule est d'une odeur que la teigne ne peut supporter.

---

[1] On assure qu'en Russie, les ouvriers tanneurs ne sont jamais atteints du choléra. Comme malgré cette remarque on a cru en France que l'odeur du camphre était anti-cholérique, il est permis de croire à l'efficacité de cette préparation, que je n'hésiterais pas de reproduire, si le cas advenait.

Le papillon s'éloigne des lieux où elle existe, et le ver périt dès qu'il en est un peu rapproché. J'ai constamment conservé mes hardes et mes pelleteries au moyen de cette odeur seule. Mais je n'en recommanderai pas moins l'usage du camphre qui, par sa grande volatilité, étant en combinaison avec le dioggot, comme le nomment les Russes, le rend plus susceptible d'évaporation. Il suffirait de deux à trois flacons de cette préparation dans un magasin pour en chasser une partie des papillons et rendre les autres inféconds. Il reste pour moi bien constant que partout où cette odeur existe, le papillon ne dépose pas ses œufs.

Cette précaution ne devra cependant pas dispenser des soins indiqués pour la conservation des peaux, car il pourrait se faire que des œufs eussent été déposés sur les peaux avant qu'elles ne fussent en magasin, et alors comment garantir que l'odeur de notre dioggot camphré arrivât jusque dans les plus petits replis d'une peau placée dans l'intérieur d'une pile, pour en faire périr le ver qui y éclot? Je le répète, j'ai eu nombre d'années de jeunes peaux d'agneaux passées en mégie avec leur laine, et jamais un seul ver n'y a été déposé. Il en a été de même de la conservation de mes hardes d'hiver; il m'a toujours suffi de placer dans le lieu qui les contenait un petit flacon de notre composition, sans m'en occuper autrement. Le dioggot peut donc devenir d'un besoin et d'un usage généraux.

Notice sur la manière de faire disparaître les taches causées par l'humidité, connues sous le nom de *piqûre*.

Depuis long-temps quelques personnes possédaient le secret de faire disparaître les taches dites *piqûres*; ces moyens employés consistaient à tremper dans une eau dure, telles que sont toutes les eaux de puits de Paris, l'étoffe qui est piquée, et à l'y laisser plus ou moins long-temps, puis à l'en retirer et la laisser sécher. Mais ce moyen a un inconvénient pour les étoffes petit teint, et surtout les tissus délicats et apprêtés, tels que la plupart des étoffes de soie qui peuvent déteindre et se faner de manière à perdre leur valeur. Dans ce cas on emploie un autre procédé : on trempe un linge blanc et propre dans cette même eau; on le tord, on l'ouvre, et on y place son étoffe dans toute sa longueur pour y être roulée et séchée. Au sortir de là, le tissu peut être repassé au cylindre pour lui faire reprendre son éclat primitif.

Pour ne pas induire en erreur sur les effets de ce phénomène, il est bon de dire que ce n'est point du tout à la fraîcheur des eaux de puits qu'on doit l'attribuer, comme beaucoup de gens le pensent, mais seulement à la présence du sulfate de chaux que contiennent ces sortes d'eaux. Il suffirait donc, pour pouvoir opérer partout ailleurs qu'à Paris, où ces eaux sont communes, de faire dissoudre dans une eau quelconque de la pierre à plâtre, dite *sulfate de chaux*, ou toute autre pierre calcaire; ou encore mieux de faire un mélange dans l'eau en certaine proportion d'un acide et d'un alcali. Effectivement, la préparation que j'ai indiquée pour préserver les peaux et les gants de la piqûre, m'a produit le même résultat et d'une manière beaucoup plus prompte, parce que, dans ce cas, l'eau dont je fais usage est beaucoup plus chargée des élémens propres à atteindre le but qu'on se propose; l'eau simple n'ayant pas la propriété de dissoudre plus que $1/400$ de son poids de chaux.

Maintenant il sera facile de comprendre comment un corps qui a la propriété de faire disparaître les taches dont nous venons de parler, peut, par sa présence dans une couleur ou dans un corps teint quelconque, contribuer à la préserver plus ou moins long-temps de cette avarie.

Il me paraît donc convenable d'établir une méthode fondée sur cette connaissance pour préserver de la piqûre les peaux et les gants, en même temps que pour les faire disparaître, lorsque par accident ils peuvent en être avariés.

Après avoir fait connaître mes divers essais, et avoir mis sur la voie pour en continuer d'autres, il faut espérer que les connaissances qui en résulteront ne tarderont pas de mettre à même les personnes qui s'en occupent d'en faire un art assujetti à des règles sûres et invariables ; ce qu'il ne m'est pas encore possible d'établir, la vertu des eaux séléniteuses n'étant pas plus infaillible que celle de ma préparation.

PRÉPARATION de la liqueur propre à préserver les peaux et les gants contre l'avarie connue sous le nom de *piqûre*.

PRENEZ partie égale, en poids, à peu près, d'acide nitrique (eau forte) à 36°, et d'alcali volatil à 22. Jetez le premier de ces liquides par-dessus le second, par petite quantité à la fois, afin d'éviter les jaillissemens qui résulteraient d'une trop forte effervescence, et votre préparation pourra se trouver faite. Cette combinaison ne doit point former tout-à-fait un corps neutre; l'alcali doit y dominer de manière à redonner la teinture bleue au papier de tournesol rougi lui-même par un acide, ou à détruire le rose de la teinture du coquelicot que chacun peut préparer.

Le mélange doit se faire de la manière précitée; car en plaçant l'alcali par-dessus l'acide, ce premier étant plus léger surnagerait, et, dans ce cas, le vase étant remué, serait exposé, par un mélange subit de la masse, à être brisé par l'explosion qui en résulterait.

D'un autre côté, par ce moyen, on ne pourrait pas diriger son mélange avec connaissance de cause, la saturation ne pouvant avoir lieu faute de combinaison instantanée.

Pour se servir de cette préparation dans les divers usages, il suffira de l'étendre d'un volume égal d'eau.

Nota. On trouve chez l'auteur les diverses préparations chimiques dont il donne les recettes.

On peut également s'adresser à lui pour la confection d'un appareil distillatoire représenté *fig.* 34.

Manière de préparer les peaux et les gants pour les préserver plus ou moins long-temps de l'avarie connue sous le nom de *piqûre*, et de faire disparaître cette avarie lorsqu'il y a lieu.

Pour préserver les peaux et les gants, il suffit de les imprégner de la préparation que je viens de faire connaître.

J'ai eu des gants et des peaux ainsi préparés remis en mains tierces, et que l'on a vainement cherché à faire piquer. Des peaux laissées à l'humide jusqu'à ce qu'elles fussent couvertes de moisissure, en ont été retirées dans cet état et exposées aux regards de la ganterie sans qu'on ait pu y trouver une piqûre. Mais en d'autres circonstances des essais de même genre ne m'ont pas aussi bien réussi, sans qu'il m'ait été possible d'en soupçonner la cause.

De même que pour dépiquer des peaux et des gants, j'ai vu des choses aussi bizarres : dans de mêmes nuances, des peaux et des gants ayant été piqués ensemble, faire disparaître entièrement les taches des uns et en trouver d'autres qui résistaient ou qui ne disparaissaient qu'imparfaitement.

Ces sortes de phénomènes me paraissant inexplicables, je ne puis chercher à y remédier.

Un moyen infaillible de dépiquer les peaux, mais trop long, consiste à mettre ses peaux une à une sur le métier comme pour les poncer; puis au moyen d'eau acidulée à environ un centième, leur donner une couche avec une brosse, de manière à décomposer également la couleur dans toutes les parties; puis au sortir de là, tramper la peau dans une eau assez fortement alcalinée pour en revivifier la couleur; ensuite la mettre à l'étendage, la faire sécher et l'ouvrir. Ce moyen m'a parfaitement réussi.

Pour se servir de l'eau préparée, il suffit d'en mettre une petite quantité sur les piqûres, ou d'en mouiller la peau ou les gants avec une éponge. Lorsque l'avarie n'est pas considérable, on peut se contenter du premier moyen; dans le cas contraire, il faut employer le second.

Toutes ces opérations, je le répète, ont besoin d'être reprises, suivies, et répétées.

FIN.

TABLE DES MATIÈRES

CONTENUES DANS CE VOLUME.

PREMIÈRE PARTIE.

	Pages
Historique de l'Art du Mégissier et Abrégé des connaissances utiles au perfectionnement de cet art....................................	13
Introduction à la connaissance de l'achat des peaux, à celle de leurs qualités, de leur conservation en poil, et à celle des divers agens employés dans le travail de la mégisserie....	32
Première opération. — Mettre tremper les peaux.......................................	46
Deuxième opération. — Mettre en chaux......	47
Troisième opération. — Retirer les peaux de la chaux. *Théorie de la formation des ombres.*	48
Quatrième opération. — Rincer les peaux......	51
Cinquième opération. — Peler les peaux.......	52
Sixième opération. — Echarner les peaux....	55
Septième opération. — Fouler les peaux.......	60
Huitième opération. — Des diverses façons pour travailler les peaux dites *travail du chevalet*....................................	61

Neuvième opération — Mettre en confit. *Théorie de cette opération et de celle de l'échauffe chez le chamoiseur. Définition de ce qu'on entend par fermentation*............ 65
Dixième opération. — Mettre en nourriture. 77
Onzième opération. — Etendre les peaux..... 81
Douzième opération. — Ouverture des peaux. 83
Treizième et dernière opération. — Mettre les peaux en bottes........................... 85

SECONDE PARTIE.

DE L'ART DU MÉGISSIER.

De quelques connaissances dépendantes de la mégisserie et nécessaires au teinturier..... 86
Considérations générales sur l'importance du commerce de la mégisserie................ 106

DE L'ART DU TEINTURIER.

Précis historique de l'Art de la teinture, en général, et entre autres de la teinture des peaux douces................................. 109
Des couleurs considérées dans leur rapport avec la physique; ainsi que des phénomènes les plus remarquables qui ont lieu en teinture..................................... 125
Introduction à l'Art du Teinturier et notions préliminaires nécessaires à cette science. Des divers agens employés dans la teinture des peaux douces........................... 131

SECTION PREMIÈRE.

Pages

CHAPITRE PREMIER. — Des eaux ; leurs qualités et leur influence sur les couleurs et sur la peau ; manière de distinguer leur caractère ; analyse de celles qui se rendent à Paris.... 139

CHAPITRE II. — Des acides en général, mais notamment de ceux employés dans la teinture des peaux douces........................ 141

 1° *De l'acide acétique*.................... 142
 2° *De l'acide hydrochlorique*............ 144
 3° *De l'acide sulfurique*................. *ib*.
 4° *De l'acide nitrique*................... 145

CHAPITRE III. — Des sulfates en général, mais notamment de ceux employés dans la teinture de peaux douces........................ 147

 1° *De l'alun*............................. *ib*.
 2° *Du sulfate de fer*..................... 149
 3° *Du sulfate de zinc, dit* couperose blanche................................. 151
 4° *Du sulfate de cuivre, ou vitriol de Chypre bleu et du vert-de-gris*............ *ib*.

CHAPITRE IV. — Des alcalis en général, mais notamment de la soude, de la potasse, de l'ammoniaque et de l'urine, considérée comme telle................................ 154

 1° *De la potasse*......................... *ib*.
 2° *De la soude*.......................... 156
 3° *Des sels ammoniacs et des autres ammoniaques liquides*...................... 158
 4° *De l'urine ; sa composition ; ses diverses qualités*............................. 159

CHAPITRE V. — Du sel de tartre dit *tartrate acidule de potasse*........................ 162

Chapitre VI. — Des savons en général, mais notamment du savon de Marseille............ 163

SECTION DEUXIÈME.

Des diverses substances colorantes employées dans la teinture des peaux ; leurs propriétés générales... 167
Chapitre Ier. — Du bois d'inde ou du violet. *ib.*
Chapitre II. — Du bois de brésil ou du rouge. 170
Chapitre III. — Du bois jaune................. 173
Chapitre IV. — Du quercitron................. 175
Chapitre V. — Du bois de fustet.............. 177
Chapitre VI. — De la gaude................... 179
Chapitre VII. — De la graine dite *d'Avignon*, et de quelques variétés en ce genre.......... 182
Chapitre VIII. — De la graine de nerprun... 184
Chapitre IX. — Du sureau et de l'hièble..... 187
Chapitre X. — Du troène..................... 189
Charitre XI. — Des agarics, mais particulièrement du champignon dit *bolet* et *gros sabot*; son analyse............................. 191
Chapitre XII. — Du brou de noix............. 195
Chapitre XIII. — De la garance............... 197
Chapitre XIV. — De la cochenille et du kermès... 199
Chapitre XV. — De l'indigo................... 202

SECTION TROISIÈME.

Chapitre unique. — De diverses autres substances qui peuvent être employées en teinture; mais notamment de celles propres aux jaunes et aux fauves. Expériences faites sur le pétale du coquelicot. (Pavot sauvage)... 207

SECTION QUATRIÈME.

Des principaux astringens; de leur propriété. 213

CHAPITRE Ier. — De la noix de galle; connaissance analytique de cette substance.......... 215

CHAPITRE II. — Du sumac et du rhedon....... 221

CHAPITRE III. — De l'écorce de chêne, dite *tan*, et des diverses autres parties de cette plante, considérées comme astringens...... 223

Moyen d'apprécier la quantité de principe colorant contenu dans les substances tinctoriales 230

Moyen d'employer le calorique qui se perd dans les opérations dites coctions, *ou toute autre opérations de ce genre*................ 232

SECTION CINQUIÈME.

PREMIÈRE PARTIE.

Abrégé de la théorie pour la formation de toutes les nuances, au moyen de trois couleurs reconnues en physique pour appartenir à la lumière................................. 237

SECONDE PARTIE.

De la classification des peaux destinées à être mises en teinture........................... 245

SECTION SIXIEME.

                                                   Pages

Des diverses opérations de teinture............ 247

CHAPITRE Ier. — De la purge des peaux....... *ib.*
CHAPITRE II. — Du parage des peaux......... 251
CHAPITRE III. — De la teinture des peaux sur chair... 254
CHAPITRE IV. — De la teinture des peaux glacées, au plongé.............................. 259
CHAPITRE V. — De la teinture des peaux à la planche.. 271
CHAPITRE VI. — De la teinture des peaux par le procédé anglais dite *couleur fixe. Théorie de l'opération. Composition de la première couche dite* mordant *pour recevoir les couleurs. Opération de teinture*................ 285
CHAPITRE VII. — Des divers procédés usités primitivement à Paris pour la teinture des peaux propres à la ganterie................. 303

SECTION SEPTIÈME.

De la teinture des peaux passées en chamois, et notamment de celle des ramaillés dits *castor* 306

CHAPITRE Ier. — Du blanchiment des peaux passées à l'huile, chamois et ramaillées... 309
CHAPITRE II. — Du ponçage................... 313
CHAPITRE III. — De la préparation des peaux dites *chamois et ramaillées*, pour la ganterie blanche, vulgairement nommé *castor*....... 316

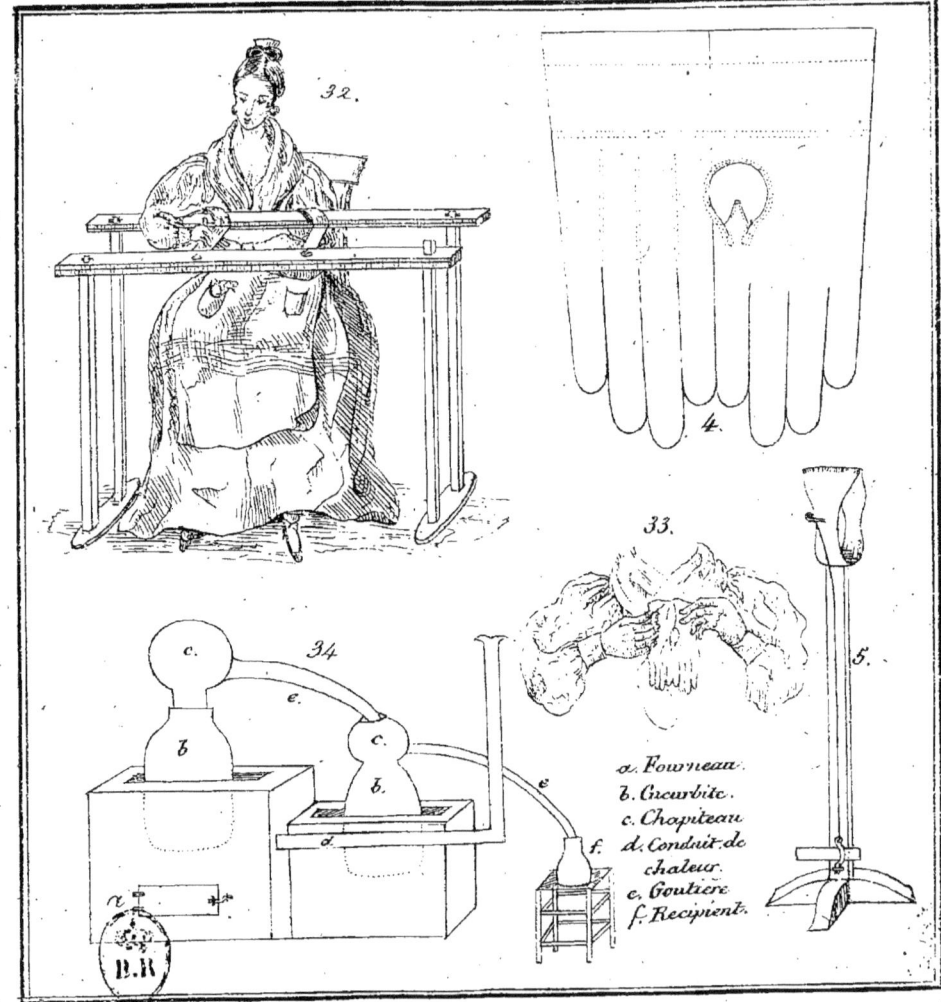

Chapitre IV. — De l'apprêt jaune, dit *l'o-crée*... 318
Chapitre V. — De la teinture des peaux passées à l'huile, ramaillées ou chamois....... 323
Première opération. — Mouiller les peaux.... 328
Deuxième opération. — Donner le mordant. 329
Troisième opération. — Premier bain de teinture.. 330
Quatrième opération. — Deuxième bain de couleur.. 332
Cinquième opération. — Second mordant..... 333
Sixième opération. — Troisième bain de couleur.. *ib.*
Septième et dernière opération de teinture. — Mettre en nourriture.......................... 335

SECTION HUITIÈME.

Des diverses manières de teindre en noir. Théorie de la teinture noire................ 339
Mémoire à consulter pour la théorie des teintures noires en général, et notamment pour celle applicable à la chapellerie...... 344
Chapitre Ier. — De la teinture du noir glacé sur les planches.............................. 360
Chapitre II. — Du noir glacé, au moyen du procédé anglais, dit *couleur fixe*.......... 364
Chapitre III. — De la teinture noire sur les peaux ramaillées et les chamois : *composition de la tonne au noir*...................... 367
Chapitre IV. — Du noir sur la peau mégissée, dite *sur-chair*............................. 378

SECTION NEUVIÈME.

Pages

Introduction à un nouveau système de teinture, réunissant les propriétés de ne s'altérer que peu à l'air, et de résister à l'action funeste de l'humidité.................... 381

CHAPITRE Ier. — De quelques dénominations servant à exprimer divers états dans lesquels se trouvent les oxides, pour servir à l'intelligence des chapitres suivans, applicables à une nouvelle méthode pour une teinture à l'abri de l'avarie connue sous le nom de *piqûre*.................................. 391

CHAPITRE II. — Des divers chromates, et notamment du chromate de potasse, de fer et de plomb................................ 393

CHAPITRE III. — De l'acétate de plomb....... 395

CHAPITRE IV. — De l'hydrocyanate de potasse et de fer, et de ses divers composés...... 396

CHAPITRE V. — De quelques autres substances animales et végétales propres à entrer dans la composition des couleurs à l'abri des piqûres................................. 400

CHAPITRE VI. — Des divers procédés de teinture au moyen des couleurs minérales et autres substances pouvant résister à l'humidité.................................. 402

SECTION DIXIÈME.

CHAPITRE UNIQUE. — De la préparation des peaux à l'instar de celles de Suède, de Danemarck, et autres contrées du nord de l'Europe................................ 409

TROISIÈME PARTIE.

DE L'ART DU GANTIER.

Pages

Avant-propos contenant l'historique de la ganterie ; l'importance de son industrie, de son commerce ; ses exportations, etc., etc...... 417
Introduction à l'art du gantier................. 435
Note sur la ganterie : origine de la mécanique servant à la couture ; tentatives pour essayer la coupe des gants par des moyens mécaniques................................. 439
Descriptions de ces divers appareils.......... 443

SECTION ONZIÈME.

Des diverses opérations manuelles usitées pour la coupe des gants........................ 458
CHAPITRE Ier. — Du dolage des peaux......... 459
CHAPITRE II. — Du dépeçage................ 462
CHAPITRE III. — De l'étavillonnage.......... 469
CHAPITRE IV. — De la fente des gants........ 472

SECTION DOUZIÈME.

De la broderie, de la couture, et autres façons de l'aiguille........................ 485
CHAPITRE UNIQUE. — Broderie................. *ib.*
Couture...................................... 489

Observation relatives à la ganterie........... 497

	Pages
La ganterie considérée comme moyen de procurer de l'ouvrage aux populations des campagnes..........	499
Recette pour la préparation de l'huile essentielle de bouleau, dite *dioggot*............	520
Notice sur la manière de faire disparaître les taches dites *piqûres*..................	527
Préparation de la liqueur propre à préserver les peaux et les gants de l'avarie connue sous le nom de *piqûre*..................	530
Manière de faire usage de la liqueur propre à préserver les peaux et les gants de l'avarie connue sous le nom de *piqûre*.............	532

FIN DE LA TABLE DES MATIÈRES.

TABLE DES FIGURES.

PLANCHE I.

ART DU MÉGISSIER.

Nos
1. Ouverture d'un plain
2. Chevalet servant à donner les façons.
3. Petit baquet.
4. Grand baquet.
5. Ouvriers descendant des peaux dans le plain.
6. Pincettes servant à retirer les peaux du plain.
7. Moulin vu de profil.
8. Ouvrier pelant les peaux.
9. Couteau servant à écharner et à donner les façons de chair.
9 bis. Couteau pour donner les façons de fleur.
10. Ouvrier écharnant une peau.
11. Baquet servant à recevoir les peaux lorsqu'elles sont écharnées.
12. Un guipon, espèce de pinceau, servant à mettre en chaux les peaux à longue laine.
13. Forme d'un pilon servant à frapper les peaux pour les fouler.

Nos
14. Ouvrier donnant une façon du côté de la fleur.
15. Ouvriers foulant à leurs pieds des peaux pour y faire pénétrer la nourriture.
16. Ouvriers étirant une peau sortant de l'habillage pour la placer à l'étendage.
17. Ouvrier plaçant une peau sur l'étendage.
18. Figure d'un palisson et ouvrier ouvrant une peau habillée.

PLANCHE II.

ART DU TEINTURIER.

1. Appareil servant à déterminer la quantité de principe colorant contenu dans une substance.
2. Appareil servant à utiliser le calorique contenu dans les vapeurs qui s'échappent de l'ébullition.
3. Ouvrier foulant aux pieds des peaux pour les purger.
4. Forme d'un crochet servant à fixer les peaux sur le paroir.
5. Ouvrier en train de parer.
6. ——— teignant une peau d'après l'ancien procédé.
7. ——— en train de poncer une peau sur-chair.
8. ——— foulant aux pieds des peaux pour y faire pénétrer la couleur.

Nos
9. Forme d'une bille en bois servant à tordre les peaux après qu'elles sont teintes.
10. Ouvrier tordant des peaux.
11. ———— étendant une peau sur la planche.
12. ———— teignant une peau sur la planche.
13. ———— en train de teindre une peau glacée d'après le procédé anglais dit *couleur fixe*.
13 *bis*. ———— égouttant la peau après qu'elle a été teinte.
14. ———— ponçant une peau ramaillée.
15. ———— agitant les ailes du moulin pour y teindre ou y coudrer les peaux.
16. Ouvriers et contre-maître occupés à teindre des peaux ramaillées.
17. Ouvrier disposant les peaux pour entrer dans le baquet pour y recevoir leur mordant.
18. Ouvriers continuant leurs opérations de teinture.
19. Ouvrier passant une peau à la trimbale.
20. ———— brossant une peau pour en faire tomber le duvet et relever la frise.
20 *bis*. — Tonne au noir.
21. Ouvrier occupé à mettre des peaux ramaillées en noir.
22. ———— lustrant des peaux noires ramaillées.
22 *bis*. ———— *Id.* sur chair mégissées.
23. ———— mettant des peaux de Suède en coudrement.

PLANCHE III.

ART DU GANTIER.

(Voir les figures détachées pour les N°s 1, 2, 3, 4, 5, 32 et 33.)

N°s
1. Fourchettes telles qu'elles sortent des emporte-pièces.
2. Formes des carabins.
3. Gant tel qu'il sort de l'emporte-pièces.
4. *Id*
5. Mécanique servant à coudre et à broder.
6. Couteau à doler.
7. Marbre à doler.
8. Ouvrier dolant une peau glacée.
9. ——— mesurant la hauteur d'une tranche avec son empan, comme étant la mesure la plus naturelle. L'usage en France est de se servir d'un pied.
10. ——— séparant au moyen des ciseaux la tranche devant servir à ses étavillons.
11. ———fendant une peau en deux parties égales pour faire des gants longs.
12. ——— débordant une peau.
13. ——— mettant au large sa tranche pour en prendre ses étavillons.
14. ——— disposant son étavillon pour le dresser.
15. ——— étavillonnant.
16. ——— plaçant sa paire d'étavillons toute dressée sur sa planche à côté de lui.
17. ——— plaçant ses pouces après les avoir étavillonnés.

N⁰ˢ
18. Ouvrier mesurant avec son plus long doigt la longueur de son premier coup de ciseaux.
19. —————— donnant aux extrémités des doigts les proportions qu'ils doivent avoir; ce qu'on nomme *étager*.
20. Forme d'une enlevure.
21. Ouvrier pliant sa paire d'étavillons fendus pour déterminer la place de l'empaume.
22. —————— déterminant, au moyen des deux premières phalanges de son grand doigt, la place où doit commencer son empaume.
23. —————— donnant le premier coup de ciseaux pour former son enlevure, son empaume, et déterminer la longueur de ses grosses languettes.
24. —————— en position d'obtenir son enlevure en faisant son empaume.
25. —————— donnant le coup de ciseaux qui doit former les deux glisse-languettes.
26. —————— déterminant la direction de la hauteur des baguettes de la broderie.
27. —————— donnant des arrière-fentes.
28. —————— raffilant, c'est-à-dire arrondissant les bouts de doigts des gants.
29. —————— formant les languettes des pouces.
30. —————— Dépeçant sa fourniture.
31. Forme d'une fourchette double telle que l'ouvrier la rend.
32. Ouvrière brodeuse.
33. Couturière que l'on nomme *couseuse*.
34. Appareil distillatoire rectificateur.

FIN DE LA TABLE DES FIGURES.

FAUTES A CORRIGER.

Page 16, dernière ligne de l'alinéa de la page précédente, après le mot *dans*, ajoutez : *ce que dit l'auteur de la*, etc.

— 27, première ligne, au lieu de : *blancheur*, lisez : *blanche*.

— 29, dernière ligne de la note, lisez : *dont je constaterai la présence dans la peau.*

— 38, premier alinéa, première ligne, au lieu de *ou poil*, lisez : *les peaux en poil.*

— 52, deuxième alinéa, première ligne, au lieu de : *pour* cette opération, lisez : *par* cette opération.

— 53, premier alinéa, huitième ligne, au lieu de : si elles ne *sont*, lisez : si elles *n'étaient*.

— 60, deuxième alinéa, deuxième ligne, au lieu de : *pilon*, lisez : *pilons*.

— 114, premier alinéa, deuxième ligne, au lieu de : *qui ont eu lieu*, lisez : *qui ont lieu*.

— *Id.* deuxième alinéa, quatrième ligne, au lieu *d'osons*, lisez : *pouvons*.

— 121, premier alinéa, septième ligne, au lieu de : *juger*, lisez : *apprécier*. Huitième ligne, supprimez les mots : *le motif de*.

— 122, deuxième alinéa, dixième ligne, au lieu de : *je me proposai*, lisez, *je me propose*.

— 124, dernière ligne, au lieu : *de l'ouvrage*, lisez : la partie la plus importante *de cet ouvrage*.

— 129, avant-dernière ligne de l'alinéa de la phrase précédente, au lieu de : *disparaissent*, lisez : *disparaissant*.

Page 275, troisième alinéa, deuxième ligne, au lieu de : *cormier*, lisez : *corne*.

— 300, à la fin du premier alinéa il faut ajouter : Voyez *fig*. 13.

— 304, deuxième ligne, au lieu de : *beaucoup* supérieur, lisez : *très* supérieur.

— 306, deuxième alinéa, quatrième ligne, au lieu de : *si* agréable, lisez : *aussi* agréable.

— 379, premier alinéa, onzième ligne, au lieu de : trop *rose*, lisez : trop *rase*.

— 411, premier alinéa, deuxième ligne, au lieu de : *brandille*, lisez : *brindille*.

— 437, premier alinéa, cinquième ligne, au lieu de : *machines*, lisez : *mâchoires*.

— 493, au lieu de : *fig*. 36, lisez : *fig*. 5.